이스라엘과 그 적들

이스라엘과 그 적들

최홍섭 지음

감사의 말

　필자가 초등학생이던 1973년 10월 6일 이집트를 비롯한 아랍 연합군이 이스라엘을 침공했다는 긴급 뉴스를 라디오에서 들었다. 주일학교에서 성경 속 이스라엘 스토리를 많이 배운데다, 당시 박정희 대통령은 작지만 강한 나라 이스라엘을 국정 모델로 삼고 있던 터라 학교에서도 관련 내용을 종종 들었다. 그래서인지 그 뉴스에 관심이 갔다. 바로 제4차 중동전쟁(욤키푸르 전쟁)의 발발이었다. 당시 아랍 산유국들로 구성된 석유수출국기구는 이스라엘을 펀드는 나라에게 석유 판매를 중단하는 이른바 '오일쇼크'를 단행했다. 기름 한 방울 나지 않는 한국은 이스라엘과 거리를 둘 수밖에 없었다. 그렇게 복잡하게 얽혀 있는 중동 문제는 초등학생의 지적 욕구를 자극했고, 대학 입학도 선뜻 정치외교학부를 선택하는 계기가 되었다.

　이후 신문기자가 되었고 경제부로 배치되었지만, 탁월한 하이테크로 주목받는 이스라엘과 상상력 넘치는 외자 유치의 두바이 등 중동 관련 취재는 언제나 신이 났다. 지금까지 조선일보와 주간조선에 게재했던 중동 관련 기사가 1천 건을 훌쩍 넘었다. 이를 다시 정리해 보고 싶었다.

그런 가운데 2023년 10월 7일 하마스의 이스라엘 테러 공격은 중동 분쟁사에서 획을 긋는 일이었다. 중동에서 이스라엘의 비중이 더 부각되었지만 갈등의 골은 더 깊어졌다. 이 책이 그런 상황을 이해하는 데 도움이 되었으면 좋겠다. 그리고 이 책은 2025년 5월 14일, 이스라엘 독립 77주년 기념일까지의 중동 상황을 다루었다. 이후에도 격변이 예상된다.

　책을 펴내는데 감사한 분이 너무도 많다. 필자에게 글쓰기를 가르쳐주신 조선일보사의 김문순·변용식·송희영·박세훈·이거산·황순현 선·후배님, 항상 응원해주신 삼성그룹의 김광태·배홍규 선배님, 필자에게 기회를 주신 조선뉴스프레스 정장열 사장님께 감사를 드린다. 류모세·박현도·성일광·소윤정·여성민·오화평·유해석·이강근·이종화·장지향·정동수(가나다 순) 등 중동에 해박하신 목사님과 박사님들은 모두 필자에게 스승이다. 특히 지난 3월 13일 소천하신 소윤정 교수님께 이슬람에 대해 많이 배웠다. 필자의 역할은 이 분들의 글이나 말을 적절하게 재정리하는 수준에 그친다. 끝으로 병상에서도 늘 남편을 응원해준 아내 김혜원, 그리고 아들 최수빈과 며느리 신예림에게도 각별한 고마움을 전한다. 필자의 글을 귀하게 대해주신 박영발 W미디어 대표의 배려도 잊을 수 없다. 그리고 무엇보다 모든 것은 하나님의 은혜였다.

2025년 5월 14일
최홍섭

차례

제1부 이스라엘은 왜 싸우는가?

건국 77주년 이스라엘,
복잡한 과거와 더 복잡한 미래

우리나라 성인이라면 은근히 '이스라엘 스트레스'를 한 번쯤은 경험했을 것이다. 1948년에 정부를 수립한 대한민국과 1948년에 국가를 재건한 이스라엘의 동류의식이랄까, 경쟁의식이랄까. 박정희 대통령 시절에 새마을운동이 한창일 때 이스라엘의 집단농장인 키부츠와 모샤브를 벤치마킹하자는 분위기가 뜨거웠다. 북한의 무력 도발이 잦아지자 "전쟁이 나면 이스라엘 유학생은 귀국하지만 아랍 유학생은 군대 가지 않으려고 다른 곳으로 멀리 도망가 버린다"는 스토리텔링이 회자되었는데, 사실 전혀 근거 없는 얘기는 아니었지만 과대포장된 측면이 있다.

어느 때는 유대인 천재 교육법을 배워야 한다며 이름도 생소한 '탈무드'나 '하브루타' 같은 단어가 유행했다. 그러다가 박근혜 대통령 시절에는 "창조경제 시대에 후츠파(Chutzpah) 정신으로 무장한 이스라엘의 스타트업을 배우자"는 구호가 한창이었다. 중동의 먼 나라 이스라엘은 늘 그렇게 우리를 '압박'하곤 했다. 특히 하마스·헤즈볼라·후티반군의 로켓 공격을 아이언돔으로 거뜬히 막아 내는가 하면 10배에 가까운 보복을 하는 국방력은 곧잘 우리나라 군대와 비교되었다. 물론 나중에는 혼란스러워지긴 했지만, 코로나19가 창궐하던 시기에는 가장 먼저 마스크를 벗는 백신 모범국 모습을 보여주기도 했다.

1948년 5월 14일 이스라엘(The State of Israel)이란 국가가 역사 속에 다시 등장했다. 성경 속에나 있던 나라 이름이 현실 세계로 툭 튀어 들어온 것이다. 이스라엘의 독립기념일(욤 하츠마우트)은 유대력 기준으로도 쉰다. 따라서 독립기념일을 양력과 유대력으로 2번 지키는 셈이다. 2025년으로 나라가 세워진 지 77주년이 되었는데, 이스라엘은 갈수록 세계 역사에서 다양한 화제를 불러일으키고 있다. 이렇게 전 세계인으로부터 좋고 싫음이 분명한 대접을 받는 민족이나 나라가 또 있을까 싶다.

그런 이스라엘의 독립기념일을 대하는 반응은 천차만별이다. 유대인에게야 당연히 감격과 희망의 날이다. 이스라엘은 국가(國歌)의 제목부터 '희망(하티크바)'이다. 역사적으로 보면 AD 70년 로마 장군 타이투스에 의해 예루살렘이 함락당한 뒤 유대인들은 전 세계로 디아스포라, 즉 유랑생활을 시작했다. 기독교권의 유럽에서 유대인들은 메시아를 죽인 민족이란 이유로 반유대주의(Anti-Semitism)에 시달렸다. 십자군 전쟁 때는 가는 곳마다 유대인을 죽였다. 1215년 로마에서 열린 제4차 라테란 공의회에서는 유대인에게 황색 '다윗의 별' 마크를 달게 하고, 토지 소유를 금지하며 길드에서 쫓아내도록 했다. 14세기 흑사병이 유행했을 때는 율법에 따라 위생을 지키던 유대인들만 병에 걸리지 않자 다른 사람들의 시샘을 받았는데, 결국 유대인들이 우물이나 샘에 독을 넣었다는 혐의로 대량 학살당하기도 했다. 히틀러에게 600만 명이 희생당한 홀로코스트는 그 절정이었다.

그런 유대인들이 2000년의 유랑생활을 끝내고 '에레츠(땅) 이스라엘'

로 돌아온 것은 기적이었다. 이스라엘 중앙통계국은 "건국 당시 80만6천 명이던 인구는 지속적인 알리야(Aliyah·유대인의 본토 귀환) 등으로 지금은 12배 늘어난 1천만 명에 육박하고 있다"고 밝혔다.

오늘날 이스라엘 경제는 강소국, 즉 작지만 강한 나라로 통한다. 1980년대와 1990년대를 전후하여 구(舊)소련에서 유대인 과학자들이 대거 알리야 하면서 이스라엘의 하이테크 실력은 급속히 높아졌다. 안보 위협 속에서도 우수인력을 활용한 창업국가(Start-up Nation) 패러다임을 앞세워 수많은 원천기술을 보유하고 있다. 근로자 1만 명당 과학기술자가 140명으로 미국(85명)이나 일본(83명)을 웃돈다. 테크니온이나 와이즈만 연구소 등은 세계 최고 이공계 대학이 되었다. 400여 글로벌 기업들이 연구개발(R&D) 기지를 이스라엘에 두고 있다. USB 메모리나 휴대폰 카메라 등이 이스라엘에서 탄생되었다. 범죄 수사에 이용되는 모바일포렌식 솔루션의 세계 시장이 4,500억원 규모로 추정되는데, 1위가 이스라엘의 셀러브레이트란 업체다. 탁월한 기술력으로 세계 시장의 70%를 장악하고 있다.

여기에다 이스라엘은 2000년 이후 북쪽 도시 하이파와 가까운 동(東)지중해에서 타마르·레비다탄·카리시 등의 가스전(田)을 발견하고 생산을 시작함으로써 갑자기 자원강국이 되었다. 100년 이상 사용할 분량이라고 한다. 기보트올람이란 회사의 토비아 러스킨 대표는 구약성경 신명기 33장에서 모세가 스불론과 아셀 지파에게 축복하는 글을 읽고 개발에 착수했다고 한다. 당시 스불론과 아셀 지파가 배당받은 곳이 하이파 일대인데 '바다의 풍부한 것과 모래에 감추어진 보배를 흡수하리로다', '그의 발이 기름에 잠길지로다' 등의 성경 구절을 보고 석유와 천연가스를 유추했다는 것이다. 이스라엘은 가스전을 놓고 레바논과 10년 넘게 영유권 분쟁을 벌였으나 2022년 10월 이를 타결지었다.

반면 팔레스타인에게는 이스라엘 독립기념일이 끔찍한 날이다. 팔레스타인은 이스라엘 건국 다음 날인 5월 15일을 '알 나크바(Al Nakba)', 즉 재앙의 날이라고 정했다. 흔히 '2000년 동안 그 땅에 거주하던 팔레스타인 사람들을 유대인들이 무력으로 쫓아내고 나라를 세웠다'고 일부 인사들은 주장한다. 하지만 1세기 로마의 유대 나라 진멸 이후 팔레스타인 땅에는 숱한 민족이 거쳐 갔다. 비잔틴 계열 유럽인을 시작으로, 이슬람과 함께 들어온 우마이야 왕조, 유럽 십자군, 술레이만 대제 일행, 이집트 맘루크 왕조, 오스만제국 등 여러 민족과 국가의 사람들이 그곳에서 짧게 짧게 살았다. 유목민이 많고 개종(改宗)과 인두세(人頭稅) 문제가 겹쳐 이동도 잦았다. 인구밀도도 낮았다. 그러니 '2000년 동안 그 땅에 거주하던' 민족은 없었다.

당연히 '팔레스타인'이라는 국가가 존재했던 적도 없다. 지금 팔레스타인 사람들의 조상은 오스만투르크의 주민이거나 요르단·시리아·이집트 계통의 아랍인이다. 19세기 말부터 유럽 유대인들이 시온주의에 따라 팔레스타인 땅으로 돌아오면서 아랍인들과 만났다. 당시 아랍인들 중에는 시리아 대지주들의 소작농들이 많았다. 유대인들은 아랍인들에게 땅을 매입했고, 시가의 5배를 지불하기도 했다. 1917년 영국 외무장관 아서 밸푸어가 유대국가의 설립을 약속하고, 히틀러의 유대인 학살로 동정 여론이 높아지자 유대인의 알리야는 급증했다. 물론 아랍인 인구도 늘어났다. 당연히 유대인과 아랍인 사이에 충돌이 벌어졌다. 유엔은 1947년 11월 유대국가와 아랍국가를 동시에 세우자는 제안을 했으나,

유대인은 받아들이고 아랍인은 거부했다.

1948년 5월 14일 이스라엘이 건국 선언을 한 다음 날, 아랍 5개국은 이스라엘을 침공했다. 제1차 중동전쟁이다. 신생아 1명을 놓고 장정 5명이 때려죽이겠다고 덤빈 꼴이다. 하지만 신생아가 장정들을 이기는 기적이 벌어졌고, 패배의 대가로 엉뚱하게 70만 명의 아랍인들만 난민 신세가 되어 오늘날 팔레스타인 문제로 불거진 것이다. 팔레스타인이라는 국가를 세워본 적도, 경영해본 적도 없는 사람들이 1947년 유엔 중재안을 받아들였더라면 역사는 달라졌을 것이다. 이스라엘 건국 이후 지금까지 4차례 중동전쟁이 벌어졌다. 언제 5차 전쟁이 벌어질지 모르는데, 그건 아마 제3차 세계대전이 되리라 예측하는 사람이 많다. 역사는 2023년 10월 7일 하마스(Hamas)가 일으킨 테러 도발을 제5차 중동전쟁으로 기록할지는 아직 알 수 없다.

이스라엘의 독립기념일은 기독교에도 관심 사항이다. 성경의 관련 구절들이 상징이나 교훈이 아니라 실제 벌어진 사건으로 해석되기 시작했다. 특히 19세기 영국의 존 다비가 주창한 세대주의(世代主義·Dispensationalism) 교리는 이스라엘의 독립이 인류 종말과 예수 그리스도 재림의 중요한 신호라고 보았다. 가령 에스겔서 37장에는 골짜기에 있던 마른 뼈들이 생기를 받아 다시 살아나 거대한 군대가 된다는 예언이 있는데, 지금 와서 보니 이스라엘의 민족적 회복을 뜻한다는 주장이다. 또 누가복음 21장 24절에 나오는 '그들이 칼날에 죽임을 당하며 모든 이방에 사로잡혀 가겠고 예루살렘은 이방인의 때가 차기까지 이방인에게 밟히리라'는 구절은, AD 70년 로마에 의해 전 세계로 추방당하는 것을 내다본 것인 동시에 1967년 6일 전쟁을 통해 예루살렘이 이스라엘의 수중에 다시 들어간 것을 예언한 구절로 해석됐다. 이 밖에 마태복음 24장, 로마서 9~11장, 다니엘서 등도 비슷한 해석의 대상이 되었다.

미국에서는 텍사스·노스캐롤라이나·조지아를 중심으로 하는 최대 교단 남침례회가 대체로 세대주의를 따르거나 친(親)이스라엘 성향을 띠고 있다. 흔히 미국이 이스라엘을 지지하는 배경에는 미국의 상위층을 유대인이 지배하면서 강력한 로비를 벌이기 때문이라고 하는데, 맞는 말이다. 하지만 그것이 전부가 아니다. 또 다른 중요한 변수가 있으니 그것은 바로 이스라엘 건국 이후 미국 교계에 형성된 세대주의 또는 기독교 시온주의 흐름이다. 트럼프 대통령이 2017년 예루살렘으로 대사관을 이전시키라고 지시한 배경이기도 하다. 당시 외교전문지 포린폴리시는 "정작 이스라엘은 미국의 대사관 이전이 급하지 않은데 오히려 미국이 서두르는 분위기"라고 보도했을 정도다. 하지만 기독교권에서 세대주의나 기독교 시온주의는 소수파다. 다수파인 개혁주의에서는 더 이상 혈통 유대인이나 국가 이스라엘에 대해 별다른 신학적 의미를 부여하지 않는다.

어쨌든 이스라엘은 복잡한 상황 속에서 건국 77주년을 맞았다. 곧 80주년이 올 것이다. 문제는 지금부터다. 이스라엘 앞에 던져진 과제나 고민은 무엇일까. 대외적으로는 하마스와 헤즈볼라를 그로기 상태로 몰고 가긴 했으나 앞으로 이란의 핵시설에 대한 대응, 가자지구 주민 처리 문제, 레바논과 시리아와의 관계 개선 등 다양하고 복잡한 과제를 안고 있다.

대내적으로는 2023년 이스라엘 전역을 휩쓸었던 사법개혁 파동을 잘 끝내고 사회통합을 이뤄야 한다. 2025년 4월 말 현재 베냐민 네타냐후(Benjamin Netanyahu) 이스라엘 총리는 이타마르 벤그비르 국가안보장관이나 베잘렐 스모트리히 재무장관을 비롯한 극우 세력과 연정(聯政)을 하다 보니 할 수 없이 따라가는 측면이 많다. 사실 극우파는 유대인 정착촌에서 건축허가나 토지 관련 소송이 벌어지거나 팔레스타인 테러범이나 동성애 문제를 처리할 때, 이스라엘 대법원이 마음에 들지 않는 판결을 많이 내렸다고 불만이었다. 그것이 사법개혁을 추진한 이유인데, 어쨌든 국가는 동강 났고, 사회통합은 요원해졌다.

이스라엘 중앙통계국에 따르면, 2024년 5월 현재 이스라엘 인구(990만여 명) 중 73%가 유대인이고, 21%가 아랍인이며, 6%는 소수민족이다. 국민 중에는 초정통파 유대교인이 13.5% 정도로 알려졌다. 안식일에 초정통파 유대교인들이 사는 동네인 메아셰아림(Mea Shearim)과 브네이브락(Bnei Brak)에 차를 몰고 들어갔다가는 돌에 맞는 봉변을 당할 수도 있다. 이스라엘 국민을 유대교 기준으로 나누면 검은 양복을 입고 다니는 하레디(초정통파)를 필두로, 다티(종교적), 마소르티(전통적), 힐로니(세속적) 등이 있다. 하레디와 힐로니의 생각 차이는 크다. 힐로니 중에는 무신론자와 동성애자도 많다. 하레디가 소수이지만 영향력은 적지 않다. 피임을 하지 않기에 국민 평균치의 2배가 넘는 출산율에다, 어떤 세력이든 자기들과 연립정부를 구성할 수밖에 없는 정치 시스템이 있기 때문이다.

2023년부터 심각한 사법개혁 파동을 겪으면서 이번 기회에 성문헌법을 만들자는 주장도 나왔다. 중도 성향의 제1야당인 예시 아티드의 야이르 라피드 대표는 "건국 75주년을 맞아 독립선언에 담긴 가치를 반영한 헌법에 대한 초당적인 합의를 제안한다"고 밝히기도 했다. 사법개혁 반대를 주도해온 단체인 '양질의 정부를 위한 운동'도 독립선언 정신에 기초한 헌법 채택을 주장했다. 사실 이스라엘에는 명문화된 헌법이 없다. 대신 1958년 의회에 대한 기본법을 시작으로 이스라엘 영토, 예루살렘 수도 지위, 민족국가 등 13개의 기본법을 만들어 헌법 역할을 하고 있다. 앞으로 크네세트(Knesset·이스라엘 의회)에서 헌법 제정이 논의된다 해도 각계각층의 첨예한 이해관계를 어떻게 반영할지 관심거리다.

이스라엘은 일종의 이민국가여서 출신지도 제각각이다. 독일이나 동유럽에서 온 아슈케나짐이 주축 세력을 이루는데, 스페인과 포르투갈 등지에서 온 세파르딤, 에티오피아나 예멘 출신들과 사회적·경제적 격차가 있는 편이다. 유럽에서는 금융 재벌 로스차일드의 등장 이후 아슈케나짐이 유대인의 주류를 이루었다. 출신지에 구애받지 않는 사회통합은 간단한 문제가 아니다. 또 미국의 유대인들은 대체로 진보성향이 강하고 이스라엘 우파정부에 비판적이다. 2020년 미국 퓨리서치센터 조사 결과 30세 미만 미국 유대인 중 48%만이 국가 이스라엘에 애착을 갖고 있다고 응답했다. 향후 그런 비율이 계속 늘어날 전망이어서 이스라엘로서는 부담이다. 미국 유대인이라고 해서 반드시 국가 이스라엘을 지지하는 것이 아니고, 특히 미국 유대인의 70%는 이스라엘에 친화적인 공화당보다는 이스라엘에 다소 냉정한 민주당을 지지하고 있다.

이스라엘에는 또 병역 의무는 없지만 국민의 20%가 넘는 아랍인에 대한 차별도 고민거리다. 이들은 여권의 국적이 '이스라엘'이다. 하지만 자칫 이들이 팔레스타인과 손잡고 총구를 이스라엘 쪽으로 향할지 모른다는 우려가 있다. 이와 함께 예수 그리스도를 믿는 유대인을 가리키는 '메시아닉 주(Messianic Jew)'의 성장세도 변수가 될 전망이다. 최용환 전(前) 이스라엘 대사는 〈7가지 키워드로 쓴 오늘의 이스라엘〉이라는 책에서 "대다수 메시아닉 주는 유대교 명절을 지키고, 카슈룻(음식 계율)에 따라 인정되는 음식인지를 따지며, 머리에는 유대교의 상징인 키파를 쓰기도 한다"면서 "하지만 초정통파 유대인 그룹은 이들을 유대교에서 이탈한 이교도일 뿐이라고 생각한다"고 말했다. 현재 메시아닉 주는 종교적 탄압을 피해 지하교회 수준으로 움직이는데, 대략 1만~2만 명이 있을 것으로 추정된다. 메시아닉 주의 성장 여부는 전 세계 기독교계의 관심사다.

이스라엘은 외교·군사적으로도 고민이 많다. 당초 이슬람 시아파인 적대국 이란을 견제하기 위해 이슬람 수니파인 사우디아라비아와 밀월 관계를 추진했다. 하지만 사우디가 갑자기 이란과 외교관계를 정상화했다. 그런 와중에 2023년 10월 7일 하마스가 이스라엘을 기습 공격하면서 벌어진 전쟁으로 인해 당분간 모든 것이 뒤죽박죽되었다.

이란과의 관계는 골치 아픈 숙제다. 네타냐후는 1996년 처음 총리가 되었을 때부터 이란 핵시설 공습을 하겠다고 공공연히 밝혔다. 에브라힘 라이시 이란 대통령은 2023년 4월 18일 테헤란에서 열린 국군의 날 기념식에서 "이스라엘이 이란에 대해 군사행동을 할 경우 텔아비브를 파괴하겠다"고 밝히기도 했다. 2024년에는 양측이 두 차례나 직접적인 미사일 공격을 주고받았다. 2025년 4월 12일부터 미국은 이란과 핵협상을 시작했다. 앞으로 이스라엘이 미국과 함께 이란 핵시설을 직접 공습할지 세계의 관심사다.

요르단강 서안지구나 가자지구의 유대인 정착촌 확장은 현 이스라엘 네타냐후 정권의 최대 목표이기도 하다. 가자지구에 대해서는 이스라엘 안보내각이 2025년 5월 4일 '기드온의 전차'라는 이름으로 가자지구를 점령하고 영토를 유지하겠다고 밝혀 국제적 반발이 크다. 현재 요르단강 서안지구에는 250여 곳에 이르는 유대인 정착촌이 있고, 70만여 명이 거주한다. 1995년 2차 오슬로 협정을 통해 A지역(팔레스타인이 통제권과 행정권을 보유)은 서안지구의 18%를 차지하고, B지역(이스라엘이 통제권, 팔레스타인이 행정권을 보유)은 22%, C지역(이스라엘이 통제권과 행정권을 보유)은 60% 수준인데 향후 C지역을 대폭 늘린다는 복안이다. 따라서 팔레스타인과의 충돌은 계속 불가피할 전망이다.

  종교적으로는 최고 성지인 성전산(聖殿山·Temple Mount)이 핫이슈다. 이스라엘은 벤그비르 국가안보장관이 간헐적으로 성전산을 방문하고 있는데, 이를 계기로 유대인들의 성전산 방문을 본격화한다는 전략이다. 이스라엘은 성전산을 관리하고 있는 요르단 계열 이슬람 공공재단 와크프(WAQF)를 향해 "무슬림과 기독교인은 올라가게 하면서 유대인은 올라가 기도를 못 하게 하는데 이는 종교의 자유에 위배된다"며 항의하고 있다. 이스라엘은 성전산의 질서 유지권이 이스라엘 경찰에게 있다는 점을 최대한 활용할 예정이다. 그간 성전산의 남서쪽에 있는 '통곡의

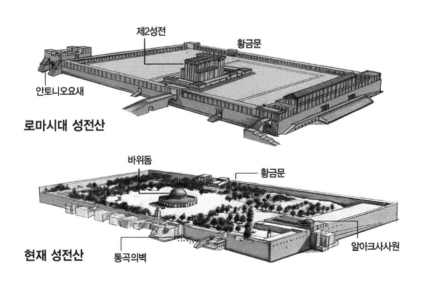

제2성전　황금문

안토니오요새

로마시대 성전산

바위돔　　황금문

현재 성전산　통곡의벽　　　　　　알아크사사원

벽'에서만 기도하던 유대인들이 과연 솔로몬 성전과 헤롯 성전이 있던 자리에 가서 기도하게 될지 큰 관심사다.

　이 밖에 경제 측면에서 보면, 그간 이스라엘은 좁은 내수시장 극복을 위해 벤처 설립 초기부터 글로벌 시장 진출을 염두에 둔 전략을 펴왔다. 벤처를 키워 나스닥에 상장시키고 비싸게 파는 식이었다. 하지만 최근에는 제조업과 동떨어진 기술개발은 효용성이 낮다고 판단해 해외의 대형 제조업체들과 제휴하는 사례를 늘리고 있다. 사이버 보안 등의 분야에서는 세계 최고 수준이지만 좀 더 첨단기술의 적용 분야를 넓혀야 한다는 지적도 있다. 과연 이스라엘이 세계 하이테크 업계에서 어떤 기술과 전략을 펴게 될지 주목되는 부분이다.

제1부

✡ 이스라엘은 왜 싸우는가?

2023년 하마스의 이스라엘 침공은 중동 분쟁의 새로운 국면을 열었다. 이란의 대리조직인 하마스·헤즈볼라·후티반군 등과 이스라엘의 대리전 양상으로 바뀌었다. 중동 분쟁의 뿌리는 어디에 있는지, 기존 언론이나 논문에서 놓치고 있는 대목이 무엇인지 정리했다. 한때 밀월관계였던 이란과 이스라엘은 왜 원수가 되었는지, 아랍국가들은 과연 진심으로 팔레스타인을 응원하고 있는지, 이슬람 극단주의 사상의 뿌리는 어디에 있는지 등을 고찰했다.

트럼프는 이스라엘에게
어떤 존재인가?

　2024년 11월 5일 도널드 트럼프가 미국 대통령에 다시 당선되자마자, 이스라엘의 예루살렘과 텔아비브 등지에는 '축하해요 트럼프, 이스라엘을 위대하게(Congratulations! Trump, make Israel great!)'라는 대형 간판이 곳곳에 등장했다. 트럼프의 캠페인인 '미국을 다시 위대하게(MAGA·Make America great again)'를 패러디했다. 미국 대선 직전에 이스라엘 현지 채널 12가 여론조사한 결과, 이스라엘 국민의 66%가 트럼프의 백악관 복귀를 희망했다. 그러니 이스라엘도 축제 분위기다. 베냐민 네타냐후(Benjamin Netanyahu) 이스라엘 총리는 "역사상 가장 위대한 복귀"라고 추켜세웠다. 네타냐후는 트럼프 취임 축하 메시지에서 "앞으로 이스라엘과 미국 사이에는 '최고의 날들(best days)'만 있을 것"이라고 말했다.

　"난 네가 기뻐하는 일이라면 뭐든지 할 수 있어. 난 네가 좋아하는 일이라면 뭐든지 할 수 있어. 별보다 예쁘고 꽃보다 더 고운 나의 친구야…." 가수 정수라가 부른 '난 너에게'라는 노래 가사에 견줄 정도로 역대 최강의 친(親)이스라엘 정권이 2025년 1월 20일 미국에서 출범했다. 온 세계를 '관세 부과'로 벌벌 떨게 만든 트럼프이지만, 이스라엘을 대하는 모습은 완전히 다르다. 백악관에서 네타냐후가 서명을 위해 의자에 앉으려고 하자 트럼프가 뒤에서 직접 의자를 밀어 넣어 주었다. 비서나 종업원이 하는 일을 미국 대통령이 직접 하다니 놀라웠다. 얼마나 사이가 좋으면 저렇게 할까.

흔히 미국이 왜 무조건 이스라엘을 지지하느냐고 질문하면, 미국 내 거대한 유대인 파워와 AIPAC(미국·이스라엘 공공정책위원회) 같은 유대인 단체의 쥐락펴락하는 로비력 때문이라고 말한다. 맞는 말이지만 그것만 얘기하면 본질을 놓친다. 미국이나 영국을 비롯한 전통적 기독교 국가에는 '유대인 또는 이스라엘 국민보다 더 이스라엘을 사랑하는 사람들'이 있다. 미국에서는 주로 공화당 지지층에 많다. 이들은 신보수주의자를 가리키는 네오콘(Neocon)이 많다. 이들은 미국 내 유대인 파워나 로비 때문에 이스라엘을 지지하는 게 아니다. 그들은 바로 중동 땅에 이스라엘을 기적적으로 돌아오게 하고 그 나라를 잘 보존시켜 유대인들을 그리스도에게 돌아오도록 한다는 '기독교 시온주의(Christian Zionism)' 신봉자들이다.

기독교 시온주의는 500년 전 영국의 청교도들이 미국으로 건너가면서 '유대인들을 성경의 예언대로 고토로 귀환시킨 뒤 그리스도를 받아들이도록 하자'는 회복주의(Restorationism) 이념을 공유한 것이 시초라고 본다. 이런 회복주의는 메이플라워호에 가장 많이 탔던 회중교(會衆敎)는 물론이고 감리교, 침례교, 장로교, 성공회에 걸쳐 고루 확산되었다. 18세기 미국에서 가장 강력했던 영적 지도자인 조너선 에드워즈는 "가나안 땅은 그리스도 천년왕국의 중심이다. 약속의 땅이 성취되려면 유대인들의 고토 귀환은 필수 불가결하다. 이스라엘은 다시 장래에 특별한 나라가 될 것"이라고 예언했다. 그래서 기독교 시온주의는 1897년 데오도르 헤르첼에 의해 유럽에서 시작되었던 그냥 시온주의(Zionism)보다 더 오랜 역사를 가지고 있다. 시온주의는 종교보다는 정치 색채가 짙은 반면, 기독교 시온주의는 정치와 종교 색채를 모두 지니고 있다. 시온주의는 예수 그리스도를 배척하지만, 기독교 시온주의는 예수를 이스라엘에 다시 전하는 게 목적이다.

극단적 기독교 시온주의자들은 "미국은 1948년 중동에 부활한 이스라엘을 지키는 사명을 수행하기 위해 20세기부터 세계 최강대국이 되었다"는 말도 한다. 미국에서는 과거 로널드 레이건 대통령이 뚜렷한 기독교 시온주의자로 분류되고, 지금은 트럼프가 뒤를 잇고 있다. 트럼프가 선거 유세 과정에서 복음주의 기독교 집회에 참석해서 한 발언은 단순히 '종교계의 표를 얻으려는 선거전략' 수준이 아니다. 트럼프는 2020년 대선에서 미국 사회를 주도하는 백인 복음주의 개신교층 84%의 표를 얻었고, 이번에는 더 높았다.

기독교 시온주의는 미국 사회에서 복음주의와 연계하여 강력한 보수 진영을 구축하고 이스라엘에 대한 무한대 애정을 드러낸다. 그리고 그 상징적인 인물이 바로 트럼프다. 요즘 트럼프는 미국의 복음주의 기독교인이나 이스라엘 유대인에게 '고레스(Cyrus)'라는 별명을 얻었다. 유대 민족은 BC 586년 바빌론에 멸망당해 끌려갔으나 바빌론을 정복한 페르시아의 고레스 대왕이 관용정책을 펴면서 BC 537년 고향으로 돌아갔다. 고레스는 예루살렘에 유대교 성전을 재건축하는 작업까지 허락했다. 사실 고레스는 유대교 신자는 아니었지만 유대인이 믿는 하나님에 대한 존중은 했다고 한다. 트럼프가 이스라엘을 든든히 지켜주는 동시에, 일부 극단주의자들의 희망처럼 장차 성전산에 유대교 제3성전을 짓는 데도 기여할 것이라는 희망에서 '고레스'라는 별명이 나왔다.

트럼프는 취임하자마자 마치 이스라엘에 화답이라도 하는 듯한 인사를 발령했다. 트럼프는 2기 행정부 첫 이스라엘 대사로 마이크 허커비(1955년생)를 지명했다. 허커비는 침례교 목사 출신으로 1996년부터 2007년까지 아칸소 주지사를 지냈는데, 요르단강 서안지구에 대한 이스라엘의 절대 주권을 강력하게 주창해 왔다. 그는 "역사적으로 팔레스타인은 실제 국가로서 존재한 적이 없으며, 그저 이스라엘로부터 땅을 빼앗기 위한 정치적 도구"라는 발언도 했다. 또 국토안보부 장관에 내정된 크리스티 노엠 사우스다코타 주지사는 그동안 반유대주의에 맞서온 정치인으로 유명하다. 그는 "하나님이 택한 민족인 유대인의 안전을 확실히 하고, 미국 내에서 반유대주의 발언이나 행동은 처벌해야 한다"면서 관련 입법을 추진해 왔다.

2025년 봄 현재 트럼프의 모습을 지켜보면 두 번째 임기 동안 '가자지구(Gaza Strip)'와 '요르단강 서안지구(West Bank)'를 1967년 6일 전쟁 직후의 형태처럼 이스라엘 품에 안겨 주려는 의도가 엿보인다. 트럼프는 그런 의도를 임기 내내 슬금슬금, 때로는 급속하게 실행할지 모른다. 국제적인 반발이 있을 것이므로 전광석화(電光石火)와 성동격서(聲東擊西) 전략을 동시에 펴나갈 수 있다.

기독교 시온주의자인 트럼프는 2024년 7월 선거 유세 도중 벌어졌던 피격 사건으로 신앙심과 사명감이 더 강해졌다고 밝혔는데, 2025년 2월 7일에는 백악관에 신앙실(Faith Office)을 설치하고 자신의 영적 멘토인 폴라 화이트 목사를 수석고문으로 임명했다. 그래서 이스라엘에 대한 트럼프의 마인드를 관찰할 때 단순히 정치학적인 분석만 하면 수박 겉핥

기가 될 수밖에 없다.

　트럼프의 이스라엘 사랑은 대단하다. 트럼프는 이미 1기 때 국제사회의 염려에도 불구하고 예루살렘을 이스라엘의 수도로 인정하고 미국대사관을 텔아비브에서 예루살렘으로 옮겼다. 요르단강 서안지구에서 유대인 정착촌의 확장을 거의 막지 않았고, 1967년 6일 전쟁 때 시리아로부터 점령한 골란고원에 대한 이스라엘의 주권을 공식적으로 지지했다. 2017년 5월 22일에는 미국 현직 대통령으로는 처음으로 유대인의 성지이자 성전산의 남서쪽 벽인 '통곡의 벽'에 가서 기도했다. 2020년 9월에는 이스라엘과 아랍에미리트(UAE)·바레인 등이 정식 외교관계를 수립하는 아브라함 협정도 주재했다.

　2기에는 초반부터 그런 모습을 보이고 있다. 트럼프는 이스라엘이 가장 싫어하는 유엔팔레스타인난민구호기구(UNRWA)에서 미국이 탈퇴하도록 했다. UNRWA는 1948년 제1차 중동전쟁으로 발생한 팔레스타인 난민 70만 명을 지원하기 위해 설립된 기구인데, 이스라엘은 "UNRWA 직원 일부가 하마스의 이스라엘 기습 공격에 관여했다"고 주장하면서 최근 UNRWA를 테러단체로 지정하기도 했다. 이스라엘이 싫어하는데 트럼프가 곱게 봐줄 리가 없다. 트럼프는 또 네타냐후를 전쟁범죄 혐의로 수배한 국제형사재판소(ICC)에 대해서도 분노하면서 "미국과 동맹국의 국가안보를 위협하는 재판소에 대해 실질적이고 중대한 대응을 하겠다"며 제재를 선언했다.

　트럼프는 또 2025년 2월 4일 백악관에서 네타냐후와 공동으로 진행한 기자회견에서 폐허가 된 가자지구를 미국이 장악(take over)하여 국제적 휴양지로 개발하는 동시에 230만 명에 이르는 가자지구 주민을 요르

이스라엘과 가자지구 위치

단과 이집트 등으로 보내겠다고 밝혔다. 트럼프는 가자지구에 인프라와 주택을 건설하고 경제개발을 이뤄 중동의 '리비에라(지중해변 휴양지)'로 만들겠다고 강조했다. 트럼프의 가자지구 구상이 무엇을 의도하는지 전 세계가 놀라서 말들이 많았다. 하지만 그의 분명한 속내는 가자지구와 요르단강 서안지구를 온전히 이스라엘 품에 안기려는 것임은 눈치 빠른 사람이라면 알 수 있다.

사실 트럼프의 발언 패턴을 보면 일단 상대방의 의표를 강하게 훅 찌른 뒤 협상하는 스타일이다. 비상식적으로 압박하는 듯하다가 하루아침에 방향을 바꾸면서 상대의 얼을 빼놓는다. '무차별 관세'를 비롯하여 그의 비즈니스 스타일이 그렇다. 누구든 트럼프에게 아무런 빚을 지지 않았음에도 불구하고, 마치 트럼프 측에 엄청난 부채나 잘못이라도 한 것처럼 여기도록 상황을 유도해 간다. 그리하여 결국 트럼프는 자신이 의도했던 부분을 상당 부분 성취해 낸다. 트럼프는 자신의 저서 〈거래의 기술(The Art of the Deal)〉에서 "사람들은 대개 무언가 결정을 내려야 할 경우 일을 성사시킨다는 것에 대해 두려움을 갖기 때문에 규모를 작게 생각하는 경향이 있다"면서 "나는 크게 생각하기를 좋아한다"고 밝혔다. 그는 수많은 부동산 사업에서 자신만의 거래 노하우를 발휘해 성공했다.

사실 바이든 대통령 시절 미국의 중동정책은 여러 가지 딜레마에 빠져 있었다. 이스라엘을 군사적으로 도우면서도 이스라엘과 이란의 전면전 가능성은 없애야 하고, 가자지구와 레바논 남부에서 민간인을 보호하면서도 급진적인 이란 대리세력(proxy) 조직들은 소탕해야 하며, 중국을 견제하기 위해 인도·태평양에 집중하면서도 중동의 우방국들이 중국 편에 서지 않도록 노력해야 했었다. 하지만 이렇게 복잡미묘한 과제에 대해 트럼프 2기는 별다른 관심이 없어 보인다. 장지향 아산정책연구원 중동센터장은 "트럼프 2기의 중동정책은 1기처럼 배타적이고 국수적인 미국 우선주의를 선동할 것으로 보이는데, 폭탄선언에 가까운 충동적인 결정과 지불 능력을 중시하는 동맹관에 따른 이분법적 사고가 이어질 것이며, 이러한 좌충우돌 정책으로 중동 질서는 요동칠 것"이라며 "이란의 핵 개발이나 하마스·헤즈볼라 등의 재건 움직임에 대해서는 초강경 대응, 사우디아라비아를 위시한 아랍 걸프 산유국과는 안보협력 강화, 이스라엘과 팔레스타인 분쟁에서는 이스라엘 강력 지지 등이 예상된다"고 분석했다.

이스라엘은 트럼프 2기 시대에 중동을 재편할 속내를 지니고 있다. 미국 정치매체인 폴리티코는 "네타냐후가 트럼프 2기를 중동 재편을 시행할 일생일대의 기회로 보고 있다"고 분석했다. 특히 네타냐후는 '요르단강 서안지구에 대한 합병'과 '이란의 핵시설에 대한 효과적인 파괴'를 목표로 하는데, 트럼프가 이에 대해 최소한 암묵적인 동조는 할 것으로 보인다.

이스라엘은 1967년 6일 전쟁 때 요르단 영토였던 요르단강 서안지구를 점령했다. 요르단은 1988년 영유권 주장을 포기했고, 1994년부터 팔레스타인자치정부(PA)가 그곳의 주권을 넘겨받았다. 요르단강 서안지구에는 그동안 유대인 정착촌이 속속 세워지고 있는데, 특히 네타냐후가 2020년부터 본격적으로 밀어붙이고 있다. 극우파인 베잘렐 스모트리히 이스라엘 재무장관은 "트럼프가 된 것은 유대와 사마리아(요르단강 서안지구의 이스라엘식 표기)의 정착촌에 이스라엘의 주권을 적용할 수 있는 중요한 기회"라고 말했다. 앞으로 요르단강 서안지구에 있는 제닌 난민촌 등지에서 활동하는 팔레스타인 테러단체들이 더욱 기승을 부릴 전망이다. 그러면 중동의 전장(戰場)은 가자지구나 레바논에서 요르단강 서안지구로 이동할 위험성이 높다.

이스라엘과 트럼프가 가장 신경 쓰는 이슈는 역시 이란이다. 서강대 유로메나연구소 성일광 교수는 "이란과 대리세력들이 이스라엘 절멸을 추진했기 때문에 트럼프 2기 행정부에서 이란에 대해서는 역대 '최대 압박(maximum pressure)' 전략이 나올 전망"이라고 말했다.

트럼프는 2024년 10월 "이스라엘이 이란의 핵시설을 공격해야 한다"고 발언했다. 또 이란이 자신을 암살하려 했다고 주장하면서, 이란을 산산조각내겠다고 경고할 것이라고도 말했다. 이에 따라 이스라엘은 2025년 봄 현재 이란 핵시설을 직접 공격하는 카드도 만지작거리고 있다. 이스라엘 입장에서는 2024년 자신들의 공습으로 이란의 방공망이 손상되고 헤즈볼라·하마스가 지리멸렬해져 '저항의 축'이 허물어진 지금이 공격을 단행할 절호의 기회로 보고 있다.

사실 트럼프와 측근들은 바이든 행정부의 이란에 대한 제재가 느슨하다고 비판해왔다. 버락 오바마 대통령이 2015년 이란과 체결한 '이란 핵합의(JCPOA·포괄적공동행동계획)'는 이란 정부가 3.67% 이상의 저농축 우라늄을 생산하지 않는 등 일정 수준 이상의 핵 개발을 유예하는 대신 서방이 각종 제재를 풀어주는 것을 골자로 한다. 하지만 트럼프는 1기인 2018년 5월 JCPOA에서 탈퇴했다. 트럼프는 "오바마가 이란 정권에 너무 많은 것을 주었고, JCPOA는 최악의 합의"라며 강하게 비판했다. 트럼프는 2019년 4월 이란의 이란혁명수비대(IRGC)를 테러단체로 지정했고, 2020년 1월에는 이란의 영웅이었던 가셈 솔레이마니 쿠드스군(IRGC 정예부대) 총사령관을 드론 공습으로 암살했다. 이란의 원유 수출을 틀어막고, 경제 제재를 복원했다. 그런데 이란 경제가 여전히 매우 어렵긴 하지만, 이란의 석유 수출은 바이든 행정부 시절에 거의 과거 수준을 회복하면서 제재의 실효성에 의문이 들었다.

이런 가운데 트럼프는 "바이든 행정부와는 달리, 이스라엘로 가는 무기·군사장비 공급에 대한 기존 제한을 모두 해제하겠다"고 밝혔다. 트럼프는 70억 달러 규모의 무기를 이스라엘에 판매하기로 했다. 그중에는 이란 핵시설 공격에 사용할 가능성이 높은 2000파운드급 벙커버스터도 들어있다. 앞으로 정밀 유도 미사일 등 미국의 첨단무기들은 속속 이스라엘 쪽으로 옮겨질 전망이다. 하지만 트럼프는 역시 트럼프다. 아무리 그가 기독교 시온주의자이고 이스라엘에 친화적이라지만, 자신의 이름이나 공적이 이스라엘에 의해 가려지거나 뒤로 밀리는 상황은 용납하지 않는다. 2025년 봄 이스라엘은 이란 핵협상, 후티반군 대응, 하마스 인질협상 등의 이슈를 놓고 트럼프와 다른 입장을 노출했다. 이스라엘은 금방이라도 이란 핵시설을 폭격하겠다는 강경 입장이었고, 하마스에 대해서도 추가 공격을 감행했다. 그러자 트럼프는 자신의 말을 계속 듣지 않는 네타냐후에게 짜증이 난 듯, 아예 이스라엘과 협의하지 않은 채 독자적으로 정책을 펴나가기 시작했다. 네타냐후가 자신을 정치적으로 조종하려 한다는 불쾌감을 트럼프는 갖고 있다고 서방 언론은 전했다.

실제 2025년 5월 중순 현재 트럼프는 이란과의 핵협상을 진행하고 있고, 후티반군에 대해서는 가공할 폭격을 해대다가 막대한 군사비 지출을 우려하여 승리인지 패배인지 모를 듯한 휴전 선언을 했으며, 하마스와는 인질의 추가 석방 협상을 벌였다. 5월 13일 사우디를 방문한 트럼프는 시리아에 부과한 제재를 모두 해제하겠다고 밝히면서, 시리아의 새로운 통치자이자 테러조직인 HTS 수장 출신인 아흐메드 알샤라 임시대통령과도 만났다. 트럼프의 이런 움직임을 놓고 '네타냐후 왕따'니 '이스라엘 패싱' 등의 보도가 나왔지만, 사실은 네타냐후와 이스라엘 당국자들에 대한 트럼프의 길들이기 차원으로 보는 것이 옳다. 그렇다고 하여 트럼프가 이스라엘에 손해를 끼치거나 적대적으로 돌아설 가능성은 전혀 없다. 실제 5월 14일 시리아의 임시대통령을 만난 트럼프는 "이스라엘과 수교하고 팔레스타인 테러리스트 등을 다 내쫓으라"고 요구했다. 트럼프는 그저 세계에서 가장 골치 아픈 중동의 난제들을 해결했다는 칭찬과 영광을 받고 싶어한다. 일정 시점이 되면 트럼프는 또다시 '과도한 친이스라엘 정책'을 펼 것이다. 물론 자신의 명성과 미국의 국익은 분명히 지키는 가운데 말이다.

역대 미국 대통령과
이스라엘의 관계는?

2024년 5월 국내에 번역 출간된 도널드 M. 루이스 교수의 〈기독교 시온주의의 역사〉는 역대 미국 대통령과 이스라엘의 관계를 자세하게 설명해주고 있다. 여기서는 그 책의 설명에 조금 더 추가해보자.

미국이 이스라엘을 지지하는 배경으로 미국 내 정치·금융·언론·교육 등을 장악한 유대인 파워에 더해 AIPAC(미국·이스라엘 공공정책위원회) 같은 거대 로비조직의 힘을 지적한다. 1954년 창립된 AIPAC는 매년 봄에 열리는 연례총회에 미국 정치인이라면 꼭 참석하려는 곳이다. 최근 국내에도 번역된 〈왜 미국은 이스라엘 편에 서는가(The Israel Lobby)〉의 저자인 존 J. 미어샤이머 교수와 스티븐 M. 월트 교수는 "미국 유대인은 비교적 부유하고, 교육 수준이 높으며, 감탄할 만한 박애주의의 전통을 가지고 있다. 그들은 정당에 후한 헌금을 하고, 높은 수준의 정치 참여도를 보인다. 물론 일부 미국 유대인 단체가 이스라엘에 헌신적이지 않을 수

있다. 하지만 대다수가 관여하고 있고, 상당한 소규모 단체가 이스라엘 문제라면 발 벗고 나선다"고 지적했다.

사실 AIPAC의 영향력은 하룻밤 사이에 생긴 것은 아니다. 그들의 로비 제1 규칙은 '법령의 뒤에 서라. 전면에 나서지 말라'이다. 그렇게 은밀하면서도 효과적인 로비 덕분에 1948년 제1차 중동전쟁을 시작으로 1973년 제4차 중동전쟁까지, 그리고 하마스·헤즈볼라와 전쟁을 치르는 과정에서 미국 대통령은 이스라엘에 유리한 조건으로 경제와 군사 물자를 원조했다는 것이다. 책 내용에 동의하기 어려운 부분이 많지만, 이스라엘의 로비라는 민감한 이슈를 깊게 다루었다.

　다만 '로비' 때문에 미국 정부가 친이스라엘 정책을 폈다는 주장은 단편적이다. 더구나 트럼프에 이르면 설득력이 크게 없어진다. 어차피 미국 유대인의 공화당 대통령 후보자에 대한 지지율은 20~30% 선에 불과했다. 보수적인 미국 유대인이라면 고국 이스라엘 일이라며 발 벗고 나설 가능성이 높지만, 그 비율은 그리 높지 않다는 얘기다. 미국 유대인 중에는 우리나라로 치면 '강남좌파'가 많은 셈이다. 전통적으로 유대교가 혐오하는 가치들, 즉 동성애·낙태·좌파이념 등은 대부분 진보적 미국 유대인이 주도하고 있다. 그러면서 미국 유대인(760만여 명)과 이스라엘 유대인(740만여 명)의 일체감은 줄어들고 간극은 벌어지고 있다.

　결국 이스라엘에 대한 미국 대통령의 의사결정에는 단순히 유대인 집단의 파워나 로비 이외에 또 다른 동기가 크게 작용함을 의미한다. 바로 미국 대통령이나 유력 정치인들의 내면세계나 신념체계를 살펴볼 필요가 있다. 실제로 미국이나 영국에는 유대인보다 더 이스라엘을 사랑하는 정치인들이 있다. 그 핵심에 '기독교 시온주의(Christian Zionism)'와 '세대주의(Dispensationalism)'가 있다. 둘은 기독교 관련 사상인데, 국가 이스라엘과 혈통 유대인에 대해 신학적 의미를 부여한다는 점에서 같다. 미국의 경우 공화당 지지층에 많다. 이들은 2000년 전에 쫓겨난 유대 민족이 중동으로 되돌아와 이스라엘이란 나라를 세운 뒤 종말에 기독교로 회심하게 된다는 기독교 시온주의 신봉자들로, 미국 동남부의 '바이블 벨트'에 많이 거주한다.

가령 기독교 시온주의란 이런 뜻이다. 이스라엘 민족이 하나님의 말씀에 불순종해 전 세계를 떠돌게 되었으나 종말에 고토(故土)로 돌아가 나라를 재건한다는 예언이 성경 곳곳(누가복음 21장 24절, 에스겔 36~39장, 다니엘서, 마태복음 24장, 로마서 9~11장 등)에 나타나 있으므로, 이의 성취를 위해 기독교와 미국이 마땅히 도와야 한다는 입장이다. 물론 전통적인 개혁주의 기독교는 기독교 시온주의나 세대주의에 부정적이며 "더 이상 혈통 유대인이나 국가 이스라엘이 갖는 신학적 의미는 없으며, 예수 그리스도의 구원은 모든 인류에게 보편적으로 주어졌다"고 맞선다. 다만 1948년 이스라엘이 2000년 만에 기적적으로 독립하고 1967년 6일 전쟁으로 예루살렘을 탈환하면서 이스라엘을 바라보는 미국인의 시각이 많이 달라졌고, 기독교 시온주의도 힘을 얻게 되었다.

역대 미국 대통령도 그런 분위기에 동의하거나 동조하는 입장이 많았다. 1948년 해리 트루먼 대통령은 국내 일각의 반대에도 불구하고 그해 5월 14일에 독립한 이스라엘을 주요국 중 처음으로 정식 국가로 인정했다. 당시만 해도 미국과 이스라엘의 관계는 오늘날처럼 밀접하지는 않았다. 1956년 이스라엘이 영국, 프랑스와 동맹을 맺고 이집트와 제2차 중동전쟁을 벌이자 드와이트 아이젠하워 대통령은 이집트에서 철군하도록 이들 3개국을 압박했다.

존 F. 케네디 대통령은 아이젠하워보다 이스라엘에 더 우호적이었는데, 미국 정부 최초로 이스라엘에 대해 "특별한 관계"라고 규정했다. 그리고 러시아가 아랍국가에 무기를 판매하는 데 맞서 1962년 이스라엘에 호크 지대공 미사일 6기를 판매함으로써 이스라엘에 대한 미국의 무기판매 금지조치를 사실상 해제했다. 다만 케네디는 이스라엘의 핵무기 개발은 강력하게 견제했는데, 이 때문에 케네디 암살에 모사드 배후설이 나오기도 했다.

뒤를 이은 린든 존슨 대통령은 케네디보다 훨씬 더 이스라엘에 우호적이었다. 당시 6일 전쟁의 압승은 미국 사회가 이스라엘을 보는 시각에 변화를 일으켰다. 미국의 종교 사학자 대니얼 허멀은 "6일 전쟁에서 이스라엘의 압도적인 승리는 중동의 정세를 완전히 재편했고, 아랍·이스라엘 분쟁을 세계적인 갈등으로 변모시켜 미국인들(기독교인과 유대인 모두)이 자신을 그 일의 당사자로 인식하게 만들었다"고 분석했다. 그 와중에 등장한 복음주의 부흥사인 빌리 그레이엄도 기독교 시온주의에 우호적인 메시지를 자주 발신했다.

공화당의 리처드 닉슨 대통령은 1968년 선거에서 미국 유대인의 표를 17%밖에 얻지 못하자, 이스라엘에 대해서도 전반적으로 냉담한 태도를 보였다. 이에 골다 메이어 이스라엘 총리는 빌리 그레이엄에게 미국이 이스라엘에 군용기를 판매할 수 있도록 개입해 달라고 요청하기도 했다. 때마침 이집트·시리아가 1973년 제4차 중동전쟁을 일으키자 닉슨은 이스라엘에 각종 무기를 포함한 대규모 지원을 했다. 당시 빌리 그레이엄은 닉슨 대통령에게 "대다수 복음주의자들이 이스라엘을 강력하게 지지하고 있다"면서 개입할 것을 간곡히 요청했으며, 대화 직후 대규모 물자수송이 이루어졌다고 한다. 줄리언 젤리저 프린스턴대 교수는 "역

1948년 이후 당선된 미국 대통령의 유대인 득표율(단위: %)

연도	정당	대통령	득표율
1948	민주당	해리 트루먼	75
1952	공화당	드와이트 아이젠하워	36
1956	공화당	드와이트 아이젠하워	40
1960	민주당	존 F 케네디	82
1964	민주당	린든 존슨	90
1968	공화당	리처드 닉슨	17
1972	공화당	리처드 닉슨	35
1976	민주당	지미 카터	71
1980	공화당	로널드 레이건	39
1984	공화당	로널드 레이건	31
1988	공화당	조지 H W 부시	35
1992	민주당	빌 클린턴	80
1996	민주당	빌 클린턴	78
2000	공화당	조지 W 부시	19
2004	공화당	조지 W 부시	24
2008	민주당	버락 오바마	78
2012	민주당	버락 오바마	69
2016	공화당	도널드 트럼프	24
2020	민주당	조 바이든	69
2024	공화당	도널드 트럼프	22

자료: WIKIPEDIA

사가들 대부분은 미국의 군사원조가 이 시기 이스라엘의 생존에 필수적이었다고 생각한다"고 말했다.

그런가 하면 1980년에 당선된 공화당의 로널드 레이건 대통령은 "구약성경의 예언자 에스겔은 이스라엘을 대적하는 모든 어둠의 세력을 이끌어나갈 곡이라는 나라가 북방에서 나올 것이라고 말한다. 성서학자들은 여러 세대에 걸쳐 곡은 틀림없이 러시아라고 말해왔다. 이스라엘 북쪽에 이처럼 강력한 다른 나라가 또 어디에 있겠는가? 하지만 이러한 주장은 러시아가 기독교 국가였던 러시아혁명 이전에는 타당하지 않은 주장처럼 보였다. 하지만 이제 러시아가 공산주의 무신론 국가가 되어 하나님을 대적하게 된 지금, 이것은 타당한 주장이다. 이제 러시아는 곡에 대한 설명에 완벽하게 부합한다"고 말했다. 레이건은 미국에서 베스트셀러가 된 핼 린드세이의 세대주의 계열 저서인 〈대유성 지구의 종말〉을 읽고 크게 매료되어, 1983년 미국복음주의협회 연설에서 책에 있는 대로 소련을 '악의 제국'이라고 언급했다.

　이후 등장한 민주당의 빌 클린턴 대통령은 복음주의 가정에서 자랐고 남침례교인이었지만 한때 보수적인 복음주의자들로부터 지지를 받지 못했다. 하지만 그는 1994년 크네세트(이스라엘 의회) 연설에서 침례교 목사였던 W. O. 보트의 말을 인용해 "만약 당신이 이스라엘을 버린다면 하나님은 결코 당신을 용서하지 않으실 것이다. 성경에 나오는 유대 민족의 고향인 이스라엘이 영원토록 지속되는 것이 하나님의 뜻이라고 말씀하셨다. 여러분의 여정은 우리의 여정이며, 미국은 영원히 이스라엘을 지지할 것이다"라고 말했다. 클린턴의 후임자인 공화당의 조지 W. 부시 대통령은 9.11 이후 테러와의 전쟁을 선언하면서 "십자군 전쟁"이란 표현을 사용해 이슬람권의 반발을 샀을 정도로 기독교 시온주의와 가까웠다. 그는 2005년 워싱턴타임스와 인터뷰에서 "하나님과 아무런 관계를 맺지 않는 사람이 어떻게 미국 대통령이 될 수 있는지 모르겠다"고 말했다.

　현재 미국에서는 2006년에 출범하여 1천만 명 넘는 회원을 두고 있는 '이스라엘을 위한 기독교인 연합(CUFI)'이나 시카고에 본부를 둔 '국제 기독교인 및 유대인 펠로우십(IFCJ)'이 대표적인 기독교 시온주의 단체로 분류된다. 이들은 이스라엘을 위한 지원 활동에 AIPAC 못지않다는 평가를 받고 있다. 또 '예루살렘 국제 기독교 대사관(ICEJ)'은 예루살렘에 본부를 두면서 전 세계 기독교 시온주의자의 헌금을 받아 운영되고 있는데, 현재 이스라엘 당국과 가장 긴밀한 편이다. 이스라엘 정부 입장에서는 시간이 갈수록 미국 유대인보다는 기독교 시온주의가 더 큰 힘이 되고 있다. 2000년간 유대인이 기독교와 적대적이었던 점을 감안하면 아이러니다. 아이작 헤르조그 이스라엘 대통령은 "ICEJ가 이스라엘 옆에 서서 유대민족의 알리야(고국 귀환)를 지지하며 이스라엘의 이름을 열방에 알리는 모습을 경외감 속에 지켜보았다"면서 "이스라엘의 대통령으로서 변함없는 우정을 지켜주신 여러분께 감사한다"고 말했다. 최근에는 NAR(신사도개혁운동)도 유력한 기독교 시온주의 세력으로 부상하고 있다.

그레이매터리서치(Gray Matter Research)와 인피니티콘셉츠(Infinity Concepts)가 2021년에 발표한 '유대인 연결, 복음주의자들과 이스라엘'이라는 보고서는 "미국 복음주의 개신교인 중에 유대인이 여전히 하나님의 선택받은 민족이라고 믿는 사람들이 51%가 되었다"면서 "응답자의 48%는 자신의 자선 행동에서 이스라엘과 유대인을 지원하는 것이 중요하다고 응답했다"고 밝혔다.

하지만 미국 대통령 중에는 기독교 시온주의와 거리가 먼 사람도 적지 않은데, 민주당의 버락 오바마 대통령이 대표적이다. 역대 미국 대선을 보면 민주당 후보자 중에서 미국 유대인 지지율이 71%를 넘지 못하면 당선되지 못하였으나, 버락 오마마는 2012년 대선에서 69% 득표만으로 재선되면서 징크스를 깨기도 했다. 도널드 M. 루이스는 "버락 후세인 오바마 전 대통령은 기독교 시온주의자나 세대주의자가 가장 싫어하는 대통령이었다. 그의 가운데 이름은 미국이 전복시킨 전(前) 이라크 대통령을 떠올리게 했고, 오바마가 겉으로 드러나지 않는 무슬림이며, 미국보다 이슬람 국가의 국익을 지지한다는 의혹을 불러일으켰다"고 지적했다. 실제 오바마는 2016년 요르단강 서안지구의 유대인 정착촌을 비난한 유엔안보리의 이스라엘 규탄 결의안에 미국 대통령으로는 처음으로 거부권을 행사하지 않았다. 그러면서 유대인 정착촌을 '점령'이라고 비판했다. 오바마와 네타냐후의 관계는 역대 미국 대통령과 이스라엘 총리의 관계 중에서 최악이었다. 두 사람이 정상회담을 해도 사진 한 장 찍지 않는가 하면, 오바마는 가족과 식사해야 한다며 일방적으로 자리를 뜨기도 했다. 당시 네타냐후의 한 측근은 "오바마는 이스라엘의 가장 큰 재앙"이라고 말하기도 했다.

WASP(앵글로색슨계 백인 개신교인) 출신이 압도적인 미국 대통령 역사에서 오바마의 길을 그대로 걷는 해리스가 대통령 선거에서 트럼프에게 패배하기는 했으나, 만약 그녀가 훗날 대통령이 된다면 이스라엘과 대립각을 세우게 될 것은 분명해 보인다.

이에 비해 현재 도널드 트럼프 대통령은 '묻지마 이스라엘 사랑'으로 유명하다. 그는 강력한 기독교 시온주의자 이미지가 있다. 미국 대통령 선거 전인 2024년 3월 12일 이스라엘 현지 채널12가 504명의 이스라엘 시민을 대상으로 조사한 결과 44%가 트럼프의 백악관 복귀를 바란 반면, 바이든의 연임 희망은 30%에 불과했다. 흔히 트럼프는 미국 고립주의를 외친다지만, 이스라엘에 대해서만은 늘 예외였다. 트럼프는 첫 번째 임기 때 예루살렘을 이스라엘의 수도로 인정하고 미국 대사관을 텔아비브에서 예루살렘으로 옮겼다. 요르단강 서안지구에 대한 유대인 정착촌의 확장을 막지 않았고, 6일 전쟁으로 점령한 골란고원에 대한 이스라엘의 주권을 공식적으로 지지했다. 2017년 5월 22일엔 미국 현직 대통령으로는 처음으로 유대교 성지인 '통곡의 벽'에서 기도했다. 2020년에는 이스라엘과 아랍에미리트(UAE), 바레인, 모로코 등이 정식 외교관계를 수립하는 아브라함 협정도 주재했다. 그래서 네타냐후와 트럼프 사이에는 남성 간의 뜨거운 우정과 유대를 뜻하는 브로맨스(bromance) 사이란 말도 나왔다.

이스라엘에 가면 'Don't worry America, Israel is behind you(미국이여 걱정마라 이스라엘이 뒤에 있다)'라고 적힌 티셔츠를 쉽게 볼 수 있다. 과거 '포린폴리시'의 언급처럼 미국은 이스라엘을 위한 위성국가라는 말이 농담으로만 들리지는 않는다.

왜 이스라엘과 이란은
원수가 되었나?

동물원에서 사자(이스라엘)와 호랑이(이란)가 맞닥뜨렸다. 사자는 평소 호랑이의 똘마니이자 대리자 역할을 하는 하이에나·표범·치타 등으로부터 심하게 성가심을 당해왔다. 그래서 홧김에 동물원이 공식적으로 만들어 놓은 호랑이 산책 터를 뭉개버렸다. 호랑이는 단단히 화가 났지만, 사자 뒤에 있는 대장 수사자(미국)의 눈치가 두려웠다. 그래서 대장 수사자에게 '아무리 너희 편이지만 이럴 수가 있느냐'며 눈짓으로 하소연했다. 그리고 어느 날 새벽에 사자 우리를 향해 오물을 잔뜩 날렸다. 하지만 대장 수사자가 진짜 화를 낼지 몰라 입구에만 조금 부어 놓았다. 이를 본 사자는 내심 다행으로 생각했지만 체면이 있는지라 "전면전은 아니지만 고통스러운 방식으로 복수하겠다"고 호랑이에게 선언했다. 문제는 트럼프라는 이름의 대장 수사자가 다시 등장하면서 사태는 좀 더 심각해졌다.

2025년 봄 현재 이스라엘과 이란의 모습이 딱 저렇다. 사실 둘은 서로 가장 싸우고 싶지 않은 상대이다. 싸워 봤자 '가성비'가 안 나올 정도로 피차 치명적인 손상을 입는다는 점을 잘 알고 있다. 그렇다고 뒤로 물러

이스라엘 방공 시스템	명칭	주 요격대상	최대사거리(km)
	애로-3	탄도미사일	2000
	애로-2	탄도미사일	1000
	다윗의 돌팔매	중장거리 미사일	300
	스파이더	중고도 미사일	100
	아이언 돔	로켓·드론	70

서면 국내외로 체면이 말이 아니다. 그래서 보복과 재보복을 외치고 있지만, 어떤 모양새를 취할지 고민이다. 장지향 아산정책연구원 중동센터장은 "만일 이스라엘과 이란이 정색하고 제대로 싸운다면 '제5차 중동전쟁'이 아니라 곧장 '제3차 세계대전'으로 이어진다"면서 "물론 지금은 그런 단계가 아니고, 핵무기를 언급하기도 아직 성급하며, 그저 서로 심각한 체면치레와 눈치작전을 벌이고 있다"고 분석했다.

이란 입장에서는 2024년 4월 1일 이스라엘이 시리아 수도 다마스쿠스 주재 이란영사관 별관을 공습해 이란혁명수비대(IRGC) 쿠드스군(軍) 사령관 모하마드 레자 자헤디 등 16명이 숨진 사태를 용납할 수 없었다. 영사관 타격은 국제법 위반이다. 물론 "영사관 옆에 있는 이란혁명수비대의 군사기지 건물을 폭파했을 뿐이고, 죽은 자들은 대부분 테러범"이라는 이스라엘의 주장이 맞다 해도 엄연히 영사관은 영사관이다. 그래서 이스라엘에 대한 이란의 일정 수준 '보복'은 국제사회가 눈감아줄 측면이 있었다.

이란은 현지시간 2024년 4월 14일 오전 1시 42분부터 1시 57분까지 16분 동안 탄도미사일 110기, 샤헤드 드론 185기, 파베-351 순항미사일

36기 등을 1,500km 안팎 떨어진 이스라엘로 보냈다. 이란이 비례적인 보복, 즉 외교공관 등 이스라엘 영토 밖의 시설을 공격한 것이 아니라 이스라엘 영토 자체를 타격한 것은 다소 예상을 뛰어넘었다. 영국 싱크탱크 왕립합동군사연구소(RUSI)의 시다르스 카우샬 연구원은 "공격의 규모를 볼 때 이건 경고성 조처가 아니라 실질적 피해를 주려고 계획된 것"이라고 진단했다. 그중 탄도미사일은 15분 정도면 이스라엘에 도착하므로 가장 위협적이었는데, 미국 ABC 방송은 "탄도미사일 가운데 9발이 이스라엘과 미국 등의 방어망을 뚫었으며, 그중 5발이 스텔스기인 F-35가 배치된 네바팀 기지에 떨어져 C-130 수송기와 사용하지 않는 활주로, 빈 창고 등이 파손됐다"고 보도했다.

다만 탄도미사일 중에서 절반은 발사나 비행 과정에서 실패했다. 드론과 순항미사일은 대부분 이스라엘 영공에 진입하지도 못하고 미국·영국·프랑스·요르단의 전투기와 방공 시스템에 의해 격추됐다. 이스라엘 방위군(IDF) 수석대변인인 다니엘 하가리 소장은 "이란의 순항미사일 25기가 이스라엘 영토 바깥에서 격추됐고, 탄도미사일도 이스라엘 영공에 진입한 건 소수에 불과하다"고 말했다.

그런데 99%나 요격당한 것을 이란 측에서 오히려 안도하고 있다는 관측이 나오고 있다. "짖기만 하고 물지는 않았다"는 셈이다. 생각해보면 이스라엘까지 도달하는 데 15분 걸리는 탄도미사일, 2~6시간 소요되는 드론, 2시간 정도인 순항미사일을 이란은 선택했다. 미리 공표를 했고, 시간 여유도 있었다. 이는 곧 이스라엘 당국을 향해 "너희가 충분히 여유를 갖고 알아서 격추하든지 해라"는 메시지로밖에 보이지 않았다. 군사력에서 열세이고 경제도 혼란스러운 이란 입장에서 가장 곤혹스러운 순간을 적당한 선에서 절충했다고 볼 수 있다. '약속 대련'이니 '짜고 치는 고스톱'이니 하는 말들이 그래서 나왔다. 실제로 이란의 공격에 대한 보복으로 이스라엘은 드론을 이용한 공습을 단행하긴 했지만, 그다지 큰 타격을 입히지는 않은 것으로 보인다.

이란 입장에서는 이스라엘 본토를 처음 공격했다는 점, 밤하늘에 이스라엘을 겨냥한 무기가 날아가는 모습을 보여줌으로써 이란 국민들에게 카타르시스를 주었다는 점, 이란 의회에서도 "미국에 죽음을", "이스라엘에 죽음을", "이슬람 전사들을 축하하고 이란혁명수비대에 감사한다" 등의 축가가 울려 퍼진 점 등이 성과라면 성과다. 이스라엘과 우방국의 정보 공유나 방공 능력을 확인하는 부차적 수입도 거두었다. 모하마드 호세인 바게리 이란군 참모총장은 "작전이 성공적이었으며 추가 공격은 필요하지 않다"고 밝혔다. 하지만 이번 공격으로 인해 그동안 배후에서 조정자와 기획자로 숨어 있던 이란이 이제는 당사자와 플레이어가 되어 전면에 나섰다는 것도 달라진 점이다.

이란의 공격과 이스라엘의 반격은 2024년 하반기에 다시 한번 벌어졌다. 비슷한 형국이었지만, 이스라엘의 반격이 좀 더 강했다. 2025년 봄 현재 트럼프 대통령과 네타냐후 총리는 미국과 이스라엘이 직접 이란 핵시설을 타격할 수 있다는 경고를 계속 내보내고 있다.

그런데 지금은 극단적으로 싸우는 두 나라이지만, 이스라엘과 이란 사이에 한때 허니문 시절이 있었다는 사실을 아는 사람은 많지 않다. 한국인이 가장 좋아하는 클래식 음악 중 하나인 헨델의 라르고, 정확하게 말하자면 HWV(헨델 작품번호) 40번 오페라 '크세르크세스(Xerxes)'의 첫 번째 곡인 '나무 그늘 아래에서(Ombra Mai Fu)'다. 페르시아 왕 크세르크세스 1세가 플라타너스 그늘 아래에서 안식을 취하면서 나무를 찬양하는 내용이다. 크세르크세스는 구약성경 에스더에 나오는 아하수에로 왕과 동일한 인물로 BC 485년경부터 BC 465년경까지 페르시아를 다스렸다. 유명한 살라미스 해전에 참전했고, 영화 〈300〉의 주인공이기도 하다.

크세르크세스는 부하들 앞에서 자신의 명령을 거역한 왕비 와스디를 폐위하고 대신 유대인 여성 에스더(유대 이름 하닷사)를 BC 479년경 왕비로 책봉했다. 당시 하만이란 실세 재상은 자신의 눈에 거슬리는 유대인들을 몰살하려던 계획을 세웠다. 이를 알아챈 에스더는 눈물 어린 호소로 남편의 마음을 감동시켰고, 결국 하만은 자신의 계략이 드러나 사형까지 당했다. 지금도 이스라엘에서는 하만의 계략으로부터 몰살을 면했던 이 날을 기념하여 부림절(Purim·부림은 하만이 사용하던 주사위)이란 축제를 벌인다. 이 날만 되면 유대인들은 페르시아와 크세르크세스에 대해 적지 않은 호감을 표시한다.

그런데 페르시아는 바로 이란의 전신 아닌가. 스토리 이해를 위해 고대 이스라엘 역사를 잠깐 살펴보자. 이스라엘은 BC 1000년경 2대 왕인 다윗과 3대 왕인 솔로몬 때 전성기를 누렸으나 4대 왕인 르호보암 시절에 정치를 잘못하는 바람에 결국 나라가 남쪽 유다와 북쪽 이스라엘로 갈라졌다. 북쪽 이스라엘은 BC 722년 앗시리아에 의해 망했고, 남쪽 유다는 BC 586년 바빌론에 의해 망하면서 상당수 국민이 포로로 끌려갔다. 하지만 바빌론은 오래 번성하지 못했고, 페르시아에 의해 무너지면서 당초 바빌론에 포로로 끌려갔던 유대인들 상당수는 페르시아로 다시 옮겨졌다.

유대인들이 잊을 수 없는 또 한 명의 페르시아 왕이 있다. 바로 오늘날

'이란의 국부(國父)'로 통하는 고레스(Cyrus) 2세 대왕이다. 고레스는 외갓집이라고 할 수 있는 메디아를 비롯한 주변 국가를 정복한 뒤 BC 539년 바빌론을 멸망시키고 중동 땅을 차지했다. 고레스는 바빌론에 포로로 잡혀 왔던 유대인들을 본토로 귀환시켰고, 실제 유대인 5만여 명의 1차 고국 귀환이 BC 537년경 이루어졌다. 고레스는 총독 스룹바벨을 예루살렘에 파견하여 유대인들이 가장 거룩하게 여기는 성전(Temple)을 재건하도록 했다. 고레스의 사후에도 유대인 귀환은 이어졌다. 아닥사스다왕 시절인 BC 458년경 1,700여 명이 돌아가는 2차 귀환이 있었고, BC 444년경에는 3차 귀환이 이루어졌다.

당시 고레스가 왜 유대인들을 고향으로 돌려보냈는지에 대한 설명은 다양하다. 우선 그가 정복 국가의 전통을 존중하고 피(被)정복민이라도 실력에 따라 관직에 기용하는 등 폭넓은 관용정책으로 페르시아 제국의 토대를 만들었다는 점을 든다. 또 다른 이유는 고레스가 자기 이름이 유대 예언서에 여러 번 언급된 데 놀랐기 때문이라고 한다. 가령 구약성경 이사야 44장 28절에는 '고레스에 대하여는 이르기를 내 목자라 그가 나의 모든 기쁨을 성취하리라', 45장 1절에는 '여호와께서 그의 기름 부음을 받은 고레스' 등 여러 곳에 실명(實名)으로 언급되었다. 이사야가 활동한 기간은 BC 739년경부터 BC 681년경까지이었으므로, 고레스는 자신이 태어나기도 전에 자기 이름이 성경에 적혀 있음을 보고 전율했다는 것이다. 그래서인지 고레스는 유대의 신에게 경외심을 표시하고, 유대인들을 돌려보내는 동시에 한술 더 떠 예루살렘의 성전 재건까지 지원했다는 분석이다.

어쨌든 그렇게 잘 나가던 페르시아였건만 BC 331년 알렉산더 대왕에게 정복당하면서 서서히 힘을 잃었다. 이후 파르티아, 사산, 사파비 등 수많은 왕조가 등장하고 명멸했다. 특히 몽골의 침입 때는 페르시아 일대가 도륙당하는 치욕도 당했다.

페르시아는 7세기에 신흥종교인 이슬람이 들어오면서 국교가 조로아스터에서 이슬람으로 바뀌었다. 1501년 사파비 왕조 때는 이슬람 중에도 다수인 수니(Sunni)파가 아니라 소수인 시아(Shia)파의 전통을 따르는 국가가 되겠다고 선언하고 시아파의 맹주가 되었다. 오늘날 대다수 중동 이슬람 국가들은 아랍민족에다 아랍어를 사용하는 수니파이지만, 이란은 아리안족 또는 인도·유럽어족으로 페르시아어를 사용하는 시아파다.

페르시아는 과거의 영광과 달리 근대에 이르기까지 세계의 주목을 받지 못했다. 카자르 왕조(1779~1925) 때도 그랬다. 그러나 1908년 페르시아 남부에서 처음 발견된 석유가 세계의 눈길을 끌자, 영국과 러시아가 관심을 보이기 시작했다. 두 나라는 경쟁적으로 페르시아의 자원을 약탈하다시피 했고, 영국은 '앵글로·페르시아 석유회사(APOC)'를 세워 이란의 원유를 그냥 퍼 날랐다. 이에 대한 불만과 갈등이 고조되었다.

1921년에는 카자르 왕조의 장군이던 레자 칸이 영국의 지원으로 쿠데타를 일으켜 정권을 잡은 뒤, 1925년 '레자 샤(Shah·이란의 왕) 팔라비'가 되어 정식으로 팔라비 왕조를 시작했다. 1935년에는 나라 이름을 '이란 제국(Imperial State of Iran)'으로 바꾸었다.

레자 샤 팔라비의 아들인 모하마드 레자 샤 팔라비, 즉 팔라비 2세는 1963년부터 이른바 '백색혁명'을 일으켰다. 이란의 근대화와 서구화를 제창하며 광범위한 개혁정책을 실시했다. 국영회사 매각, 노동자에 대한 이익배당, 문맹 퇴치, 히잡 착용 금지, 여성 참정권 확대 등이 대표적인 사례다. 교육정책도 효과를 보아 팔라비 집권 이전에 95%에 달하던 문맹률이 50%로 줄었다. 1971년에는 2500년 전 고레스 대왕이 페르시아 제국을 건설해서 온 세상을 다스렸던 걸 기념하는 행사를 개최해 국민의 자긍심을 높였다. 1974년에는 아시안게임도 성대하게 치렀다. 하지만 토지개혁을 실시하면서 큰 지주였던 모스크(이슬람사원)와 토호세력의 토지까지 대거 국유화시키는 과정에서 강력한 반대에 봉착했고, 이는 대대적인 시위로 이어졌다. 결국 1979년 이슬람 혁명의 한 원인이 되었다.

팔라비 왕조는 초반부터 친(親)서방 정책을 폈고, 1948년에 독립한 이스라엘과도 친했다. 고대 페르시아 시절의 인연을 이어간 것이다. 이란은 이슬람 국가로는 튀르키예에 이어 두 번째로 이스라엘을 독립국으로 인정했다. 특히 이란은 이스라엘의 주요 석유 공급원이 되었다. 1979년 이슬람 혁명 이전에는 이스라엘이 소비하는 석유 대부분을 이란에서 공급했다. 이란산 석유를 실어 오는 이스라엘 유조선의 항로를 아랍국가에서 막는 바람에 1967년 제3차 중동전쟁(6일 전쟁)이 발발하는 원인 중하나가 되기도 했다. 양국은 서방에 석유를 팔기 위해 지중해에 있는 아슈켈론에서 홍해에 있는 에일랏까지 송유관을 깔기도 했다.

당시 이스라엘 국영 엘알(EL AL) 항공은 텔아비브 벤구리온 공항에서 테헤란까지 직항로를 개설했다. 이스라엘 기술자들은 이란의 주요 비즈니스에서 활동했다. 군사 부문에서도 호흡이 맞았다. 이란군 장교 수백 명이 이스라엘에서 교육받는가 하면, 이란이 주문한 지대공 미사일을 이스라엘이 개발해줄 정도로 친했다. 또 팔라비 왕조가 운영했던 비밀경찰 사바크(SAVAK)는 1957년 설립 당시부터 이스라엘 모사드로부터 많은 도움을 받았으며, 양 기관이 합동작전을 펼치기도 했다.

이스라엘 건국 초기에는 이란 출신 유대인들이 활약을 했고, 반대로 이란에서도 현지에 오래 정착했던 유대인들이 관료로 일하며 백색혁명에도 앞장섰다. 테헤란에만 30여 개의 시나고그(유대교 회당)가 있었을 정도다. 물론 이란이 이스라엘과 친하다고 하여 공개적으로 그런 모습을 드러내지는 않았다. 아무래도 이란으로서는 다른 이슬람 아랍국가들의 눈치를 보지 않을 수 없기 때문이다. 몰래 더 친했으니 진정한 밀월관계였다.

하지만 이런 밀월관계는 1979년 프랑스에 망명 중이던 아야톨라 루홀라 호메이니(1900~1989)가 일으킨 이슬람 혁명으로 인해 깨지고 말았다. 호메이니는 1978년 10월부터 이란 국민들에게 카세트테이프로 "팔라비 왕정을 전복하고 이슬람 공화국을 세우자"는 육성 메시지를 보내 혁명을 선동했다. 1979년 2월 1일 이란에 금의환향한 호메이니는 신정(神政)과 공화정(共和政)을 결합한 정치형태인 '이란 이슬람 공화국(Islamic Republic of Iran)'을 세웠다. 서강대 유로메나연구소 박현도 교수는 "시아파에서는 지구의 종말이 다가오면 알라가 마흐디(구원자)를 보내줄 것으로 믿고 있다"면서 "호메이니가 해외에서 귀국하자 일부 지지자들은 마흐디라고 주장하기도 했다"고 말했다. 호메이니는 "이스라엘은 이슬람의 적이자, 미국이라는 큰 사탄 옆에 있는 작은 사탄"이라고 외쳤다. 당시 444일간 미국인 52명이 미국대사관에서 인질로 억류되는 사태가 벌어지기도 했다. 호메이니는 "예루살렘의 해방은 전 세계 무슬림들의 종교적 의무"라며 "모든 이스라엘인들은 이란을 떠나고, 이스라엘 주재 이란 대표들은 귀국하라"고 강경 메시지를 쏟아냈다.

당시 이스라엘 모사드는 이슬람 혁명의 조짐을 눈치채고 이란에서 활동 중인 이스라엘인들을 여러 명분으로 일찍 철수시켰다. 일부 남아 있던 실무 직원들도 1979년 2월 18일 미국의 도움을 받아 이란에서 완전 철수했다. 이로써 이스라엘과 이란의 관계는 사실상 단절되었다.

희한한 것은 1980년부터 1988년까지 이란과 이라크가 8년간 전쟁을 벌일 때 이란과 이스라엘이 잠시 손을 잡았다는 점이다. 당시 이라크의 사담 후세인은 과거 느부갓네살 왕이 다스리던 바빌론 제국의 부활을 꿈꿨다. 반면 이란은 이슬람 혁명으로 미국과 단교하면서 팔라비 왕조 시절에 사용했던 서방 무기들에 대한 부품 조달이나 애프터서비스가 불가능해졌다. 뿐만 아니라 팔라비 시대 인물들을 대거 숙청하는 과정에서 상당수 군인이나 군사전문가도 함께 제거하는 바람에 정작 나라를 지켜줄 군사력이 취약했다. 오직 호메이니 측근을 보호하는 이란혁명수비대(IRGC)만 힘을 쓰는 시절이었다. 그래서 이스라엘에 손을 내밀었다.

이스라엘 입장에서도 이란과 이라크를 놓고 볼 때 아무래도 이라크가 더 큰 위협이라고 판단해 기꺼이 이란과 손을 잡았다. 물론 무기와 유대인을 교환한다는 조건이었다. 이스라엘은 이란에 전투기, 미사일, 치프틴 탱크의 탄약이나 부품 등을 넘겨주고, 이란은 자국에 있는 유대인들의 이주를 허용해 주겠다는 것이었다. 전쟁 초반에는 이란 수입 무기의 80%가 이스라엘을 통해 들어왔다. 이란이 이스라엘의 손을 잡지 않았다면 이라크에 상당히 밀렸을 것이라는 분석이다. 실제 이스라엘은 1981년 6월 이라크 오시라크 원자로를 공습하여 폭파했는데, 그에 앞서 이란이 먼저 사전폭격을 실행한 바 있다.

이렇게 이란·이라크전쟁으로 잠깐 햇살이 비치던 이스라엘·이란 관계는 2000년대 들어 이란이 핵무기 개발을 본격화하면서 완전히 틀어졌다. 이란은 레바논의 헤즈볼라, 팔레스타인의 하마스를 통해 이스라엘을 괴롭혔다. 헤즈볼라는 '이란 호메이니 이슬람 원리주의'를 근간으로 하는 시아파 무장단체다. 1982년 이스라엘이 팔레스타인해방기구(PLO)의 뿌리를 뽑겠다며 팔레스타인 난민이 많이 머물고 있던 레바논을 무력 침공하자 이에 대항하기 위해 결성됐다. 물론 이란이 뒤를 지원했다. 이란은 특히 2011년 시리아 내전에서 시리아 정부군을 지원해준 대가로 이란~시리아~레바논으로 이어지는 무기 수송 루트를 확보했다. 이를 통해 하마스와 헤즈볼라에게 광범위한 지원이 가능해졌다. 이스라엘로서는 시리아 알레포 공항을 비롯한 수송 루트를 수시로 공습해왔다.

핵을 둘러싼 갈등은 말할 것도 없다. 2010년 1월 12일 마수드 알리 모하마디를 필두로 수많은 이란의 핵물리학자들이 암살당했다. 이들 죽음의 배후에는 모사드가 있다는 것이 정설로 통하고 있다. 이스라엘은 2010년에는 이란 나탄즈에 있는 원심분리기를 해킹하는가 하면, 2021년에는 화재사건을 일으켰다는 의혹도 받고 있다. 이스라엘은 "과거 이라크 오시라크 원전을 직접 폭격한 것처럼 이란의 핵시설도 언제든 공습할 수 있다"고 공언하고 있다. 2025년 봄 트럼프 미국 대통령은 이스라엘의 이런 입장을 곧 실천할 것처럼 보인다.

이렇게 이란과 이스라엘의 관계는 말 그대로 최악이다. 2007년 당시 이란의 대통령 아흐마디 네자드는 유엔 총회 연설에서 "이란이 존재하는 이유는 오직 하나, 이스라엘을 지구에서 없애는 것"이라며, 유대인들을 모두 지중해에 빠뜨리겠다고 전 세계 지도자들 앞에서 선포했다. 2024년에는 실제로 두 번이나 이란과 이스라엘이 직접 상대 영토에 미사일 공격을 하는 등 일촉즉발의 위기 상황도 맞았다. 그런 상태이니 양국 국민은 상대방의 나라를 여행할 수 없으며, 제3국 국민은 여권에 이스라엘 입국 도장이 찍혀 있으면 이란에 들어가지 못한다.

현재 이란 경제는 서방의 오랜 제재와 '히잡 시위'를 비롯한 반정부 시위 등으로 인해 좋지 않은 편이다. 다만 석유를 비롯한 자원은 풍부하고, 이라크의 사담 후세인이 퇴출당한 뒤 진공 상태가 된 중동의 역학구조에서 정치적 영향력은 눈에 띄게 높아졌다. 이란은 2015년 미국과 핵 합의(JCPOA·포괄적공동행동계획)로 핵무기를 포기하는 듯했지만, 여전히 핵 개발을 지속하는 동시에 첨단 미사일 시스템을 보유하고 있다. 또 50만 명 넘는 군인들이 정규군과 이란혁명수비대에 포진해 있다. 이란은 지금도 대통령과 의회가 있지만, 가장 높은 성직자를 의미하는 '아야톨라' 인 세예드 알리 하메네이(1939년생)가 최고지도자이자 실권자다. 이란은 호메이니의 메시지에 따라 "미국은 큰 사탄, 이스라엘은 작은 사탄"이란 기조를 버리지 않고 있다. 또한 이슬람 혁명의 수출국을 자처하고 있다. 목적은 이스라엘의 영원한 제거다. 팔레스타인의 하마스, 레바논의 헤즈볼라, 그리고 예멘의 후티반군(叛軍)에 이르기까지 다양한 행동대원들을 거느리고 있다. 이란혁명수비대의 정예군 이름은 '쿠드스'이다. 쿠드스는 예루살렘을 가리킨다. 그만큼 이스라엘과 유대인에 대한 적개심이 강하다.

윤강현 전(前) 이란 대사는 "이란은 일반 국민들이 1천여 년 전에 쓰인 시를 일상적으로 읊고 인용할 정도로 문화적 소양이 높다"며 "세계 4위의 석유와 2위의 천연가스 매장 외에도 아연·구리·우라늄·철광석·납 등이 풍부한 자원부국"이라고 소개했다. 사실 이스라엘과 이란은 국경이 붙어 있지도 않고, 경제적으로도 갈등을 빚을 소지가 별로 없다. 과거에 사이가 나쁘지도 않았다. 지금처럼 저주를 퍼붓는 사이가 될 이유가 없다는 애기다. 정말 이스라엘이 '작은 사탄'이 됐기 때문일까. 역사와 종교는 훗날 이에 대한 답을 줄 것이다. 만약 고레스나 크세르크세스와 같은 역대 군주들이 다시 살아나 이란을 통치한다면 이스라엘을 어떻게 대할지 궁금해진다.

이스라엘과 팔레스타인 분쟁의
뿌리는 무엇인가?

　2023년 10월 7일 하마스가 이스라엘을 기습적으로 테러하면서 전쟁은 시작되었고, 이후 가자지구 전체로 확대되면서 다시 한번 이스라엘·팔레스타인 분쟁의 깊은 뿌리를 느끼게 해주었다. 현재 팔레스타인은 요르단강을 기준으로 반원 모양의 서쪽 일대를 가리키는 '요르단강 서안지구(West Bank)'와 지중해 쪽에 붙어 있는 '가자지구(Gaza Strip)'로 나뉘어 있다. 인구가 서안지구는 330만 명, 가자지구는 230만 명 정도인데 면적에 비해 인구밀도가 매우 높다. 실업률은 40% 정도였으나 테러와 코로나19 등으로 인해 두 배로 치솟았다.

　요르단강 서안지구는 파타(Fatah)가 통치하고 있다. 1959년 '팔레스타인 민족해방운동'이란 조직으로 설립된 뒤 PLO(팔레스타인해방기구)의 최대 파벌이 된 정치단체다. 한편 가자지구는 2007년부터 무장정파인 하마스(Hamas)가 집권하고 있다. 팔레스타인 무장단체들은 이스라엘 방위군(IDF)과 유대인 정착촌을 표적으로 한 테러를 자행해 왔다. 그래서 이스라엘군은 2022년 3월부터 테러 소탕을 위한 '브레이크 더 웨이브(Break the Wave)' 작전을 시작했는데, 양측을 합쳐 300명 이상 목숨을 잃

요르단강 서안지구
(면적 5655㎢)

레바논

시리아

지중해

텔아비브 ○

라말라

예루살렘

베들레헴

사
해

가자지구(365㎢)

요르단

이집트

이스라엘

이스라엘내 팔레스타인 자치지구

기도 했다.

　최근에는 팔레스타인의 10~20대가 테러의 주역으로 나서고 있다. 이들은 파타와 하마스 모두에게 불만을 갖고, 역대 어느 단체보다 과격하다는 평을 듣고 있다. 가령 서안지구 북부의 나블루스(성경에 나오는 세겜)에서 결성된 '라이온스 덴(Lion's Den·사자굴)'은 틱톡 등을 통해 조직원을 모집하고 있다. 나블루스는 1995년 2차 오슬로 협정에 따라 팔레스타인 자치정부(PA)가 행정권과 치안권을 모두 갖는 A구역에 속한다. 하지만 거기에 있는 요셉(구약성경 야곱의 11번째 아들로 이집트 총리까지 오른 인물)의 무덤을 순례하는 유대인을 보호한다는 명목으로 이스라엘군이 자주 진입하면서 충돌이 잦다. 화가 난 팔레스타인 사람들은 요셉의 무덤을 훼손시켜 국제여론의 비난도 받았다. 나블루스에는 2만7천여 명을 수용한 발라타 난민캠프가 있고, 인근 제닌에도 역시 난민촌이 있다. 나블루스와 제닌에서 자생적 테러범이 속출하고 있어 이스라엘은 눈에 불을 켜고 감시하고 있다. 2022년 11월 치러진 총선에서 다시 집권한 리쿠드당의 네타냐후도 당시 극우정당 '유대인의 힘' 대표인 이타마르 벤그비르(1976년생)와 연정(聯政)을 맺고 그를 국가안보장관 등에 임명했다. 당시 미국의 바이든 행정부가 우려할 정도로 극우 성향의 인물이었다.

사실 이스라엘·팔레스타인 분쟁은 원인이 결과를 낳고 결과는 새로운 원인을 낳으며, 가해자가 피해자가 되었다가 다시 새로운 가해자가 된다. 그래서 객관적으로 살펴야 한다. 한쪽의 주장이나 영상만 담은 책이나 유튜브는 조심해야 한다. 이스라엘과 팔레스타인 양측의 미디어 전략과 선전전이 갈수록 영악해지고 있기 때문이다.

기독교인 중에서도 기독교 시온주의나 세대주의를 신봉하는 사람들은 '이스라엘 지지'가 압도적이다. 반대로 노암 촘스키를 비롯한 좌파 인사나 반미(反美) 운동가들은 팔레스타인 편이다. 시온주의(이스라엘)와 제국주의(미국)를 도매금으로 묶고 아랍민족주의도 비판하면서 아랍에서 사회주의 혁명을 시도하려는 세력도 일부 있다.

이스라엘·팔레스타인 분쟁에 관심이 있다면 넷플릭스에서 '파우다(FAUDA·혼돈)'라는 이스라엘 드라마부터 보기를 권한다. 시즌1과 시즌2는 서안지구, 시즌3는 가자지구가 배경이다. 이스라엘 대(對)테러 부대의 활약이 주제이지만, 이스라엘 정보당국이나 군인들의 치부도 여과 없이 보여준다. 이스라엘 측의 강압적인 고문과 무차별 사살 장면도 나온다. 반대로 테러를 저지르고 순교하면 눈이 크고 아름다운 처녀 72명이 시중을 드는 천국에 곧장 간다는 믿음으로 자살특공대를 지원하는 팔레스타인 청년의 모습도 묘사된다. 계속 보다 보면 누가 더 나쁜지 구별할 수 없는 '혼돈'에 빠진다.

이스라엘·팔레스타인 분쟁을 생각하면 2000년 전 로마의 타이투스 장군과 하드리아누스 황제가 떠오른다. 당시 로마의 식민지였던 유대는 AD 66~70년 결사적으로 1차 반란을 일으켰다. 참다못한 로마는 타이투스 장군을 보내 예루살렘을 오랫동안 포위했는데, 성 내부에서 자기 아기를 구워 먹는 엄마가 나올 정도로 탈탈 굶겨서 죽였다. 유대 역사가 요세푸스는 이때 110만 명이 죽었다고 적었다. 로마군은 유대교의 상징인 제2성전(Temple)을 파괴했다. 금빛 찬란한 성전은 예수 그리스도의 예언대로 돌 위에 돌 하나도 남지 않고 무너져 버렸다. 수만 명의 유대인이 로마에 의해 전 세계로 끌려갔다. 이를 디아스포라(Diaspora)라고 한다. 누가복음 21장 24절(그들이 칼날에 죽임을 당하며 모든 이방에 사로잡혀 가겠고 예루살렘은 이방인의 때가 차기까지 이방인들에게 밟히리라)은 AD 70년부터 1967년(6일 전쟁의 결과 예루살렘을 수복)까지의 이스라엘 역사를 예언한 구절로 보는 신학자도 있다.

유대인은 마지막 힘을 모아 AD 132~135년 민족 지도자 바르 코크바가 주동하는 2차 반란을 일으켰다. 세계 최강 로마가 그 꼴을 보고 있겠는가. 하드리아누스 황제는 반란을 잔인하게 진압하는 것은 물론, 유대인의 철천지원수였던 블레셋(Philistine)의 이름을 따 그 땅을 팔레스타인(Palestine)으로 부르게 했다. 원래 블레셋은 크레타섬에서 건너온 해양민족으로 다윗과 싸운 골리앗이나, 삼손을 유혹한 들릴라가 블레셋 사람이다. 이들은 지중해 쪽에다 5개 도시를 건설했는데, 그중 하나가 가자였다. 따라서 유대인들에게는 '유대'나 '가나안'이라고 불렸던 땅을 '팔레스타인'으로 부르는 것은 크나큰 모욕이었다. 물론 고대 블레셋과 현대 팔레스타인은 이름만 같을 뿐 양자 사이에 혈통적인 연관성은 전혀 없다.

1~2세기 대다수 유대 민족이 떠난 뒤 팔레스타인 지역은 황폐화되었다. 일부 남아 있던 유대인과 사마리아인, 초기 기독교인 정도가 그 땅에 살았다. 그러다가 638년 이슬람이 그 땅을 점령하면서 분위기가 달라졌다. 우마이야 왕조가 통치하면서 다양한 지역의 아랍인들이 조금씩 유입되었다. 이후 십자군(1099~1291) → 이집트 맘루크 왕조(1291~1517) → 오스만제국(1517~1917) → 영국(1917~1948)의 지배가 이어졌다. 그 땅 주민들은 지배자가 교체되면 개종(改宗)과 인두세(人頭稅) 여부에 따라 들락날락 잦은 이동을 했다.

흔히 "2000년간 그 땅에서 살던 팔레스타인 민족을 1948년 이스라엘이 쫓아냈다"고 말하지만, 전혀 사실이 아니다. 정확하게 말하면 '2000년간 그 땅에서 살던' 민족은 없었다. 인구는 십자군 시절인 예루살렘왕국 때 30만 명, 1878년 오스만제국 당시에 45만 명 정도였으나 20세기 들어 폭발적으로 늘면서 1946년에 184만5,560명을 기록했다.

유대인의 본격적인 팔레스타인 땅 귀환은 1882년부터다. 당시 반유대주의에 시달린 유럽의 유대인들이 시온주의 열풍이 부는 시점에 맞추어 로스차일드 등 유대인 부호의 지원을 받아 귀향을 시작했다. 러시아와 루마니아에서 2만~3만 명이 돌아온 1차 이민(1882~1903)을 시작으로 알리야(고국으로 돌아온다는 뜻의 히브리어)는 계속됐다. 이들은 팔레스타인

지역 토지를 차근차근 매입해 갔다. 일부 반발이 있었지만 큰 문제는 없었다. 하지만 1917년 영국 외무장관 아서 밸푸어가 유대국가의 설립을 약속하고 제2차 세계대전 때 히틀러의 유대인 대학살이 벌어지면서 유대인에 대한 동정 여론이 높아져 알리야는 계속 늘어났고, 그 지역의 긴장도는 최고조에 달했다.

마침내 1947년 11월 유엔은 유대국가와 아랍국가를 동시에 세우는 것을 골자로 하는 결의안을 찬성 33, 반대 13, 기권 10으로 통과시켰다. 이스라엘은 받아들였으나, 팔레스타인은 거부했다. 당시 유엔은 예루살렘의 특수성을 감안해 어느 쪽에도 관할권을 주지 않고 국제사회에 관리를 맡겼다.

1948년 5월 14일, 이스라엘은 2000년 만에 나라를 다시 세웠다. 그 지역에 있던 수십만 명의 아랍인들은 난민이 되거나 이스라엘 치하로 들어가야 했다. 그 후 네 번의 중동전쟁이 일어났다. 이스라엘은 1967년 6월에 벌어진 제3차 중동전쟁(6일 전쟁)에서 동(東)예루살렘, 시나이반도, 요르단강 서안지구, 가자지구, 골란고원을 모두 장악했다. 물론 이후 미국이 중재하는 1979년 캠프데이비드 협정, 1993년 오슬로 협정 등을 통해 대부분 땅을 돌려주면서 부분적인 영토 조정이 이루어졌다.

현재 이스라엘은 유대인 정착촌을 확장하고 있다. 유대인 정착촌은 이스라엘이 6일 전쟁을 통해 점령한 요르단강 서안지구에다 유대인을 계속 이주시키면서 시작됐다. 1995년 2차 오슬로 협정에서는 요르단강 서안지구를 놓고 팔레스타인이 전적으로 관할하는 A구역, 팔레스타인이 행정을 맡고 이스라엘군은 치안을 맡는 B구역, 이스라엘군이 완전히 관할하는 C구역으로 구분했다. A구역이 18%, B구역이 22%이며, C구역은 60% 정도를 차지하는데 거기에 유대인 정착촌이 집중적으로 건설되면서 팔레스타인의 분노를 샀다. 유엔은 정착촌을 불법으로 규정하며 국제형사재판소(ICC)의 조사 대상이라고도 했지만, 이스라엘은 서안지구와 동예루살렘에 정착촌을 확대했다. 지금은 250여 곳에 70만여 명이 거주한다.

돌아보면 팔레스타인 측에도 아쉬운 점이 있다. 역사적으로 '팔레스타인'이라는 자신들의 나라를 가져본 적도, 그런 노력도 별로 없었다. 유대인들이 19세기 말부터 전 세계에서 돌아와 땅을 매입하고 새로운 농법으로 경작을 하며 텔아비브라는 유럽식 신도시를 조성하는 등 국가재건을 차근차근 진행하는 동안, 팔레스타인 사람들은 오랜 식민통치에 순치(馴致)되었는지 능동적인 국가건설 작업은 아예 생각하지 못했다. 원래 팔레스타인에 살던 아랍인들은 시리아 대부호들의 소작농이 많았고, 이들은 그 땅이 '그레이트 시리아'의 일부 정도로만 알았으며 독립된 민족의식이나 국가의식은 없었다. 그런 상황에서 이스라엘이란 느닷없는 국가가 자기들이 사는 땅에서 출범하고 상황이 불리하게 돌아가면서 팔레스타인 주민들은 공중에 붕 떠버렸다. 뒤늦게 사태를 깨달았을 때에는 무장테러만이 유일한 항변 수단이 되고 말았다.

오늘날 슬프게도 팔레스타인은 아랍국가들에게 환영만 받는 존재가 아니다. 고(故) 후세인 요르단 국왕과는 전쟁 직전까지 갈 뻔했고, 다른 나라들도 그저 립서비스만 할 뿐이다. 팔레스타인은 1964년 PLO를 만들어 자살테러에다 온갖 저항을 했다. 1987년과 2000년에는 인티파다(팔레스타인의 무장봉기)를 벌였고, 그 결과로 하마스가 등장했다. 비교적 온건파인 파타(요르단강 서안지구)와 강경파인 하마스(가자지구)는 그동안 여러 차례 협력을 외쳤으나 실제로는 분열된 모습이었다.

이렇게 복잡한 이스라엘·팔레스타인 분쟁의 해결을 위해 다양한 대안이 거론되어왔다. 토르 베네슬란드 유엔 중동평화특사가 2022년 11월 28일 유엔안전보장이사회에서 밝힌 내용은 교과서와 같다. 그는 "아직도 상당한 지지를 얻고 있는 '두 나라 해법(팔레스타인과 이스라엘을 각각 독립국으로 인정)'을 재촉해야 한다"고 말했다. 폭력 가해자에 대한 처벌, 유대인 정착촌의 확장 중지, 가자지구의 물자 반입과 인력 이동 허용도 필요하다는 것이다. 예루살렘 성지를 서로 인정하되 요르단이 관리해야 한다고 제안했다. 옳고 좋은 말이지만 실효성은 의문이다.

서강대 유로메나연구소 박현도 교수는 이스라엘·팔레스타인 분쟁의 종결을 위해 파격적인 제안을 한 자신의 친구 칼릴 모함메드 미국 샌디에이고주립대 종교학과 교수의 제안을 월간조선 2018년 7월호에 소개했다. 2022년 초 세상을 떠난 그는 무슬림이지만 "팔레스타인은 유대인의 땅이라고 코란은 말한다"고 주장했다. 코란 5장 21절에 보면 모세가 "나를 따르는 사람들이여, 알라께서 여러분을 위해 써놓으신 성스러운 땅으로 들어가시오. 되돌아 나오지 마시오"라고 말했는데, 코란을 그대로 읽으면 이스라엘의 땅이라는 것이다. 칼릴은 "코란은 그 어디에서도 예루살렘이나 이스라엘 수복이 예언자 마호메트의 사명이라고 말하지 않는다"며 "코란 5장 3절에 나오는 대로 마호메트의 임무는 메카 정복으로 완성됐다"고 강조했다.

그런데도 무슬림들이 예루살렘에 집착하는 것은 코란이 아니라 하디스(Hadith)의 구절들 때문이라고 칼릴은 설명했다. 하디스는 마호메트의 언행록인데, 그의 사후 수백 년에 걸쳐 수집·정리되다 보니 진위 여부를 놓고 논란이 많다. 칼릴은 "하디스가 유통되기 전인 638년부터 무슬림이 예루살렘을 지배했는데, 예루살렘이 그리도 중요했다면 당시 우마이야 왕조가 왜 예루살렘이 아니고 텔아비브에서 남동쪽으로 15km 떨어진 로드(Lod)를 수도로 삼았겠느냐"고 반문했다. 이런 사례도 있다. 코란 17장 1절에는 지명 언급 없이 암시적으로 표현했지만, 일부 하디스에는 마호메트가 환상 속에 부라크라는 말을 타고 메카에서 예루살렘까지 1,486km를 순식간에 날아간 뒤 칠층천(七層天)을 다녀왔다는 내용이 있다. 문제는 코란이 아닌 하디스이고, 그 버전도 천차만별이라는 점이다. 마호메트가 예루살렘을 방문했다는 역사적 기록은 없다.

그러면서 칼릴은 이스라엘·팔레스타인 분쟁이 종교분쟁으로 변질됐다고 개탄했다. 초창기 반(反)이스라엘 투쟁의 동력은 이슬람이 아니고 아랍민족주의였다는 것이다. 그러면서 그는 네 가지 제안을 했다. 첫째, 이스라엘·팔레스타인 분쟁에서 종교적 색채를 지워야 한다. 둘째, 무슬림이 코란과 하디스의 차이를 인식하고 코란에 초점을 맞춰 알라의 말씀을 해석해야 한다. 셋째, 테러와 유대인 증오를 완전히 배제해야 한다. 넷째, 팔레스타인이 테러를 중단하고 이집트와 요르단처럼 이스라엘과 평화조약을 맺어야 한다.

물론 팔레스타인에서 칼릴 교수의 제안을 받아들일 가능성은 0%이다. 팔레스타인은 다른 이슬람 국가들의 후원과 관심을 유도하기 위해 종교 간 대립으로 이스라엘·팔레스타인 분쟁을 몰아가는 경향이 있다. 하지만 '예루살렘'이란 단어가 단 한 번도 적혀 있지 않은 코란의 종교가 '예루살렘'이 엄청나게(구약성경 1,241회, 신약성경 124회) 언급된 성경의 종교를 향해 "예루살렘에 대한 정통성은 우리에게 있다"고 주장하면 어색하다. 따라서 팔레스타인 측은 논란이 있는 종교적 주장 대신, 주민들의 비참한 생활상과 이스라엘의 가혹한 정책에 대해 인내심을 갖고 국제사회에 호소하는 노력부터 해야 한다는 지적이다.

이슬람 무장단체들이
과격해지는 배경

　가자지구 무장정파인 하마스가 2023년 10월 7일 기습 테러를 일으켰다가 이스라엘의 반격으로 그로기 상태에 빠진 틈을 타, 그동안 뉴스에서 잠시 사라졌던 IS(Islamic State·이슬람국가)나 알카에다 등이 재기를 노리며 다시 움직이는 모습이다. 하마스의 테러가 다시 불을 지핀 이슬람 극단주의(Islamist extremism) 세력의 현주소는 어디이고, 그들은 도대체 무슨 생각을 하고 있을까 궁금하다.

　하마스의 외무장관 격인 무사 아부 마르주크는 2023년 말 MEMRI(중동미디어연구소) 방송에 출연했다. 사회자가 "가자지구에 500km의 지하 터널을 지으면서 왜 가자지구 주민이 대피할 방공호는 건설하지 않았나?"라고 물었다. 그러자 마르주크는 "우리가 표적이 되어 죽지 않도록 보호할 다른 방법이 없었기 때문에 터널을 지었다. 그런데 가자지구 인구의 75%가 난민이고 난민을 보호하는 것은 유엔 책임이란 사실을 모두가 알고 있다. 제네바협약에 따르면 점령 중인 동안 모든 원조를 제공하는 것은 점령군의 의무"라고 답했다. 왜 하마스가 팔레스타인 주민의 안전까지 책임지느냐는 해괴한 발언으로, 이슬람 극단주의 무장단체들의 사고방식을 상징적으로 보여주는 발언이었다.

230만 명에 달하는 가자지구 주민들은 대부분 극빈층이지만, 극소수의 하마스 지도자들은 호화 생활을 영위했던 사실이 드러났다. 독일 주간지 '벨트 암 존탁'에 따르면, 하마스가 해외에서 운용하는 금융자산은 7억5천만 달러에 이른다. 이들은 이집트 등지에서 가자지구 지하 터널로 반입되는 다양한 밀수품에다 세금을 부과하고, 이란과 카타르 등에서 오는 원조도 중간에 빼돌려 챙겼다. 대신 하마스는 가자지구 주민을 '인간 방패'로 활용했다. 수천 개 민간 빌딩에 부비트랩을 설치하는가 하면 학교, 사원, 병원을 무기저장고와 로켓발사대로 운용했다. 특히 아이들 침대 밑에 고성능 중화기를 대거 숨겨 놓았다.

2023년 10월 말 아프리카 나이지리아에서는 이슬람 극단주의 무장단체 보코하람(Boko Haram)의 잇단 공격으로 최소 37명의 민간인이 사망했다. 보코하람은 2002년 결성되었고, 병력은 1만 명에 이르는 것으로 추정된다. 보코하람이란 말 자체는 '서양식 교육은 죄악'이란 뜻인데 조직의 공식 명칭은 '선지자의 가르침과 지하드의 선전에 헌신하는 백성들'이다. 보코하람은 출산 여성을 습격해 산모와 태아를 동시에 살해하는 잔혹한 테러로 악명이 높다. 보코하람은 소말리아에 있는 알샤바브와 함께 '아프리카의 탈레반'으로도 불리는데, 실제 탈레반이나 알카에다 등과 교류를 하는 것으로 보인다.

유럽의 불안감도 높아지고 있다. 2023년 10월 13일 프랑스 고등학교에서 체첸 출신 이슬람 극단주의자 20세 남성이 휘두른 흉기에 교사가 사망했다. 이튿날에는 베르사유궁에 폭발물이 설치됐다는 위협이 제기돼 관람객들이 긴급 대피했다. 2023년 10월 16일에는 벨기에 브뤼셀 생크테레트 광장에서 자신이 IS 출신이라고 주장하는 40대 튀니지 남성의 총격으로 스웨덴인 2명이 사망했다. IS는 "이슬람을 모독한 스웨덴인을 겨냥한 공격이며, 총격범은 자랑스러운 알라의 전사"라고 주장했다.

세계적으로 이슬람 극단주의 무장단체가 다시 준동하는 배경에는 2021년 미군이 아프가니스탄에서 철수하면서 탈레반이 또다시 아프가니스탄을 무력 통치하기 시작한 점도 빼놓을 수 없다. 탈레반은 1996~2001년에 집권했다가 2021년 가을 재집권했는데, 여전히 여성의 교육이나 취업을 금지하는 등 억압 정책을 펴고 있다. 중앙아시아는 탈레반으로 인한 안보 위험을 우려하고 있다. 타지키스탄은 1,000km 이상, 우즈베키스탄은 100km 이상 아프가니스탄과 국경을 접하고 있다. 타지키스탄에서는 이슬람 극단주의자들이 정부군과 격렬한 전투를 종종 벌여 왔다.

이슬람 극단주의 하면 역시 알카에다와 IS를 빼놓을 수 없다. 알카에다는 2001년 9·11테러 이후에도 반미(反美) 테러를 지속하고 있다. 영국 일간지 가디언은 2023년 10월 22일 "알카에다 연계 조직들이 지난 2주 동안 일련의 성명을 통해 하마스의 기습 공격을 축하하고 유대인과 미국에 대한 공격을 계속할 것을 촉구했다"고 보도했다. 소말리아의 알카에다 연계 조직 알샤바브는 "무슬림들은 유대인들과 그들의 이교도 동맹국들에 맞서는 무자헤딘(전사)에게 모든 지원을 하라"고 촉구했다.

원래 IS(=ISIS=ISIL)는 2004년 알카에다의 이라크 내 하부조직으로 출범했다. 그러다가 2011년 시리아에서 내전이 발발하자 빠르게 규모를 키웠고, 2014년에는 시리아와 이라크의 40% 가까이를 점령하면서 진짜 국가처럼 보이는 규모로 성장했다. 수니파인 IS는 시아파를 적대시하는 기업형 테러 조직으로, 연간 10억 달러가 넘는 예산을 관리하고 3만 명 넘는 전투원을 두기도 했다. IS는 너무도 잔인해서 같은 이슬람권에서도 기피할 정도다. 알카에다는 2014년 IS와 절연했는데, IS가 민간인 인질을 참수하거나 화형하는 장면을 생중계하며 잔혹성을 과시했기 때문이다. 미국은 2024년 12월 8일 시리아의 알아사드 정권이 붕괴되고 이슬람 극단주의 단체였던 HTS(하야트 타흐리르 알샴)가 권력을 잡는 과정에서 IS의 부활 여부를 유심히 지켜보고 있다. IS는 얼마 전 아랍어 선전매체 '알나바'에 '팔레스타인 무슬림을 지원하는 현실적인 방법'이라는 인포그래픽을 싣고 "미국과 유럽의 유대인 거주지나 유대교 회당을 표적으로 삼고, 서방국 대사관을 향해 방화와 기물 파괴로 공격하라"고 선동하면서 존재감을 과시했다.

탈레반·알카에다·IS는 공통적으로 "신앙이란 이름 아래 행하는 폭력은 정당하고, 이러한 폭력은 의무이며, 싸우지 않는다면 나쁜 무슬림"이라고 말한다. 정상적이고 평범한 무슬림이라면 절대로 하지 않는 말이다. 탈레반의 관심은 아프가니스탄에, 알카에다와 IS는 전 세계적으로 초기 이슬람 칼리프 시대를 다시 구현하는 데 있다. 알카에다는 아직 시기상조라는 입장이지만 IS는 당장 만들고 싶어 한다.

하마스보다는 덜 주목받지만, 극단주의 성향은 예멘의 후티반군(叛軍)이나 PIJ(팔레스타인 이슬라믹 지하드)가 더욱 강하다. 이들은 하마스를 향해 "이스라엘에 너무 유화적이다"라고 비판할 정도다. PIJ는 하마스와 마찬가지로 이집트의 무슬림형제단에 뿌리를 두고 있다. 가자지구는 물론, 파타(PA)가 통치하는 요르단강 서안지구에도 상당한 조직을 구축하고 있다. 이스라엘과 서방은 2023년 10월 17일 로켓포 오폭(誤爆)으로 500

여 명이 숨진 가자지구 알아흘리아랍병원의 참사를 일으킨 범인으로 PIJ를 지목하고 있다.

최근 MZ 세대가 등장하면서 이슬람 극단주의 무장단체도 프랜차이즈화되고 있다. 장지향 아산정책연구원 중동센터장은 "IS 지도부와 주력 조직의 근거지인 시리아 북동부와 이라크 북서부가 아닌 곳에서 일어난 테러는 프랜차이즈 그룹의 소행이다. 이들은 먼저 공공시설 폭파, 총기 난사, 묻지마 살인 등을 자행한 뒤 IS에 충성을 맹세한다고 선언했다. IS 중앙지도부는 이들의 충성 맹세를 확인한 뒤 배후를 인정했다. 그렇게 해도 IS 지도부는 잃을 게 전혀 없다"고 설명했다. 프랜차이즈 형태를 유지하기 때문에 궤멸하기도 쉽지 않다. 알카에다와 IS는 본부가 자금이나 군사훈련을 지원하는 정도에 그치고, 각 지부가 독립적으로 활동한다. 조직 일부가 심각한 피해를 입어도 조직 자체에는 큰 타격이 없다는 애기다.

요즘 이슬람 극단주의 무장단체들은 소셜미디어(SNS)를 적극 활용한다. 하마스, PIJ, IS 등은 가상화폐 시장도 적극 활용하고 있다. 장지향 박사는 "이슬람 극단주의 무장단체가 활동하는 지역은 레바논·예멘·아프가니스탄·시리아·이라크 등 정상적인 국가 운영이 되지 못하는 곳이 많다"면서 "이들은 서로 미워하고 경쟁하는데 이란 등의 주목과 지원을 받으려고 더욱 과격한 성향을 보인다"고 말했다. 매력적인 선전물을 소셜미디어에 대거 올린 뒤 상당수가 제 발로 가입하도록 유도한다. 조직 수뇌부가 오랜 면접을 거쳐 조직원을 모집하던 과거와 사뭇 다른 모습이다. 실제 요르단강 서안지구 나블루스에는 '라이온스 덴(사자굴)'이란 MZ 테러 조직이 있는데, 이들은 대원 모집부터 틱톡 등을 이용하고 있다. 젊은 대원일수록 과격한 주장에 동조하는 경향이 짙다는 점을 잘 알고 있다.

사실 이슬람 극단주의는 이슬람 경전인 코란(Qur'an)과 마호메트의 언행록인 하디스(Hadith)에 나오는 '지하드(Jihad)'란 말을 가장 공격적으로 해석한다. 지하드는 아랍어로 불신자에 대한 싸움, 투쟁, 분투, 발버둥치다 등을 뜻하는데 흔히 '성전(聖戰)'이라고 번역된다. BBC는 2014년 6월 10일 보도에서 "이슬람 극단주의는 민주주의, 법치, 개인의 자유, 서로 다른 신앙과 신념에 대한 상호존중과 관용에 반대하는 이슬람의 모든 형태"라고 정의했다. 빈곤한 생활상, 통제된 자유, 사회복지의 결핍 등으로 일부 중동 국가에서는 극단주의자가 양산되고 있다. 미국의 이스라엘 편애는 거기에다 기름을 부었다. 극단주의자들은 성장 과정이나 생활 환경에서 박탈이나 소외를 경험한 경우가 많다. 코란과 하디스 중에서도 자기들의 증오심이나 복수심을 합리화하는 내용을 취사선택한다.

현대 이슬람 극단주의 지하드의 아버지라고 불리며, 이집트 무슬림형

사이드 쿠틉이 말하는 지하드의 4단계

단계	기간	제목	특징
1단계	610년(첫 계시)~622년(메카에서 지내던 마지막 해)	평화	△메카에서 메디나로 이주하기 전 △알라가 지하드를 용납하지 않음
2단계	622년(메디나로 옮긴 이슬람 원년)~624년(유대인 설득에 실패하여 기도방향을 예루살렘에서 메카로 변경)	방어	△핍박받는 자를 위해 지하드를 해도 좋다고 알라가 허락
3단계	624년(본격적인 유대인 탄압과 함께 인근에 대한 군사적 공격)~630년(메카를 공격하여 카바 신전 정화)	투쟁	△알라가 무슬림에 대항해 싸우는 자들에 대해 지하드를 명령
4단계	630년(메카와 카바 신전을 정복하고 메디나로 복귀)~632년(사망) ※이후 지하드는 영원히 지속	정복	△알라가 모든 다신교도 및 우상숭배자들과 전쟁을 하여 지하드를 통해 정복하라고 명령

제단에서 활동했던 사이드 쿠틉(Sayyid Qutb)은 지하드의 발전을 4단계로 설명했다. 1단계(610~622)는 무슬림 초기로 마호메트가 메카에서 메디나로 이주하기 전이며 알라가 지하드를 용납하지 않았다. 평화의 단계다. 2단계(622~624)는 핍박받는 자들을 위해 지하드를 해도 좋다는 알라의 허락이 주어졌다. 방어의 단계다. 3단계(624~630)는 알라가 무슬림에 대항해서 싸우는 자들에게 지하드를 명령했다. 투쟁의 단계다. 마지막으로 4단계(630~632)는 알라가 모든 다신교도, 우상숭배자들과 전쟁을 하여 지하드를 통해 정복하라고 명했다. 정복의 단계다.

이슬람교 창시자인 마호메트는 40세가 되던 AD 610년 히라산 동굴에서 처음 계시를 받았다. 당시 아라비아 지방에 유행하던 이단 기독교 종파인 네스토리우스파에 익숙한 15살 연상의 아내 카디자와 사촌 와라카는 마호메트의 체험을 격려했고, 마호메트는 서서히 이슬람 교리를 형성해 나갔다. 당시 메카에는 360개 우상을 섬기던 카흐바 신전을 매개로 장사하던 쿠라이시 부족이 있었다. 이들에게 마호메트가 '유일신 알라'를 들고나오니 자신들의 다신교 비즈니스가 위축될 것이므로 좋아할 리가 없었다.

마호메트는 이들의 핍박을 피하고 이슬람 공동체 움마(Umma)를 건설하기 위해 622년 메카에서 메디나로 본거지를 옮기는 히즈라(Hijrah)를 단행했다. 그래서 622년은 이슬람 원년으로 꼽힌다. 마호메트는 메디나(당시 이름은 야스리브)에 많이 살던 유대인들에게 "알라의 계시를 받은 나를 구약성경의 선지자와 같이 대해 달라"고 요구하면서, 유대인들의 호감을 얻기 위해 예루살렘을 기도 방향으로 정하기도 했다. 하지만 유대인들은 코웃음을 쳤고, 이에 분노한 마호메트는 624년부터 기도 방향을 메카로 바꾸었다. 실제 코란의 내용도 메카 시절에는 "종교에는 강요가 없다"(코란 2장) 등 부드러운 메시지가 많지만, 메디나 시절은 180도 달라지며 유대인과 기독교인에 대한 강력한 적개심을 표현하고 있다. 분노한 마호메트는 당시 메디나에서 유대인들이 살던 나디르·쿠라이자·카이바르 등 3개 마을을 초토화시켰다. 오늘날 이슬람의 반(反)유대인 정서는 그때 시작되었다고 봐야 한다. 마호메트는 단순한 종교 지도자가 아니라 정치·군사 지도자로 변신해 632년 사망할 때까지 27번의 전투를 직접 치렀다.

이슬람 극단주의는 코란과 하디스에 나오는 각종 구절을 가장 폭력적으로 해석한다. 가령 코란 중에도 가장 나중에 작성된 것으로 보이는 9장 5절의 "금지된 달이 지나면 너희가 발견하는 불신자들마다 살해하고 그들을 포로로 잡거나 그들을 포위할 것이며 그들에 대비하여 복병하라"는 이른바 '칼의 구절'도 문맥에 상관없이 문자적으로 실행해야 한다고 주장하고 있다.

보통 코란은 시적(詩的)이고 은유적인 표현이 많으며, 하디스는 대체로 이를 풀어서 설명한다. 무슬림이 하루 5번 기도(샬랏)한다는 내용도 코란에는 구체적 숫자가 없지만, 가장 권위 있다는 부카리(810~870)의 하디스 모음집에는 '5번'이라고 나온다.

이슬람 극단주의 무장단체들은 자살폭탄 테러로 순교자가 되면 천국에서 아름다운 처녀 72명의 수종을 받는다는 내용을 미끼로 행동대원을 끌어들였다. 9·11테러 주범 모하메드는 충돌 직전 동료 납치범들에게 "천국의 처녀들이 널 기다리고 있다"며 독려하는 쪽지를 보냈다. 자살은 이슬람에서도 죄악이지만, 이슬람 극단주의자들은 지하드에서 자폭하면 오히려 구원에 이르는 길이라고 강변하고 있다.

2018년 제주도에서 예멘 난민 유입 사태가 벌어졌을 때 시중에는 '코란에서 가르치는 이슬람의 13 교리'라는 파일이 나돌았다. 그중에서 "이슬람교가 아닌 사람을 죽이면 천국에서 72명의 처녀를 상으로 받는다. 코란 9장 111절"이란 내용이 문제가 되었다. 코란에는 72명이라고 언급한 구절이 없다. 다만 코란 55장 56절의 "거기(천국)에는 그들 이전의 어떤 사람이나 진(Jinn·일종의 정령)이 그녀들을 접촉한 적이 없는, 눈길을 아래로 내리고 있는 청순한 처녀들(아랍어로 후리스)이 있느니라"와 52장 20절의 "(천국에서) 침상에 기대앉으면 눈이 큰 처녀들이 짝으로 주어진다" 등의 관련 구절은 있다. 수많은 하디스 중에도 어느 정도 권위를 인정받는 티르미디(Tirmidhi)의 하디스는 구체적으로 숫자까지 언급한다고 한다. 이에 대해 일부 학자들은 '후리스'가 아랍어로 포도란 의미도 있어 천국에 가면 72알의 포도송이를 받는다는 뜻으로 해석하기도 한다. 하지만 이슬람 극단주의 무장단체는 자신들의 욕망을 극대화하는 방향으로 해석하고 이를 미끼로 조직원을 모집한다.

특히 IS는 극단적인 종교 신념에 심취해 가담했던 사람 중 활용 가치가 떨어진 청소년·부상자·장애인 등을 자살폭탄 테러로 내몰면서 '72명의 처녀' 스토리를 유인책으로 들려주었다. 가자지구에서도 최근까지 12~15세 소년을 대상으로 이런 내용을 선전하며 자살폭탄 테러 지원자를 모집했다. 정상적인 이슬람교에서는 있을 수 없는 일이다.

서강대 유로메나연구소 박현도 교수는 "코란은 상당히 해석하기 어려운 경전이다. 구체적으로 어떤 일이 있어서 알라가 가르침을 내렸는지 설명 없이 말만 전하기 때문이다. 서양의 이슬람학자인 예수회 신부 피터스는 이러한 특징을 지닌 코란을 두고 '문맥 없는 말씀'이라고 부르기도 했다"고 말했다. 하지만 이슬람 극단주의 세력은 코란과 하디스를 놓고 너무도 일방적으로 해석하면서 테러를 저지른다.

중동 판세를 결정짓는
5인의 카리스마 리더십

    2023년 10월 7일 이스라엘에 대한 하마스의 기습 테러 침공을 계기로, 중동은 이란을 중심으로 이란의 대리세력이자 '3H'로 불리는 하마스·헤즈볼라·후티반군이 '저항의 축'을 이루면서 이스라엘과 맞서는 구도가 굳어졌다. 이는 곧 최고지도자들의 싸움이기도 하다. 서방에서는 3H를 모두 테러단체로 규정하니까 '수괴'란 표현이 더 어울릴지도 모르겠다.

    이란과 3H의 최고지도자는 이렇다. 우선 이란의 알리 하메네이(Ali Khamenei·1939년생)를 필두로, 2024년 10월 16일 이스라엘군에 사살당한 하마스의 야히야 신와르(Yahya Sinwar·1962년생), 2024년 9월 27일 이스라엘군의 공습으로 베이루트에서 사망한 헤즈볼라의 하산 나스랄라(Hassan Nasrallah·1960년생), 그리고 후티반군의 압둘 말리크 알후티(Abdul-Malik al-Houti·1979년생)이다. 이들은 이스라엘의 베냐민 네타냐후(Benjamin Netanyahu·1949년생) 총리와 맞서 피의 싸움을 벌이고 있다. 야히야 신와르와 하산 나스랄라는 이미 세상을 떠났지만, 그들의 리더십은 여전히 하마스와 헤즈볼라에게 강한 영향력을 미치기 때문에 살펴봐야 한다.

이들 5명은 좋은 의미든 나쁜 의미든 카리스마 리더십을 지니고 있다. 이란과 3H의 경우 대체로 수십 년 장기 집권하면서 독재를 지속하고 있다. 중동에서 유일한 자유민주주의 국가인 이스라엘의 경우 네타냐후가 1996년부터 지금까지 간헐적으로 총리직을 맡았는데, 온갖 압박에도 불구하고 고집과 뚝심으로 자기 뜻을 밀어붙이고 있다. 보통 카리스마 리더십은 대내외 헤게모니 쟁탈전에서 승리한 경험을 바탕으로, 적과 동지에 대한 구분이 유난히 뚜렷해 희생양을 만들기 좋아하며, 타협보다는 대결을 선호한다. 그래서 중동의 긴장감은 사그라들 기미가 없다.

장지향 아산정책연구원 중동센터장의 설명이다. "20세기 들어 중동에는 수많은 이슬람주의 운동이 벌어졌다. 먼저 사회변혁을 꿈꾼 제1세대 원리주의가 있었다. 이슬람법(法) 샤리아에 기반한 이슬람 국가 건설이 목적이었다. 1928년 설립된 이집트의 무슬림형제단이 대표적인데, 무슬림형제단은 하마스의 모태가 된다. 이어 미국 타도를 외친 제2세대 급진주의가 있었다. 1990~2010년대 이슬람 국가 건설을 위한 투쟁을 선포하고 서구에 대해 테러를 일으켰다. 알카에다가 대표적이다. 경악할 폭력성을 띠는 제3세대 극단주의는 2014년 ISIS가 등장하면서 시작됐는데, 제2세대의 폭력성을 훨씬 뛰어넘었다."

2023년 10월 7일을 계기로 이슬람주의 운동은 새롭게 전개되고 있다. 이란과 3H가 주도하는 이른바 '저항의 축'이 원리주의·급진주의·극단주의 모습을 고루 갖추고 있다. 특히 이란, 3H, 이스라엘 등 5곳의 최고지도자가 어떤 리더십을 발휘하는지가 향후 중동 사태의 최대 변수가 되었다.

① '현실적 독재자' 이란의 알리 하메네이

초대 라흐바르(최고지도자란 뜻)인 아야톨라 루홀라 호메이니가 1989년 사망한 뒤에 알리 하메네이가 이슬람 성직자 회의를 통해 종신직인 라흐바르 자리를 물려받아 2025년 현재도 유지하고 있다. 이란은 사실상 신정 체제를 지향하고 있어, 라흐바르가 대통령보다도 높다. 하메네이는 이란의 주류인 페르시아인이 아니라 소수민족인 아제리 출신이다. 신학생 시절에 팔레비 왕조 치하에서 이슬람 근본주의를 설파하다가 체포되어 구금되기도 했다. 일찍부터 호메이니를 추종했던 그는 이란·이라크 전쟁이 한창이던 1981년 당시 대통령이 테러로 암살되자 직접 출마해 1989년까지 제3~4대 대통령을 지냈다.

그는 1989년 대통령에서 라흐바르가 되자마자, 자신을 비판하거나 위협하던 율법학자들을 축출했다. 강력한 독재를 실시하면서 언론자유를 탄압하고, 경제난에 분노한 시위대를 잔혹하게 진압했다. 독일 파이낸셜타임스(FTD)는 2012년에 물러나야 할 독재자로 북한의 김정은과 그를 지목했다. 하메네이의 친위대인 이란혁명수비대(IRGC)와 종교경찰은 수시로 인권침해를 일으킨다.

그는 외교에서는 현실적이란 평을 듣기도 한다. 월스트리트저널(WSJ)은 "2014년 10월 제네바에서 핵 협상이 시작될 시점에 오바마는 비밀편지를 보내 협상 타결에 최선을 다하자는 뜻을 전했고, 하메네이도 답신을 보내며 물밑 교감을 이어 왔다"고 보도했다. 2025년 4월 12일 시작된 미국과의 핵협상도 그의 현실주의가 작용했기에 성사가 되었다. 또 이스라엘에 대해서는 온갖 적대감을 표출하고 있으나, 팔레스타인에는 매우 우호적이어서 요르단강 서안지구를 통치하는 파타(Fatah)나 가자지구를 다스리는 하마스의 대표가 오면 성대하게 대접한다.

다만 초강경파인 에브라힘 라이시의 급작스러운 사망으로 치러진 대통령 선거에서 개혁파인 마수드 페제시키안이 당선되면서, 하메네이는 그리 달가운 표정이 아니다. 서방 언론에 따르면 이스라엘에 대한 대대적 보복을 주장하는 이란혁명수비대와 협상을 중요시하는 페제시키안 대통령이 갈등을 빚고 있다고 한다. 과거 하메네이는 자신의 말을 안 듣는 대통령들을 다양하게 길들였다. 절대권력을 유지하고 있는 고령의 하메네이가 트럼프의 미국과 네타냐후의 이스라엘과 어떤 관계를 이어 나갈지가 세계의 관심사다.

② '자기도취 극단주의자' 하마스의 야히야 신와르

하마스와 관련하여 가장 주목받는 인물은 최고지도자였던 야히야 신와르다. 하마스는 2024년 8월 6일 "지도자 야히야 신와르가 정치국장으로 선출돼 순교자 이스마일 하니야의 뒤를 잇게 됐다"고 밝혔다. 이란 수도 테헤란 안가에서 하니야가 죽은 지 6일 만이었다. 하마스 정치국장의 임기는 4년이며, 연임이 가능하다.

신와르는 2017년부터 하마스의 가자지구 조직을 맡아 왔는데, 2023년 10월 7일 이스라엘을 기습해 1,200여 명을 살해하고 250여 명을 납치한 '알아크사 홍수작전'을 설계한 장본인이다. 당시 카타르에 있는 하마스 정치국에도 알리지 않고 독단적으로 단행한 것으로 전해졌다. 그런 신와르가 하마스의 최고지도자가 되었으니 가자지구 전쟁이 더 장기화되리라는 전망이 나오기도 했다.

이스라엘은 신와르에 대한 현상금으로 40만 달러를 내걸기도 했었는데, 대화 상대가 아니라 1순위 제거 대상으로 여겨졌기 때문이다. 이스라엘 일간지 예루살렘포스트는 "신와르는 강경파이자 극단주의자, 자기도취에 빠진 인물이고 때로 정신병적 행동을 한다"면서 "자신을 살라딘(십자군을 물리친 이슬람의 영웅)으로 여기는 무자비한 지도자로 하마스를 벼랑 끝까지 몰고 갈 것"이라고 전망했다.

1962년 팔레스타인 가자지구 남부 칸유니스의 난민촌에서 태어난 신와르는 가자이슬람대학에서 아랍어를 전공하면서 이슬람주의 운동에 뛰어들었다. 그는 1987년 1차 인티파다(팔레스타인의 무장봉기) 직후 하마스가 출범할 때부터 참여했다. 25세에 '마즈드'라는 보안부서 책임자로 임명됐다. 주된 임무는 이스라엘에 협력하는 스파이를 색출하는 일이었다. 그때 붙여진 별명이 '칸유니스의 도살자'였다. 스파이 기미가 보이는 숱한 팔레스타인 동족을 마치 도축하듯 죽였다고 한다. 특히 스파이로 의심되는 하마스 대원의 동생을 생매장한 뒤에 마지막 흙은 해당 대원이 직접 퍼서 덮도록 했다. 그리고 이 사실을 주변에 자랑하고 다녔다. 영국 스카이뉴스는 "그는 하마스 창설자인 아흐메드 야신이 이스라엘과 협력한 사람을 살해할 수 있는 파트와(이슬람 율법 해석)를 자기에게 부여했다고 말하고 다녔다"고 전했다. 그는 1988년 이스라엘 군인 2명을 살해하고 간첩 의심을 받은 팔레스타인인 4명을 죽이려다가 붙잡혔고, 종신형을 선고받은 뒤 22년을 복역했다.

신와르는 복역 기간에 히브리어를 열심히 공부해 이스라엘 신문을 읽을 정도가 되었다고 한다. 2011년 이스라엘이 하마스에 붙잡혀 있던 군인 길라드 샬리트와 포로 교환을 할 때 1천 명 넘는 팔레스타인 수감자들과 함께 풀려났다. 돌아온 신와르는 2011년에 하마스의 군사조직 책임자가 되었다. 2012년 이란혁명수비대의 정예군대인 쿠드스군 사령관 가셈 솔레이마니를 만나는 등 이란과도 밀접한 관계를 맺기 시작했다.

그런데 2023년 10월 7일 이후 신와르의 행방은 묘연했는데, 가자지구의 지하터널에 숨어 지내는 것으로 추정되었다. 2024년 2월 이스라엘군이 입수한 영상을 보면, 신와르가 부인·자녀·동생과 함께 지하터널에서 이동하는 모습이 나온다. 신와르가 어디 있는지 아는 사람은 3명뿐이며, 이들을 통해 신와르는 계속 의사결정을 내리고 있다고 했다. 그러다가 2024년 7월 31일 결국 가자지구에서 복면을 한 상태에서 이스라엘군에 의해 발견되어 사살되었다.

하지만 신와르의 영향력은 사후에도 지속되고 있고, 하마스는 여전히 그를 추종하고 있다. 신와르의 성향으로 보아 자발적으로 이스라엘과 휴전할 가능성은 낮았고 오히려 조직을 다시 추슬러 이스라엘과 지속적인 대결 국면으로 끌고 갈 가능성이 높았다. 지금도 하마스는 그의 전략을 따르고 있다.

③ '이란의 직계 똘마니' 헤즈볼라의 하산 나스랄라

레바논 무장정파인 헤즈볼라는 이란의 직계 똘마니다. 헤즈볼라의 당수(黨首)였던 하산 나스랄라는 1960년 레바논 수도 베이루트의 가난한 동네에서 태어났다. 다섯 살 때 베이루트를 떠나 레바논 남부 시아파 집단거주지로 가족을 따라 이주했다. 레바논에서 1975년 내전이 벌어지자 그는 민병대인 아말(Amal)의 멤버가 되었다. 16세에는 이슬람 신학을 배우려고 이라크로 유학했다. 하지만 당시 이라크에서 집권한 수니파의 사담 후세인은 "시아파 유학생들은 모두 내쫓으라"고 명령했고, 결국 2

년 만에 귀국해 다시 아말에 참여했다.

1979년 이란에서 팔레비 왕조가 무너지고, 호메이니가 주도하는 이슬람 공화국이 탄생했다. 1982년에는 레바논 남부에 있는 팔레스타인 저항세력을 제거하기 위해 이스라엘이 직접 레바논을 침공했다. 이스라엘은 생각보다 오래 주둔하며 시아파와도 갈등을 빚었다. 이를 지켜본 이란은 레바논에 민병대를 창설하고 이름을 '알라의 정당'이란 뜻의 헤즈볼라(Hezbollah)로 지었다. 1,500명의 이란혁명수비대 요원을 보내 훈련도 시켰다. 당시 나스랄라는 신학공부를 위해 이란으로 옮겨 페르시아어를 배우면서 이란의 각계 엘리트들과 교류했다.

1991년 나스랄라는 자신과 친한 압바스 무사비가 헤즈볼라의 사무총장이 되자, 이란에서 귀국하여 헤즈볼라의 2인자가 되었다. 그런데 1992년 압바스 무사비가 이스라엘에 암살당하자, 32세에 갑자기 헤즈볼라를 이끌게 되었다. 그는 2006년 의회 선거에서 8석을 획득하여 정계에도 진출했다. 드디어 2008년 레바논 내각은 헤즈볼라의 무장을 허용했다. 2023년 현재 헤즈볼라는 128석의 레바논 의회에서 12석을 차지했으며, 정권의 핵심 파트너다.

헤즈볼라는 2014년부터 이라크와 시리아에서 테러단체 IS가 악명을 날릴 때 이란혁명수비대와 함께 퇴치 작전을 벌였다. 수니파 극단주의인 IS는 시아파인 이란과 헤즈볼라를 적으로 여겼다. 헤즈볼라는 이란의 직접 지원을 받아 무기도 뛰어나고, 전투 경험도 많다. 하마스와는 차원이 다르다. 하마스가 라이트급이라면, 헤즈볼라는 미들급이다.

전투 경험 많은 수천 명의 병력을 보유하고 있어, 이란의 지시에 따라 언제나 이스라엘과 전투를 벌일 수 있다. 물론 레바논 내에서 헤즈볼라의 인기가 낮아지고 있는 점은 부담이다. 하산 나스랄라는 생전에 "전쟁을 벌이면 갈릴리 지역부터 완전 점령하겠다"고 기세등등했다. 2023년 이스라엘민주주의연구소 조사를 보면, 이스라엘 국민의 67%가 헤즈볼라에 대한 공격을 지지하는 것으로 나타났다. 그만큼 헤즈볼라는 이스라엘에 실질적 위협이 되고 있다.

하산 나스랄라는 2024년 9월 27일 베이루트 소재 헤즈볼라 본부에 있다가 이스라엘군의 80톤에 이르는 연쇄 폭탄 투하에 결국 사망하고 말았다. 하지만 헤즈볼라는 아직 뚜렷한 구심점이 없는 상태라 죽은 하산 나스랄라가 여전히 통치하고 있다는 말이 나올 정도다. 2025년 2월 23일에서야 베이루트 카밀 샤문 스타디움에서 그의 장례식이 대대적으로 열렸다.

④ '수수께끼의 지도자' 후티반군의 압둘 말리크 알후티

팔레스타인 지원을 명분으로 홍해 무역로를 위협하는 예멘 후티반군을 이끄는 인물은 압둘 말리크 알후티다. 1979년 예멘에서 태어난 알후티는 과거 민병대에 불과했던 후티를 국제사회가 두려워하는 반군 조직으로 키웠다는 평가를 받는다.

1992년 압둘 말리크 알후티의 형인 후세인 알후티는 시아파의 분파인 자이드파 단체 '믿는 청년들(the Believing Youth)'을 결성했다. 당시 북예멘에서 수니파 근본주의인 살리프파가 세력을 넓히자 여기에 맞서 '믿는 청년들'을 결성한 것이었다. 그런데 2004년 후세인 알후티가 정부군에 의해 암살되자 압둘 말리크 알후티가 수장에 올랐고, '믿는 청년들'은 후세인 알후티의 이름에서 '후티'란 글자를 따 이른바 후티반군이 되었다.

예멘 내전이 터진 이듬해인 2015년 사우디와 미국이 이란의 영향력 확대를 막기 위해 내전에 개입하자, 알후티는 이들 연합군을 상대로 싸우며 입지를 굳혔다. 후티반군이 수만 명의 무장대원을 거느리며 드론과 탄도미사일 등을 확보하기 시작한 것도 이때다.

알후티는 한 곳에 오래 머무르지 않고 언론 접촉을 피하는 것은 물론, 공식 석상에 모습을 잘 드러내지 않아 '수수께끼의 지도자'로 불린다. 2014년 예멘 내전 발발 때부터 후티를 상대했던 외국 관리들도 알후티를 직접 만난 적은 없다고 한다. 그를 만나려면 예멘 수도 사나에 있는 은신처로 가야 하는데, 알후티는 이곳에서도 스크린을 통해서만 모습을 드러낸다고 한다.

알후티는 조직 내 반대 의견을 탄압하는 것으로 악명 높다. 한 예멘 전문가는 "후티는 매우 잔인한 내부 정보기관을 통해 모든 종류의 반대 의견을 억압하고 있다"고 말했다. 알후티는 2024년 8월 8일 TV 연설에서 "적(敵)은 하마스를 약화시키려 했지만, 하마스는 후퇴하지 않고 활동을 계속하고 있다"면서 이스라엘 공격에 총력을 다하겠다고 다짐했다. 비록 이스라엘과 2,000km 정도 떨어져 있지만, 서로 직접 치고받기도 했다. 알후티의 성향상 하마스나 헤즈볼라가 이스라엘에 밀릴 경우에 언제라도 이스라엘 공격에 나설 준비가 되어 있다. 그가 2025년 봄 트럼프 대통령의 전례없이 가공할 공격을 받고 있는 후티반군을 어떻게 지키고 이끌 지가 세간의 관심사다.

⑤ '승부사' 이스라엘의 베냐민 네타냐후

베냐민 네타냐후 이스라엘 총리는 이란이나 H3 지도자들과 비교해

이스라엘 제25대 총선 결과(총 120석)

친네타냐후 (64석)	우파	리쿠드 (32석)
	우파	독실한 시오니즘 (14석)
	우파	샤스 (11석)
	우파	토라유대주의연합 (7석)
반네타냐후 (51석)	중도	예시 아티드 (24석)
	중도	국가통합당 (12석)
	중도	이스라엘 베이테이누 (6석)
	좌파	아랍계 정당 라암 (5석)
	좌파	노동당 (4석)
기타 (5석)	좌파	하다시타알 (5석)

베냐민 네타냐후 이스라엘 총리

1949년 10월 21일 이스라엘 텔아비브 출생
1963년 부친 따라 도미. MIT에서 건축학·경영학,
하버드에서 정치학 공부. 보스턴컨설팅그룹 근무
1967~1972년 이스라엘방위군(IDF) 복무
1973년 제4차 중동전쟁 참전
1984~1988년 주UN 이스라엘 대사
1988년 의원으로 입각
1993년 리쿠드 당대표 취임
1996년 6월 역대 최연소 총리 집권
1999년 7월 에후드 바라크에게 선거 패배로 실각
2002~2003년 외무장관
2009년 3월 2차로 총리 집권
2019년 11월 뇌물·사기·배임 혐의로 기소
2021년 6월 반네타냐후 연정에 밀려 실각
2022년 12월 3차로 총리 집권

강인함이나 승부근성에서 절대 뒤지지 않는다. 그래서 국내외적으로 많은 비판을 받기도 하지만, 자신의 의지를 밀어붙이고 있는 네타냐후다. 에후드 바라크 전(前) 이스라엘 총리는 "네타냐후는 국민이나 국가의 이

익보다는 자신의 사법처리를 피하고 장기 집권에 집중하고 있다"고 비판했다. 하지만 네타냐후는 눈도 깜빡하지 않는다.

1949년 텔아비브에서 태어난 그는 미국으로 건너가 MIT에서 학사와 석사를 마치고 하버드대에서 정치학 박사과정을 공부하다가 형 요나탄이 엔테베작전에서 사망하면서 박사과정을 중단했고, 이후 보스턴컨설팅그룹에서 근무했다. 그후 정계로 뛰어들면서 강력한 애국주의와 달변을 바탕으로 승승장구했다. 1996년부터 총리를 맡았다가 그만두었다가 하면서 누적임기 18년이 된 네타냐후는 "하마스가 팔레스타인 영토에서 통치하지 않고 이스라엘에 위협을 가하지 못할 정도가 되어야 진정한 승리"라면서 "그렇지 않으면 세계에서 유일한 유대 국가를 없애려는 적의 손에 더 많은 학살을 당하게 된다"고 설명했다. 트럼프 대통령과의 절묘한 화음이 언제까지 지속될 지가 관심사다. 어쨌든 이란·3H·이스라엘이 당분간 초강경 모드를 유지할 전망이어서 중동의 긴장감도 계속될 전망이다.

이슬람 극단주의 스승
사이드 쿠틉은 누구인가?

과거 알카에다와 IS(이슬람국가)에 이어, 이스라엘에 고강도 테러를 했다가 뜨거운 보복을 당하고 있는 팔레스타인 하마스와 홍해에서 깡패 역할을 하고 있는 예멘 후티반군이 가장 돋보이는 이슬람 극단주의 무장단체다. 과연 이들은 무슨 믿음과 생각으로 테러를 저지를까.

미국의 웹사이트 더릴리전오브피스(TROP)에 따르면 2001년 9·11테러 이후 2024년 1월 16일까지 모두 4만4,609건의 이슬람 테러(명예살인 등 포함)가 발생했다. 조사를 시작한 2001년만 해도 12개 국가에서 176건의 이슬람 테러가 발생해 3,508명이 죽고 1,561명이 부상당하는 정도였다. 하지만 2023년에는 그 숫자가 크게 늘어나 53개국에서 1,767건의 테러가 벌어져 1만1,402명이 숨지고 1만2,987명이 다쳤다.

2023년 5월 27일 홍준표 대구시장은 페이스북에 올린 글에서 "이슬람교도의 80%는 온건 수니파이고 강경 이슬람인 시아파는 10% 내외밖에 되지 않고 대부분 이란, 이라크에 거주한다"고 적었다. 대구시 북구 대현동의 이슬람사원 건립 문제를 놓고 시끄러운 대구에서 홍 시장의 글은 논란이 되었다. 홍 시장의 언급과는 달리, 굵직한 이슬람 극단주의 무장단체인 탈레반·알카에다·IS·하마스 등은 모두 수니파에 속한다. 물론 이란을 축으로 하는 레바논 헤즈볼라나 예멘 후티반군 같은 시아파 테러 조직도 만만찮다.

흔히 이슬람교에 대해 "평화의 종교"라고 주장하는 사람이 있는 반면, "모든 무슬림이 테러리스트는 아니지만 테러리스트는 대부분 무슬림"이라면서 비판하는 사람도 있다. 그러면서 서로를 향해 "선입견과 편견에 빠져 있다"고 비난한다.

지나치게 단순화한다는 비판이 가능하지만, 현대 이슬람 극단주의 무장단체의 정신적 배경은 두 가지로 보인다. 우선 교리적으로 보면, 마호메트가 메카를 떠나 도망갔던 지역인 메디나에서 받았다는 계시를 가지고 자신들의 급진적 활동에 유리한 구절들만 취사선택하는 경우가 많다. 이와 함께 20세기 들어 이슬람 테러가 고도화되고 있는 데는 '이슬람 극단주의의 레닌' 또는 '현대 지하드의 아버지'로 불리는 사이드 쿠틉(Sayyid Qutb·1906~1966)의 영향력도 컸다고 봐야 한다. 그를 이해하기 위해 먼저 이슬람교의 역사를 간단히 살펴보자.

이슬람교 창시자인 마호메트의 일생을 보면, AD 610년부터 622년까지 메카 시절에 알라로부터 받았다는 계시와 622년부터 632년(사망)까지 메디나 시절에 받았다는 계시의 톤이 확연하게 다름을 알 수 있다.

마호메트는 40세가 되던 610년 메카에 있는 히라산 동굴에서 처음 계시를 받았다고 한다. 당시 아라비아 지방의 이단 기독교 종파인 에비온파를 믿던 아내 카디자와 사촌 와라카는 마호메트를 격려했고, 마호메트는 서서히 이슬람 교리를 형성해 나갔다. 당시 메카에는 360개 우상을 섬기던 카바 신전을 매개로 비즈니스를 하던 쿠라이시 부족이 있었다.

마호메트가 이들에게 "유일신 알라 외에 나머지 신들은 엉터리"라고 나오자 쿠라이시 부족은 자신들의 다신교 비즈니스가 위축될 것을 우려해 강력하게 반발했다.

마호메트는 이들의 핍박을 피하고 이슬람 공동체인 움마를 건설하기 위해 622년 메카에서 메디나로 본거지를 옮기는 히즈라(Hijrah)를 단행했다. 그래서 622년은 이슬람 원년(元年)으로 꼽힌다. 마호메트는 메디나에 거주하고 있던 다수의 유대인과 기독교인에게 "나를 성경에 나오는 선지자와 같이 대해 달라"고 부탁하면서, 그들의 호감을 얻기 위해 예루살렘을 기도 방향으로 정했다. 하지만 유대인과 기독교인은 "과대망상증에 걸린 이단"이라며 코웃음을 쳤고, 이에 분노한 마호메트는 624년부터 무슬림들의 기도 방향을 메카로 바꾸었다. 그때부터 계시의 톤이 확 바뀌었다.

가령 메카 시절에는 "종교에는 강요가 없나니"(코란 2장)라고 하는 등 유대인과 기독교인을 향해 '경전의 민족(The People of the Book)'이라며 존중하고 포용하는 모습을 보여주었다. 메카 시절의 마호메트는 성직자와 비슷한 모습이었다고 한다. 하지만 메디나 시절은 180도 달라지며 유대인과 기독교인에 대한 강력한 적개심을 표현하고 있다. 이때 코란 내용은 이른바 지하드를 강조하면서 폭력 사용을 불사하는 '칼의 구절'들이 109곳이나 등장한다. 코란 9장 5절은 "금지된 달이 지나면 너희가 발견하는 불신자들마다 살해하고 그들을 포로로 잡거나 그들을 포위할 것이며 그들에 대비하여 복병하라"고 지시하고 있다. 실제로 마호메트는 단순한 종교 지도자가 아니라 정치·군사 지도자로 변신해 624년 바르드계곡 전투를 포함하여 632년 사망할 때까지 70여 차례 전쟁을 치렀고, 27

번은 직접 나가 전투를 지휘했다. 메디나의 유대인 거주지역인 나디르·쿠라이자·카이바르 등 3개 마을은 마호메트에 의해 초토화되어 버렸다.

코란은 모두 114장인데 메카 시절이 90장, 메디나 시절이 24장이다. 하지만 메카 시절의 90장들은 길이가 짧은 반면, 메디나 시절의 24장들은 대부분 길다. 메카 시절의 코란은 운문(韻文)이 주류이고 내면적 가르침이 많으며 평화를 강조하는 반면, 메디나 시절의 코란은 산문(散文) 스타일이고 행동을 강조하며 강력한 보복을 천명한다. 그런 차이점을 안다면 이슬람을 놓고 '평화'와 '테러'라는 키워드가 번갈아 강조되는 배경을 이해할 수 있다.

최근 등장한 이슬람 극단주의 무장세력들은 마호메트의 메카 시절보다는 메디나 시절의 계시를 선호하며, 코란 외에도 마호메트의 언행록인 하디스에 나오는 지하드란 단어를 가장 공격적으로 해석한다. 그리고 이집트 출신인 사이드 쿠틉의 급진 사상을 추종하고 있다.

물론 이슬람은 지난 1400년 동안 끊임없는 개혁을 추진해 왔다. 그 방향은 크게 두 가지다. 첫째는 이슬람의 전통과 가르침을 강화하면서도 서구와의 공존과 협력을 도모하는 방향이고, 둘째는 정치·경제·사회·문화에 걸쳐 서구의 바이러스를 모든 문제의 원인으로 단정하고 과감하게 서구를 버리며 이슬람의 원론적 가르침에 충실하자는 완고한 영적 운동이다. 둘째를 대표하는 20세기의 중심인물이 바로 사이드 쿠틉이다.

사이드 쿠틉은 혁명적 전위와 무장투쟁을 지하드(Jihad)의 개념으로 재탄생시킨 이론가이다. 이만석 전(前) 이란한인교회 목사는 "지하드를 성전(Holy War)이라고 번역하는 사람이 많은데, 무슬림들은 알라를 위해 싸우는 전쟁이므로 거룩하다고 하겠지만 비(非)무슬림들이 볼 때는 테러라고 번역하는 것이 옳다"면서 "이슬람과 마호메트의 계시를 믿지 않는다는 이유로 이웃을 죽이러 가는 사악한 전쟁이 어떻게 거룩한 전쟁인가"라고 반문했다.

사이드 쿠틉은 1906년 보수적 성향이 강한 이집트 남부 아시유트의 중산층 가정에서 태어났다. 전통적인 이슬람 교육을 받았고, 10세에 코란을 모두 암송할 정도로 영특했다고 한다. 이후 카이로로 올라와 이집트 최고의 교사 양성 대학인 다르알울룸을 다녔다. 졸업 후 교사로 일했으며 교육부 감사직을 맡기도 했다. 다른 아랍 세계 지식인들처럼 쿠틉도 이집트가 서구 근대화의 길을 가야 한다고 믿었다. 소설과 평론을 발표하면서 소장 문학가로도 명성을 얻었다.

그러던 쿠틉에게 큰 변화가 왔다. 교사로서 자질과 능력을 인정받아 장학사가 된 그는 1948년 정부 지원으로 2년간의 미국 유학길에 올랐다. 워싱턴의 윌슨교육대학, 콜로라도주립대학교, 스탠퍼드대학교 등에서 수학한 그는 미국의 생생한 뒷모습을 다양하게 접하면서 극적인 사고의 전환을 하게 되었다. 쿠틉은 미국 사회의 인종 차별, 도덕적 부패, 성적 문란을 접한 뒤 서구적 근대화를 통한 이슬람의 혁신이라는 기존의 믿음을 완전히 버리게 되었다. 그는 미국적인 삶의 방식이 곧 이슬람에서 말하는 원시적이고 야만적인 '자힐리아(Jahiliyah·무지의 세상으로 이슬람을 믿지 않는 상태)'로 간주했다.

쿠틉은 미국 유학을 다녀와 펴낸 저서 〈내가 본 미국 생활〉에서 "워싱턴에 있을 때 엘리베이터 사고를 목격했는데 구경꾼들이 희생자를 불쌍히 여기기는커녕 조롱하는 것을 보고 충격을 받았다"고 전했다. 미국인들이 복싱 경기에서 피투성이가 된 채 싸우는 선수들을 보고 몸서리치기는커녕 환호를 지르는 것을 보고 혐오감이 들었다고 했다. 그리고 원 나잇 스탠드와 프리 섹스를 즐기는 미국인들은 수치심이나 도덕심을 모르는 저급한 족속으로 비쳤다. 쿠틉은 이집트의 친구에게 보내는 편지에서 "미국인 남녀들은 오로지 서로의 육감적인 육체를 탐하는 색욕의 노예들로서 그들의 도덕과 윤리 수준은 짐승보다 못하다"라고 적었다. 쿠틉은 평생 독신으로 지냈다.

1950년 미국에서 돌아온 그는 곧바로 공무원 생활을 접었다. 그리고 자신이 미국 체류 중에 느낀 반미(反美) 감정을 저서와 연설을 통해 대중에게 설파했다. 이를 통해 이슬람 사상가로서 상당한 명망을 얻게 되었다.

당시 이집트에는 1928년 하산 알 반나가 창시한 무슬림형제단이 가장 주목받는 이슬람 조직이었다. 하지만 반나가 이끌 때만 해도 내면적 지하드를 지향하는 종교단체에 가까웠고, 빈민층 사회운동을 벌이면서 지지층이 늘어나는 정도였지 테러나 정치와는 거리가 멀었다. 하지만 1948년 이스라엘이 건국되면서 무슬림형제단은 급격히 과격해졌고, 이집트 파루크 1세 왕은 무슬림형제단의 위험성을 깨닫고 탄압하기 시작했다. 1948년 무슬림형제단 소속의 한 대학생이 이집트의 누크라시 총리를 암살하자, 파루크 왕은 1949년 무슬림형제단의 지도자 반나를 암살했다. 쿠틉은 1952년 지도자가 비어있는 무슬림형제단에 가입했는데 금세 실질적 리더이자 사상가가 되었다. 그때부터 무슬림형제단은 "이슬람이 답이고 코란이 헌법"이라는 슬로건을 부르짖었다.

1952년 7월 이집트에서 자유장교단 소속의 가말 압델 나세르가 주도한 군사 쿠데타가 벌어졌고, 당시 사회적 신망이 높아진 쿠틉은 혁명최고위원회의 유일한 민간위원에 임명되었다. 그는 왕정이 붕괴되고 군부가 집권하면서 이집트를 이슬람 국가화하려는 목표가 현실 정치에서 이루어질 것으로 기대했다.

하지만 착각이었다. 나세르 군부세력은 세속적 민족주의와 사회주의 노선을 지향하면서 쿠틉과 마찰을 일으켰다. 가령 샤리아(이슬람 율법)에 따라 금주(禁酒) 조치를 요구했으나, 군부세력은 거부했다. 자유장교단은 튀르키예의 무스타파 케말 아타튀르크 식의 세속주의 근대화를 추구했고, 이슬람 근본주의자였던 쿠틉과는 전혀 맞지 않았다. 양측은 타협점을 찾을 수 없었다. 쿠틉은 나세르가 왕정보다도 더 세속주의 근대화 노선을 추구한다는 사실을 깨닫고, 군부정권에 등을 돌리고 투쟁에 나섰다. 결국 1954년부터 군사정권은 무슬림형제단을 적대시했다. 그해 10월 무슬림형제단의 한 단원이 나세르를 암살하려는 음모가 발각되자 대대적인 탄압이 시작되었다. 쿠틉은 국가전복 기도 및 내란음모 혐의로 체포되었고, 15년의 징역형을 선고받았다. 쿠틉은 가혹한 고문과 오랜 투옥 생활을 꿋꿋이 버티며 유명한 저서인 〈진리를 향한 이정표(영어 제목은 Milestone)〉와 〈코란의 그늘에서〉 등을 집필했다.

쿠틉은 10년간의 옥살이 끝에 1964년 말 석방되었다. 그때 〈진리를 향한 이정표〉가 책으로 출간되었다. 의외로 책이 널리 퍼져 나가자 나세르는 위협을 느꼈다. 쿠틉은 석방된 지 8개월 만인 1965년 8월 국가전복 기도 및 선동죄라는 혐의로 다시 체포됐고, 사형선고를 받은 뒤 1966년 8월 29일 교수형에 처해졌다. 책의 내용이 쿠틉을 다시 잡아넣는 구실이 되었고, 법정에서 제시된 증거는 책에서 인용한 몇몇 구절뿐이었다. 나세르는 쿠틉에게 "지하드주의를 포기하면 사면해주겠다"고 제의했으나 쿠틉은 거절했다고 한다.

그렇게 쿠틉이 처형되자, 이슬람권에서는 성자로 추앙하는가 하면 그가 외친 반미·반서구에 입각한 이슬람 극단주의 세력들이 급증하게 되었다. 일부 이슬람 급진 세력은 〈진리를 향한 이정표〉를 투쟁의 교과서로 삼았다. 특히 사이드 쿠틉의 동생인 무함마드 쿠틉은 사우디아라비아로 망명한 뒤 킹압둘아지즈대학에서 가르쳤는데, 그의 제자가 바로 9·11테러의 주범인 오사마 빈 라덴이다. 2022년 사망한 알카에다의 2대 수장인 아이만 알 자와히리 역시 이른바 '쿠틉이즘'을 대표하는 인물이었다.

쿠틉은 〈진리를 향한 이정표〉에서 "이슬람은 종교가 아니라 세상을 뒤집는 체제 혁명이다. 세상은 자힐리아다. 무슬림은 전 세계의 자힐리아를 없애기 위해 싸워야 한다. 이슬람은 방어의 종교가 아니다. 이슬람은 평화의 종교가 아니다. 알라의 노예가 되어야만 평화를 얻을 수 있다"고 설파했다. 그는 이른바 자힐리아 세력으로 공산주의자, 유대교와 기독교 신자, 인도와 아시아, 세속주의 이슬람 등을 꼽은 뒤 "모두 전쟁을 통해 척결해야 할 대상"이라고 지정했다. 지금 대한민국이 지향하는 자유민주주의, 시장경제, 법치주의에 대해서도 "알라의 뜻을 거역하는, 없애 버려야 할 죄악"이라는 말이다.

쿠틉에게 영향을 준 학자로는 무슬림형제단의 창립자 하산 알 반나와 인도 출신의 근본주의 신학자 아불 알라 마우두디를 들 수 있다. 하산 알 반나는 레닌주의를 바탕으로 이슬람을 재해석했다는 평을 듣는 학자이고, 마우두디 역시 헤겔과 마르크스의 영향을 받았다. 당시 하산 알 반나는 "지하드가 내면의 극기 투쟁이라고 설명하는 하디스는 다 가짜 하디스"라고 주장했는데, 쿠틉은 하산 알 반나의 해석을 더욱 극단화했다. 쿠톱의 사상과 가르침은 파키스탄 쪽을 지나 탈레반을 거쳐 알카에다라는 급진적 반미 테러조직을 낳았고, 이후 이라크와 시리아에서 역대급 반인류 범죄를 저지른 IS에 이어졌다. 고(故) 소윤정 아신대 선교대학원 교수는 "현대 인류 최고의 잔인함을 과시하고 있는 IS가 사이드 쿠톱의 흑백론적인 이슬람 원리주의 이념을 그대로 실현시켰다"면서 "사이드 쿠톱의 이념은 과격한 종교적 전체주의라고 볼 수 있다"고 말했다.

옳은 정신이 나쁜 정신을 이기는 것이 아니라, 강력한 정신이 나약한 정신을 잡아먹는 시대다. 사이드 쿠톱의 급진주의 사상이 초강경 일변도여서인지 오히려 열광적인 팬을 양산하는 아이러니가 벌어지고 있다. 물론 대다수 선량한 무슬림과는 거리가 먼 현상이다. 이희수 한양대 문화인류학과 명예교수는 "분명한 것은 아직도 지구촌 곳곳에서 분노의 복수를 꿈꾸는 적지 않은 무슬림 과격 집단이 사이드 쿠톱의 책을 즐겨 인용하고 자신들의 극단적 행위를 정당화하는 이론적 근거로 삼고 있다"고 밝혔다.

왜 하마스는 2023년 10월 7일
전쟁을 도발했나?

중동전쟁사에서 2023년 10월 7일은 또 다른 역사적 기록을 남겼다. 당시 하마스(Hamas)는 이스라엘에 경악할 수준의 테러 공격을 가하면서 전 세계를 놀라게 했다. 하지만 여기에 분노한 이스라엘이 1년 넘게 가자지구 전체를 아우르는 보복 공격을 벌였고, 결국 가자지구는 70~80%가 부서졌다. 그러면 하마스는 그 날 왜 전쟁을 일으켰고, 이스라엘은 어째서 허무하게 기습 공격을 당했을까.

이스라엘 입장에서는 처음이 아니다. 1967년 '6일 전쟁'으로 대승을 거둔 뒤 자만하고 있다가 1973년 기습 공격을 예상하지 못하고 '욤키푸르 전쟁'을 치르면서 혼이 났다. 1973년 10월 6일은 모두가 금식하면서 일을 하지 않는 유대교 욤키푸르(속죄일)였는데, 이런 틈을 타서 이집트와 시리아가 침공했다. 느슨해진 분위기를 노렸고, 유대교를 모독하는 효과도 노렸다. 공교롭게도 50년이 지난 2023년 10월 7일은 유대력으로 이스라엘의 3대 명절인 수코트(초막절)가 끝나는 안식일이었다. 절기의 순서에 따라 곧 심하트 토라, 즉 '토라(구약성경의 모세 5경)의 기쁨'이라는 축제가 열리게 되어있었다. 하마스 입장에서는 방심한 이스라엘을 타격하면서 유대인의 종교를 조롱하기에도 그만이었다.

하마스는 이전과는 달랐다. 10월 7일 오전 6시 30분부터 무려 5천여 발의 로켓을 쏘아 댔다. 로켓 공격은 그 자체로도 공포이지만, 테러리스트들을 침투시키는 엄호용 성격도 있었다. 1,500여 명의 하마스 테러리스트들은 폭발물을 이용해 가자지구를 둘러싼 6~8m 높이의 콘크리트 장벽을 무너뜨리고 이스라엘 땅으로 침투했다. 일부는 스파이 영화처럼 패러글라이더를 타고 유유히 장벽을 넘는가 하면, 폭발물로 뚫린 틈으로 트럭과 오토바이를 타고 진입했다. 틈이 좁다 싶으면 불도저가 등장해 부숴버렸다. 선박과 고무보트를 통한 해상공격도 병행했다. 육해공(陸海空)이 동원된 '알아크사(Al-Aqsa·아득히 멀다는 뜻으로 예루살렘 성전산에 있는 알아크사 사원에서 따옴) 홍수작전'의 시작이었다. 하마스 군사조직인 알카삼여단(IQB)을 이끄는 모하메드 데이프는 그날 "적들은 이슬람 운동을

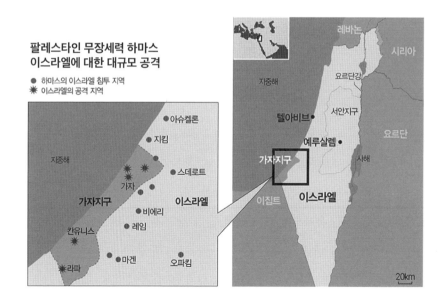

팔레스타인 무장세력 하마스
이스라엘에 대한 대규모 공격
● 하마스의 이스라엘 침투 지역
✳ 이스라엘의 공격 지역

공격했고, 알아크사를 모독했다"며 "모든 수단을 가지고 공격을 감행하라"고 지시했다. 가자지구 근처에 있던 이스라엘군은 하마스가 드론, 휴대용 대전차 유탄발사기(RPG), 대전차 유도미사일(ATGM) 등으로 무장한 모습에 크게 당황했다. 하마스는 군용 차량을 탈취하고, 탱크에 불을 질렀다.

학살과 납치는 초반에 신속하게 이루어졌다. 이들은 가자지구와 맞붙은 21개 지역에서 기관총을 난사하며 닥치는 대로 민간인을 사살했다. 일가족 몰살은 물론, 영유아들도 서슴지 않고 죽였다. 거리에는 시체가 난무했다. 특히 성폭행 흔적이 역력한 채 알몸으로 죽인 경우도 허다했다. 가자지구에서 가까운 이스라엘 남부 레임 키부츠에서 열린 노바 음악축제 행사장에도 나타나 무차별 총격을 가하고 여럿을 성폭행하며 납치했다. 무려 260구의 시신이 무더기로 발견되기도 했다. 제노사이드(genocide), 즉 명백한 집단학살이었다. 하마스는 85세 할머니를 비롯해 여성·어린이·노인·장애인 가릴 것 없이 피 흘리는 시민과 군인의 머리채를 잡고 질질 끌거나 차량에 납치하는 모습을 소셜미디어(SNS)에다 웃으면서 올렸다. 인간이기를 포기한 최악의 저질 테러였다. "하마스는 순전한 악(惡)"이라고 바이든 미국 대통령은 비난했다. 당시 여성들이 당한 충격적인 모습은 2024년 4월 나온 다큐멘터리 영화 〈Screams Before Silence〉에 잘 표현되어 있다.

당시 하마스가 '보험'을 위해 가장 공을 들인 것은 인질 확보였다. 하마스는 250여 명의 유대인과 외국인을 잡아 가자지구로 돌아갔다. 당연히 이스라엘 공격에 대한 방패막이로 사용하거나 수감된 팔레스타인 테러리스트들의 석방을 위한 협상 카드로 활용할 목적이었다. 하마스는 이스라엘군이 가자지구를 폭격할 때마다 공개적으로 인질 한 명씩을 처형하겠다고 협박했다. 서강대 유로메나연구소 성일광 교수는 "하마스가 이스라엘 민간인들을 죽이는 것은 전혀 놀랍지 않으며, 다만 아주 스마트하게 고도로 정밀화된 작전 자체가 놀라울 따름"이라며 "하마스는 승산이 없어도 계속하는데, 존재 이유 자체가 무장투쟁이기 때문"이라고 말했다.

하마스(Hamas)는 '이슬람 저항 운동'을 뜻하는 아랍어 단어 첫 글자를 차례로 적은 것이며, '열정'이란 의미도 있다. 1987년 10월 교사 출신인 아흐마드 야신이 조직했으며, 모태는 이집트에서 시작된 이슬람 원리주의 조직인 무슬림형제단이다. 하마스는 1987년 팔레스타인 무장봉기를 의미하는 1차 인티파다가 터지자, 온건파 집권정당인 파타(Fatah)의 경쟁자로 정치판에 뛰어들었다. 1993년 이스라엘과 팔레스타인이 서로를 인정하는 오슬로 협정을 체결하자, 하마스는 이를 반대하면서 본격적인 저항을 시작했다.

당시 하마스는 이슬람 원리주의와 팔레스타인 민족주의라는 두 가지 목적을 추구했다. 팔레스타인 주민에게 교육·의료·구제 등의 활동을 펴는 '다와'와 이스라엘에 대한 저항을 의미하는 '지하드'가 그것이다. 하마스는 '다와'를 통해 팔레스타인 주민의 지지를 얻어 왔다. 하마스는 1988년 공표한 강령에서 평화적 수단으로 팔레스타인을 해방시키는 것은 불가능하니 이스라엘의 군대는 물론 민간인에 대한 공격도 배제하지 않았다. 실제로 미성년자까지 동원한 자살테러를 밥 먹듯이 해댔다. 이 때문에 서방국가들은 하마스를 테러단체로 규정했고, 심지어 같은 아랍국가인 요르단조차 하마스를 불법조직으로 간주했다.

이스라엘은 하마스의 테러 강도가 계속 높아지자, 2004년 봄 공습을 감행하여 정신적 지도자인 아흐마드 야신과 후계자인 압둘 아지즈 란티시를 한 달 간격으로 제거했다. 란티시는 당시 외부에 "하마스의 전략은 2개다. 첫째, 이스라엘 사상자를 가능한 한 많이 만들어 세계의 눈길을 중동에 쏠리도록 만들고 이스라엘의 점령에 대한 비판 여론을 높인다. 둘째, 이스라엘 사회에 테러 공포를 퍼뜨려 이스라엘이 6일 전쟁 이전 경계선으로 철수하도록 여론을 높인다"라고 설명했다. 지금까지도 그랬다.

2005년 이스라엘이 가자지구에서 유대인 정착민들을 데리고 완전히 철수하자, 하마스는 2006년 열린 입법의회 선거에서 파타를 누르고 총 132석 가운데 76석을 차지했다. 팔레스타인 주민들은 부패와 기득권에 찌든 파타 대신, 자신들을 챙겨주면서 이스라엘에는 강경한 하마스에 끌렸다. 하마스는 파타와 알력을 빚다가 2007년 6월 가자에서 파타를 추방하고 독점 권력을 확보했다. 파타는 그때부터 요르단강 서안지구만을 통치하고 있다. 이후 하마스는 이스라엘 남부에 수시로 로켓 공격을 지속했다. 2014년의 50일 전쟁과 2021년의 11일 전쟁이 대표적이며, 크고 작은 충돌은 부지기수다.

하마스는 오래전부터 주택가·학교·병원·유치원 부근에다 로켓 발사대를 만들었다. 이스라엘은 예루살렘 중심지를 겨냥해 조준한 발사대를 인공위성으로 포착했다. 문제는 그 발사대가 유니세프에서 세운 유치원과 붙어 있었다는 점이다. 이스라엘은 수차례 경고에도 불구하고 하마스가 로켓을 내리거나 아이들을 철수시키지 않자, "몇 일 몇 시에 공격할 예정이니 반드시 피하라"는 메시지를 아이들이 좋아하는 장난감에 달아 헬기로 살포했다. 그러나 하마스는 아이들이 보지 못하도록 그 장난감을 회수했다. 결국 예루살렘을 향한 포격 신호가 감지되자 이스라엘은 해당 지역을 공격했고, 많은 아이들이 죽었다. 그러자 하마스는 "짐승 같은 이스라엘군의 만행"이라고 온갖 매체와 소셜미디어를 통해 선전했다. 하마스는 목적을 위해서라면 팔레스타인 시민이나 아이들도 총알받이로 활용한다는 특징이 있다. 매우 저질스럽고, 수많은 증빙 자료가 발견되었다. 당연히 이스라엘 시민이나 다른 나라 국민이야 더더욱 눈에 들어올 리가 없는 셈이다.

하마스 최고지도자로 테러 전쟁을 총지휘했던 야히야 신와르(Yahya Sinwar)의 개인적 특성도 관련이 있다. 가자지구 출신인 신와르는 1988년 이스라엘에 체포돼 살인 등의 혐의로 종신형을 선고받고 23년을 복역했다. 그 기간 히브리어 실력을 기르고 이스라엘 신문을 정독하면서 군사전문가뿐 아니라 협상가로서의 실력도 키웠다고 한다. 특히 신와르는 이스라엘에 협조했다는 이유로 팔레스타인 동족을 대거 살해해 '칸유니스의 도살자'라는 별명을 얻었다. 영국 스카이뉴스는 "신와르는 하마스 창설자인 셰이크 아흐메드 야신으로부터 이스라엘과 협력한 사람을 살해할 수 있는 파트와(이슬람 율법 해석)를 부여받았다고 말하고 다녔다"고 보도했다. 이스라엘은 2023년 말에 신와르에게 40만 달러에 달하는 현상금을 내걸었다. 처음에는 그가 라파에 있는지, 칸유니스(가자지구 남부도시)에 있는지 정확하게 몰랐다. 그러나 2024년 10월 16일 신와르는 건물에 숨어 있다가 19세의 이스라엘 훈련병에게 발각되어 최후를 맞았다.

생전의 신와르는 자신을 투옥했던 이스라엘에 대한 복수심이 남달라, 휴전이나 종전보다는 전쟁을 가능한 길게 끌고 가면서 이스라엘의 국제적 평판을 떨어뜨리고 미국과의 관계를 망가뜨리는 데 더 관심을 기울였다. 실제로 신와르는 가자지구가 초토화된 2024년 2월 초에 카타르에 모인 하마스 지도자들에게 "현재 이스라엘의 상황은 하마스가 의도한 대로이다"라며 "하마스 전투원들이 잘 하고 있다"는 메시지를 보냈다.

하마스 입장에서는 곧장 이스라엘의 강력한 진압과 혹독한 보복에 직면한다는 점을 충분히 알았을 텐데, 왜 2023년 10월 7일 그런 공격을 감행했을까. 사실 이 모든 과정은 하마스의 치밀한 계산에 따른 전략으로 보였다. 도대체 무슨 속셈이었을까.

첫째, 당시 성사를 눈앞에 두고 있는 이스라엘과 사우디아라비아의 수교 협상을 막기 위해서였다. 이슬람 수니파 종주국인 사우디아라비아와 이스라엘의 관계가 정상화되어 '중동 데탕트(긴장완화란 뜻의 프랑스어)'가 이루어지면 시아파인 이란의 입지는 축소된다. 이란의 지원을 받아 대리자 역할을 하는 하마스, 이슬라믹 지하드, 헤즈볼라 같은 테러조직 역시 위축된다. 이미 2020년 이스라엘은 UAE·바레인·모로코 등과 아브라함 협정을 맺고 급속히 가까워진 터인데, 사우디아라비아와도 손을 잡는다면 이란과 하마스는 코너로 몰린다. 이집트와 요르단은 일찌감치 이스라엘과 보조를 같이하는 판국이 아닌가. 따라서 필사적으로 수교를 막아야 하는데 가장 좋은 방법이 이스라엘 침공이었다. 하마스가 이스라엘을 공격하면 당연히 이스라엘이 거세게 보복할 것이고, 그러면 아랍 맹주인 사우디아라비아로서는 이러지도 저러지도 못하는 곤란한 입장에 처하기 때문이다. 당연히 수교 문제도 연기될 수밖에 없다. 빈 살만 사우디아라비아 왕세자는 2023년 10월 10일 "팔레스타인 편에 설 것"이라고 밝혔다. 원론적이고 의례적인 발언으로 보였지만, 결과적으로 이스라엘과 수교 작업은 늦춰질 수밖에 없었다.

둘째, 가자지구와 이스라엘의 내부 분위기가 모두 침공을 유도했다고 볼 수 있다. 사실 하마스와 이스라엘의 네타냐후 정부 모두 국내 입지가 좋지 않은 상태였다. 16년째 가자지구를 통치하던 하마스는 커지는 가자지구 주민들의 불만을 무마하는 동시에 때마침 이스라엘이 사법개혁 파동으로 심각한 내부 분열 모습을 보이자 "지금이야"라고 판단했을 것이다. 그동안 가자지구에서는 하마스 규탄 시위가 늘어나는 추세였다. 관제시위에 익숙한 가자지구 주민들로서는 매우 이례적이다. 하마스는 보안군을 투입해 시위를 틀어막았지만, 최악의 경제난과 에너지 부족으로 고통받는 주민들의 분노는 걷잡을 수 없이 커졌다. 230만 명이 거주하는 가자지구의 2022년 실업률은 45%에 이른다. 또 2020년 유니세프 보고서를 보면, 가자지구 주민의 10%만이 깨끗한 물을 마시고 있었다. 하마스의 폭정도 한몫했다. 뉴욕타임스는 "하마스 고위인사들의 족벌주의와 부패가 심각하다"며 "하마스 지도자 이스마일 하니야가 가자지구 밖에 있는 안전가옥에 거주한다는 사실이 알려진 뒤 주민들이 배신감을 느꼈다"고 보도했다. 하마스로서는 내심 위기감을 느꼈을 법하다. 그런 판국에 이스라엘 쪽을 보니 2023년 초부터 사법개혁 반대 시위로 거의 매일 수만 명이 거리로 나왔다. 이스라엘의 국론은 분열되었고, 심지어 군대·경찰·정보기관의 내부에서도 균열이 보였다. 이런 혼란상 때문에 공격하기에는 적격이라 판단했을 것이다.

셋째, 이스라엘로부터 이슬람의 3대 성지인 알아크사 사원과 요르단강 서안지구를 지키는 이슬람 수호자 이미지를 부각시켜 아랍 세계의 지지와 후원을 계속 받으려는 속셈이었다. 2022년 12월 말에 출범한 베냐민 네타냐후 총리의 우파 연정(聯政)은 요르단강 서안지구에서 유대인 정착촌을 야금야금 확대하는 동시에, 예루살렘 성전산(Temple Mount)에 대해서도 "왜 이슬람만 올라가 기도하고 유대인은 못 하게 막느냐"면서 유대인의 출입을 계속 늘리고 있었다. 극우파인 이타마르 벤그비르 국가안보장관은 2023년에만 세 차례 성전산을 올라가 하마스를 자극했다. 요르단강 서안지구를 관할하는 팔레스타인자치정부(PA)의 무능하고 소극적인 모습으로는 이런 문제를 대응할 수 없고, 하마스만이 진정한 해결사라는 모습을 과시하고 싶어 했다.

당시 하마스가 처음에 발사한 5천여 발 중 3천 발 정도가 이스라엘의 첨단 방공망인 아이언돔(Iron Dome)의 제지를 받지 않고 곧장 날아들었다. 처리 용량보다 훨씬 많은 로켓들이 한꺼번에 날아왔기 때문에 아이언돔도 별다른 효과가 없었다. 2021년 기준으로 아이언돔은 이스라엘 내에 10개 포대가 배치되었다. 1개 포대에서 동시에 요격 미사일을 발사할 수 있는 숫자는 80발 정도여서, 10개 포대라면 동시에 800발밖에 발사하지 못한다. 짧은 시간에 날아온 5천여 발을 감당하기는 힘들었을 것이다. 시각을 바꿔보면, 만일 북한이 순식간에 1만6천여 대의 장사정포를 쏘아 댄 뒤 특수부대를 내려보내 인질을 대거 납치해 간다면 우리나라도 대책이 없으리라 짐작할 수 있다.

당시 하마스가 사용한 카삼 로켓은 직경 60mm부터 170mm까지 다양했다. 사거리는 최대 70km 정도로 알려져 있다. 설탕, 초석, 비료 등을 섞은 고체연료를 사용하는 수제 로켓이다. 명중률이 낮고 불발탄도 많아 보통 하마스가 쏜 로켓의 7분의 1 정도는 가자지구 내에 떨어진다고 한다. 하지만 명중하면 파괴력은 만만찮다. 하마스는 또 이란에서 들여온 파즈르3, 파즈르5 등 다양한 장거리 로켓도 활용했다. 하마스는

2023년 10월 8일 이후 이스라엘의 가자지구 보복 공습이 시작되었는데도 굴하지 않고, 예루살렘·텔아비브·벤구리온공항 등을 향해서도 계속 발사했다.

그러면 당시 하마스는 이란으로부터 도움을 받았을까. 공식적으로는 모두 부인하지만, 사실상 그렇다고 볼 수밖에 없다. 하마스 단독 공격으로 보기에는 지나치게 정교하고 방대한 공격이었다. 자베드 알리 전 백악관 대(對)테러 선임국장은 뉴욕타임스에 "하마스 단독으로는 이 정도로 다각적인 작전을 펼친 적이 없었으며, 아마도 수개월에 걸친 치밀한 계획과 조율이 필요했을 것"이라고 밝혔다. 월스트리트저널은 2023년 10월 8일 "이란의 이란혁명수비대(IRGC) 장교들이 지난 8월부터 하마스, 헤즈볼라, 팔레스타인 인민해방전선(PFLF), 팔레스타인 이슬라믹 지하드(PIJ) 등 이란의 지원을 받는 4개 무장단체 대표와 베이루트에서 여러 차례 만나 작전을 협의했다"면서 "10월 2일 베이루트에서 열린 회의에서 대규모 공격이 승인됐다"고 보도했다. 당시 레바논 헤즈볼라 쪽에서도 이스라엘을 향해 로켓포나 드론 공격을 간헐적으로 벌였기에 이 같은 보도는 힘을 얻었다.

가자지구는 365km^2 면적에 이스라엘이 설치한 60km의 분리장벽으로 둘러싸여 있으며, 지중해 쪽은 이스라엘 해군이 막고 있다. 그동안 에레즈·케렘샬롬·라파 등 3곳이 외부와 통로 역할을 했는데, 지금은 폐쇄되었다. 230만여 명의 가자지구 주민은 전기가 끊기고 식량은 바닥나며 의료 시설도 붕괴 직전이라고 외신들은 보도했다. 시간이 지날수록 전쟁을 일으킨 하마스의 악행은 잊히게 마련이고, 대신 이스라엘의 강경 대응만 비판하게 된다. 대중은 가까운 뉴스에 더 민감하게 반응하기 때문이다. 선전선동의 귀재라는 하마스는 그런 점을 잘 알고 있었다. 훗날 언론에 모두 노출되었지만, 하마스는 '메트로'라고 불리는 지하 벙커와 수백 킬로미터로 추정되는 터널을 통해 치밀한 공격 준비를 벌여 왔다.

한편 이스라엘은 뒤늦게 가자지구를 봉쇄하고 30만 명의 예비군을 포함한 지상군을 투입하는 등 대대적인 반격을 펼치기 시작했지만, 초반 대응은 50년 전 욤키푸르 전쟁 때와 판박이였다는 평가를 받았다. 세계 최고 수준을 자랑하는 이스라엘 정보기관은 '진주만 공습'이나 '9·11테러'에 비교되는 이번 사태를 몰랐다. 로이터통신은 이스라엘 정보당국이 하마스에 대한 불감증이 있었다고 분석했다. 하마스가 가자지구에다 유대인 정착촌 모형을 지어놓고 상공에서 침투하는 훈련을 포착했는데도 "하마스는 전쟁에 지쳤을 거야"라고 안이한 추측을 했다. 특히 가자지구 주민들이 임금이 10배나 많은 이스라엘에서 일하도록 허가해주는 '햇볕정책'을 펴면 도발을 하지 않을 것으로 착각했다. 하마스도 침공 직전까지 전면적인 대결은 피하는 듯한 인상을 심어 주었다.

CNN은 "이스라엘의 양대 정보기관인 신베트(국내 첩보)와 모사드(해외 첩보), 그리고 아만(군 정보기관)의 자산을 종합적으로 고려했을 때 하마스의 대규모 공격을 예측하지 못한 것은 놀랍다"고 평가했다. 그러나 신출귀몰한 정보기관이라도 한계는 있다. 내부에 심어둔 휴민트(Humint·인적 정보원)나 첨단 IT를 동원한 정보망이 작동한다고 해도 지나치게 많이 포착되는 정보를 어떻게 분석하고 판단하느냐는 별개 문제다. 더구나 이스라엘은 사법개혁 파동으로 정보기관 내부조차 분열되는 모습이어서 정확한 분석과 대응이 힘들었다는 지적도 있다.

사실 이스라엘은 2005년 가자지구에서 철수한 뒤 이른바 '스마트 국경 시스템'을 착착 구축해왔다. 카메라와 센서, 정기적인 군대 순찰이 진행되었다. 팔레스타인 무장단체 지도자들의 동선을 면밀히 파악해 정확한 타이밍에 암살하기도 했다. 개인 차량에 GPS 추적기를 부착한 뒤 드론으로 공격하거나 휴대전화를 폭파시키는 방법도 동원됐다. 하지만 하마스는 이번에 모두를 거뜬하게 뚫어 버렸다. 에프라임 할레비 전(前) 모사드 국장은 CNN과 인터뷰에서 "하마스가 우리의 상상을 초월하여 그 정도의 로켓을 보유하고 있는지 알지 못했다"고 시인했다. 하마스가 완제품이 아닌 부품 형태로 지중해를 통해 밀수하거나 이집트로 통하는 라파에 구축된 수많은 땅굴을 통해 반입한 걸로 보였다. 이번 전쟁의 또 다른 포인트는 바로 하마스가 이스라엘의 바로 코앞에서 수천 발의 로켓을 비축하고 발사하기까지 보여준 '보안 유지'였다.

이 전쟁은 결국 이스라엘 지상군의 가자지구 진입을 낳았고, 가자지구 전체가 심각한 타격을 입었다. 막연한 적개심에 이끌려 사악한 지도자를 선출한 가자지구 주민들이 쓰라린 대가를 치렀다. 이번 전쟁을 시발로 이란의 대리자들인 하마스, 헤즈볼라, 후티반군은 계속 이스라엘과 격전을 벌여 왔다. 상당 기간 휴전은 가능하겠지만, 중동평화의 길은 요원해 보인다.

헤즈볼라는 어떻게
무기와 자금을 조달하나?

2023년 10월 7일 이스라엘에 대한 하마스의 기습적인 테러 도발은 서막에 불과했다. 하마스의 배후에는 헤즈볼라와 이란이 있었다. 이스라엘에 대한 이란의 대리전에서 1번 타자가 하마스였고, 2번 타자로 '작은 이란'인 헤즈볼라였다.

헤즈볼라는 하마스를 도와 이튿날인 2023년 10월 8일부터 꾸준하게 이스라엘을 공격했고, 이스라엘도 헤즈볼라와 자잘한 전투를 지속해왔다. 일종의 저강도 전쟁이었다. 헤즈볼라의 본거지인 레바논에는 하마스의 기반 시설이 많이 있고, 헤즈볼라도 가자지구나 요르단강 서안지구의 팔레스타인 무장세력을 지원해왔다. 하마스는 수니파이고 헤즈볼라는 시아파이지만, 공동의 적인 이스라엘 앞에서는 이란의 깃발 아래 뭉쳤다. 큰형님(이란)이 빅픽처를 그리고, 중간보스(헤즈볼라)가 측면 지원을 해주면, 똘마니(하마스)는 행동에 돌입하는 형태였다.

하지만 2024년 중반 무렵 가자지구 전쟁이 막바지 소강상태에 들면서 이스라엘은 눈을 돌려 더 이상 헤즈볼라를 용납할 수 없다는 입장이고, 헤즈볼라 역시 하마스의 군사력 수준으로는 이스라엘을 효과적으로 타격할 수 없다고 보고 있다. 이스라엘과 헤즈볼라가 전면전까지 거론하게 된 직접적 계기는 2024년 6월 11일 이스라엘군의 공습으로 헤즈볼라의 최고위급 지휘관 탈레브 사미 압둘라가 숨지면서다. 헤즈볼라는 6월 12일 열린 압둘라의 장례식에서 보복을 다짐한 뒤, 이틀에 걸쳐 이스라엘 북부를 향해 215발의 로켓과 드론 공격을 퍼부었다. 이후 이스라엘과 헤즈볼라는 거의 전면전 수준의 전투를 벌였지만, 전력은 이스라엘 쪽으로 많이 기울었다. 급기야 2024년 9월 27일 헤즈볼라를 32년 동안 이끌었던 하산 나스랄라(Hassan Nasrallah)가 공습으로 숨졌다. 이스라엘은 헤즈볼라를 계속 그로기 상태로 몰아넣었다. 이스라엘은 하산 나스랄라의 후계자로 거론되던 하심 사피에딘도 10월에 죽였다. 이후 헤즈볼라는 전력이 크게 약화되었으며, 이스라엘과 헤즈볼라는 2024년 11월 27일 휴전안에 합의했다. 미국이 제시한 휴전안에는 양측이 60일간 휴전하고, 이스라엘이 레바논 남부에서 군대를 철수하며 레바논군(軍)은 중화기를 리타니강(江) 북쪽으로 옮기는 내용이 담겼다. 또 레바논 정규군과 레바논 주둔 유엔평화유지군(UNIFIL)만 남는 것이 협상 내용에 포함됐다. 그러나 간헐적인 충돌은 지속되었고, 2025년 3월 22일 이스라엘과 헤즈볼라는 휴전 4개월 만에 다시 최대 규모의 교전을 벌였다. 2025년 봄 현재 양측은 일촉즉발의 긴장감이 돌고 있는 상태다.

원래 레바논은 백향목으로 대표되는 아름다운 자연경관을 지녔다. 하지만 20세기 들어와 내전 등으로 경제는 피폐되고 나라 전체가 심하게 망가졌다. 게다가 시리아 내전으로 인한 난민 150만여 명이 베카계곡 등지에 들어와 있다. 그런 레바논에 있는 헤즈볼라는 독특한 존재다. 군사

조직·정치조직·사회복지조직의 역할을 고루 하면서 '국가 안의 또 다른 국가(A state within a state)'라는 말을 들었다. 레바논 정규군보다 더 강력한 군대를 운영하면서 누구의 간섭도 받지 않은 채 전쟁을 시작하고 끝낼 정도다.

사실 레바논은 18개의 공식적인 종파로 구성된 모자이크 국가로, 세상에서 정치 시스템이 가장 복잡하다. 레바논은 성경에도 이름이 나와 있는 국가이지만, 오스만제국의 통치를 받다가 제1차 세계대전 이후 프랑스가 위임통치를 하면서 시리아와 레바논을 분리시켰다. 변변치 못한 국가자원 때문에 독립할 여력이 되지 못했지만, 어쨌든 레바논은 1943년 프랑스로부터 독립했다. 당시 레바논은 동방 가톨릭이라고 할 수 있는 기독교 마론파에 이어 이슬람 수니파, 이슬람 시아파 순서로 인구가 많았다. 국가 권력은 각 종교 세력에 고루 배분되어 대통령은 마론파, 총리는 수니파, 국회의장은 시아파에 배정되었고, 국회 의석과 정부 요직에서 기독교 대 무슬림의 비율은 6대 5로 정해졌다. 이후 1989년 사우디아라비아의 중재에 따라 타이프에서 종파 간에 협정을 맺고 의석이 64대 64 동수(同數)로 조정되었다.

그중에서도 시아파는 1970년대 중반에 인구가 75만 명까지 늘어나 전체 국민의 30%에 이르고, 와인 산지로도 유명한 베카계곡 인구의 85%를 차지하게 되었다. 하지만 정치적 영향력은 적었다. 이런 상황에서 이슬람 율법학자인 무사 알 사드르는 1974년 시아파를 끌어모아 민병대인 아말(Amal)을 조직했다. 그 무렵 PLO(팔레스타인해방기구)가 레바논으로 쫓겨 들어와 이스라엘을 향한 테러를 지속하자, 이스라엘은 1982년 PLO 게릴라를 제거한다는 명분으로 탱크를 몰고 레바논을 침공했다. 제1차 레바논 전쟁이었다.

그때만 해도 수니파인 PLO와 시아파인 민병대는 서로 심각한 갈등을 빚었고, 상당수 시아파 주민들은 PLO를 싫어하면서 오히려 이스라엘군의 진입을 환영했다. 하지만 이스라엘군의 레바논 주둔이 예상보다 길어지면서 갈등이 시작되었다. 민병대인 아말 세력은 시아파를 재결집하여 1982년 베카계곡에 모였고, 때마침 이란에서 1979년에 이슬람 혁명을 일으켰던 아야톨라 호메이니를 추종하는 조직을 만들었다. 호메이니는 레바논의 시아파를 테헤란으로 불러 반(反)이스라엘 투쟁을 주문하는 동시에 1,500명의 이란혁명수비대(IRGC) 요원을 파견해 자금과 훈련을 제공했다. 코란 구절을 근거로 '알라의 정당'이란 뜻을 지닌 헤즈볼라(Hezbollah)가 본격 결성되었다. 헤즈볼라는 굵직한 테러를 여러 번 자행했다. 1983년에는 베이루트 소재 미국 해병대 사령부 건물을 헤즈볼라 자살특공대가 돌진하여 미군 241명이 죽는 참사가 벌어지기도 했다.

헤즈볼라는 레바논에서 가장 강력한 무장세력이자 영향력 있는 이슬람 시아파 정당으로, 레바논 의회와 정부에서도 존재감이 상당하다. 이스라엘과 많은 서방국가에서는 테러단체로 지정되어 있다.

헤즈볼라는 1989년 이란의 호메이니가 사망하면서 실용주의 노선을 채택했다. 1992년 32세인 하산 나스랄라가 사무총장을 맡아 2024년까지 강력한 리더십으로 최고지도자 역할을 했다. 2005년 레바논 총선에 참여하면서 합법적 정당이 되었고, 이후 연정(聯政) 내각에 참여해 집권세력에 포함되었다. 2022년 5월 총선에서 헤즈볼라는 총 128명의 의원으로 구성된 레바논 의회에서 13석을 얻으면서 집권세력의 일원으로 남았다.

헤즈볼라는 한때 중앙정부의 무능과 부패를 틈타 저소득층에 대한 복지를 늘리는 등 일반 국민에게 인기가 높았으나, 최근에는 과도한 폭력성으로 국가 경제에 해악을 끼치는 데다 가끔 레바논 정규군과 충돌을 빚는 바람에 헤즈볼라를 싫어하는 국민이 꽤 늘어났다고 한다.

그런 헤즈볼라와 이스라엘의 관계가 결정적으로 악화된 것은 2006년 제2차 레바논 전쟁 때다. 당시 헤즈볼라가 국경 순찰 중이던 이스라엘군을 공격하여 8명을 죽이고 2명을 납치하자, 이스라엘은 이들을 구출하기 위해 다시 레바논을 침공했다. 그러자 헤즈볼라는 독특한 게릴라 전략으로 이스라엘군을 괴롭혔다. 서강대 유로메나연구소 박현도 교수는 "당시 객관적 전력은 이스라엘이 앞섰으나 헤즈볼라는 주요 군사시설을 지하로 옮기고 야간에 게릴라전을 펼친 데다 지형지물을 잘 이용하여 이스라엘에 사실상 패배를 안겼다"고 설명했다. 이스라엘은 레바논 전역을 공격했는데 민간인 사상자가 많아지고 국제사회 비난까지 겹치면서 34일 만에 레바논에서 철군했다. 2006년은 이스라엘 전쟁사에서 불패 신화가 깨어진 해였다. 그러면서 레바논 내에서 헤즈볼라의 입지는 부쩍 강해졌다.

그런데 하마스와 헤즈볼라는 유사시 주민을 지킨다는 의식보다는 방패막이로 삼기 때문에 앞으로도 이스라엘은 그들과 싸우면 민간인을 공격했다는 비난에서 벗어나기가 쉽지 않다. 이스라엘은 정보의 정확도를 확인하고 민간인 속의 하마스나 헤즈볼라를 공격한다. 아무래도 주변의 민간인 사상자가 발생하기 쉽다. 하마스나 헤즈볼라는 이스라엘이 늘 그렇게 공격할 수 없다는 점을 알기에, 유사시 민간인을 방패막이로 내세우고 그 사이로 숨는 것을 선호하고 있다. 전 세계 언론도 "이스라엘이 민간인을 살상했다"고 보도해 주니까 뒤에서 웃음을 짓는다.

그래서 미국·영국을 비롯한 서방국가는 물론, 심지어 아랍연맹(AL)도 2016년에 헤즈볼라를 '테러단체'로 지정했다. 헤즈볼라는 2013년 시리아 내전에서 시아파의 소수파인 알라위파에 속하는 알아사드 정권을 지원하면서, 시리아 반군을 밀었던 튀르키예와는 앙숙이 되었다. 시리아의 바샤르 알아사드 정권이 장기간의 내전에서도 2024년 12월 8일까지 건재했던 배경에는 헤즈볼라가 있다.

헤즈볼라는 때로 기독교 세력도 포용하는 제스처를 취하는 등 성향상 이슬람 원리주의 쪽보다는 아랍민족주의와 반(反)시온주의 색채가 더 짙다. 그리고 이란의 지원금 이외에 마약 수입으로 조직 운영비를 채우고 있다. 주로 베카계곡에서 대마초 재배를 하는데, 헤로인과 코카인의 제조와 거래를 하는 하부조직이 있으며, 남미(특히 아르헨티나·브라질·파라과이의 3국 국경지대)와 북아프리카 마약조직과 연계되어 돈을 버는 것으로 알려졌다. 이 밖에 돈세탁, 위조지폐, 밀수, 무기거래, 부동산중개업, 중고차 딜러 등도 짭짤한 수입원이다. 대체로 이란의 지원과 마약 수입이 절반씩 되는 것으로 알려졌다.

2022년 미국 국무부는 이란이 헤즈볼라에 매년 7억 달러(약 1조원)를 제공했다고 추정한 바 있다. 하산 나스랄라는 2016년 연설에서 "이란이 핵심 자금 원천이며 우리의 예산, 급여, 지출, 식량, 물, 무기, 미사일은 모두 이란에서 나온다"고 주장하긴 했으나, 구체적인 수치를 제시하지는 않았다. 이란은 이란혁명수비대(IRGC)를 통해 헤즈볼라에 자금을 지원한다. 아울러 IRGC는 첨단 미사일과 드론 등 헤즈볼라의 주요 무기 공급원이기도 하다. 미국의 싱크탱크 '워싱턴 근동정책연구소'의 하닌 가다르 선임연구원은 현재는 헤즈볼라가 이란 외에도 자금 출처를 다양화했다고 설명했다. 국제사회의 오랜 이란 제재로 인해 이란이 헤즈볼라에 예전처럼 많은 자금을 지원할 수 없게 되었기 때문이다. 〈헤즈볼라: 레바논 내 신의 당의 세계적 발자취〉의 저자인 매튜 레빗에 따르면, 헤즈볼라는 자금 세탁을 포함한 여러 불법적인 금융 활동을 통해 수입을 보충하고 있다. 2024년 10월 이스라엘은 이란의 지원을 받는 헤즈볼라의 자금조달용 위장조직이라면서 금융기관인 '알카드 알하산(AQAH)'의 여러 지부를 공습했다. AQAH는 헤즈볼라를 대신해 자금 세탁을 한다는 의혹을 받는 단체 중 하나다. 물론 AQAH 측은 이런 의혹을 부인하며 자신들은 민간 소액 대출 업체라고 주장했다. 금을 담보로 제공하거나 보증인을 내세운 이들에게 미국 달러로 이자 없이 소액 대출을 해주었으며, 저축계좌도 개설할 수 있게 해주었다. 하산 나스랄라는 2021년 연설에서 "1980년대 초에 설립된 이래 AQAH가 레바논의 180만 명에게 37억 달러의 대출을 제공했으며, 2021년 당시 AQAH로부터 대출을 받은 이들은 약 30만 명에 이른다"고 밝힌 바 있다. 하지만 이스라엘 입장에서는 AQAH가 이윤 창출 목적이 아니라 헤즈볼라를 재정적으로 지원하며 자금 세탁에도 관여했을 가능성이 있다고 의심했다. 실제 이스라엘은 AQAH를 공습한 직후 "이곳은 헤즈볼라가 자신들의 테러 활동에 필요한 자금을 대고자 이용하는 금융기관"이라고 비난했다.

헤즈볼라의 군사력은 테러단체 수준이 아니라 정규 군대와 같다. 복장은 레바논 정규군과 비슷하다. 헤즈볼라는 정규병력과 예비병력을 합쳐서 6만여 명에 15만 기의 미사일을 보유한 것으로 스톡홀름 국제평화문제연구소(SIPRI)는 추정했다. 러시아와 이란에서 구매한 사거리가 200km에 달하는 젤잘-2 미사일 등 15만 개의 로켓과 미사일, 그리고 원격조종이 가능한 무인항공기를 보유한 것으로 알려졌다. 또 항공기, 헬리콥터, 탄도·순항 미사일은 물론 드론을 표적으로 삼을 수 있는 러시아제 SA-22와 같은 방어 시스템을 보유하고 있다. 헤즈볼라는 이란제 샤헤드-136 자폭 드론을 대거 비축하고 있으며, 이스라엘 북부 육군기지의 아이언돔 포대를 드론으로 공격해 손상을 입혔다는 동영상을 공개했다. 이스라엘 당국자들은 헤즈볼라의 공격이 예상보다 정교한 데 놀랐다고 미국 측에 실토했다고 한다.

생전에 하산 나스랄라는 헤즈볼라의 무장전사가 10만 명이라고 주장했다. 최대 3만 명에 재래식 로켓포 위주인 하마스보다는 전투력이 월등하다. 헤즈볼라는 시리아 내전에 개입하여 전투력도 키웠다. 게다가 헤즈볼라는 군 시설만 공격하지 않는다. 목표물 중 60% 이상이 민간주택과 공공시설이다. 이 때문에 공군력이 압도적인 이스라엘도 상당한 부담을 갖고 있다.

영국 일간지 텔레그래프는 베이루트 국제공항의 내부 고발자를 인용해 "헤즈볼라는 이란으로부터 가져온 팔라크 로켓, 파테흐-100 단거리 미사일, 차량에 탑재하는 탄도미사일, 최대 사거리가 320km인 M-600 미사일 등을 공항에 보관하고 있다"며 "레이저 유도 대전차 미사일과 부르칸 단거리 탄도미사일, 사이클로나이트로 불리는 폭발성 화학물질 RDX도 포함되어 있다"고 보도했다. 마음만 먹으면 언제라도 텔아비브를 겨냥하여 1m의 오차 정밀도로 타격할 수 있다는 말이다.

반대로 이스라엘은 헤즈볼라의 군사력이 밀집해 있는 레바논의 리타

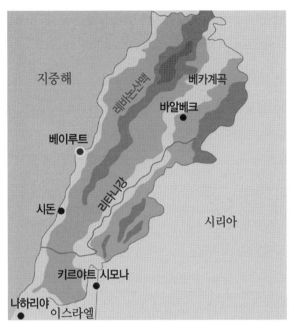

레바논 지도

니강 이남 지역과 수도 베이루트의 남쪽, 그리고 실질적 본거지가 있는 베카계곡과 바알벡(Baalbek) 쪽을 자주 폭격하고 있다. 바알벡은 구약성경에서 늘 이스라엘 민족을 우상숭배로 미혹하게 했던 이방 신(神)인 바알(Baal)의 이름을 딴 고대 유적 도시이기에 이스라엘은 심정적으로도 적대적인 장소다.

이스라엘과 헤즈볼라 사이에 전투가 격화될 경우, 가자지구의 사례처럼 북한이 제공한 기술로 만든 땅굴도 주목받을 전망이다. 이스라엘 북부 국경의 안보문제를 분석하는 비영리단체인 알마(ALMA) 연구교육센터의 보아즈 샤피라 선임연구원은 최근 이스라엘 현지 한국어 뉴스매체인 KRM뉴스와 인터뷰를 했다. 그는 "하마스는 물론 헤즈볼라도 터널에 익숙하다. 2018년 레바논 국경을 넘어 이스라엘로 연결된 6개의 터널이 발견되었다. 깊이는 80cm 정도이며, 한 곳은 길이가 1km가 넘었다. 북한은 땅굴 건설을 도왔고, 헤즈볼라에게 방법을 전수했다. 발견된 땅굴에는 수도와 전기, 신선한 공기가 공급되고 있었다"고 말했다.

북한과 헤즈볼라의 관계는 1980년대부터 시작되어 2000년대 초반에 더욱 강화되었다. 북한에서 개발된 많은 미사일이 이란을 거쳐 헤즈볼라로 직행했다. 샤피라 선임연구원은 "특히 2006년 제2차 레바논 전쟁 이후부터 그들의 관계가 강화되었다. 이란과 헤즈볼라가 북한으로부터 원했던 것은 터널이나 지하 기반시설을 구축하는 기술과 경험이었다. 북한은 이미 남한으로 향하는 방대한 터널을 구축해 몇 시간 내에 3만 명의 군인을 남한으로 침투시킬 수 있다. 제2차 레바논 전쟁 당시 이스라엘군은 레바논에서 거대한 지하 터널과 벙커, 지휘센터를 발견했다. 헤즈볼라는 현재 레바논 남부뿐만 아니라 전역에 걸쳐 수백 킬로미터에 달하는 터널을 파고 있다. 헤즈볼라는 지난 10년 넘게 매일 40cm씩 땅을 팠다"고 덧붙였다.

특히 북한이 헤즈볼라에 가장 큰 도움을 준 것은 전략용 터널이라고 한다. 레바논 남부에서 북동부 지역까지 연결되고, 베이루트에서 다른 지역으로 연결되는 터널이 수십 킬로미터에 달한다는 것이다. 영상을 보면 발사대를 탑재한 중형 트럭이 들어갈 수 있고, 로켓을 발사할 수도 있다. 샤피라 선임연구원은 "헤즈볼라를 돕는 북한 회사가 여럿이다. 그중 하나가 KOMID(조선광업개발무역회사)인데, 지금은 이름을 바꾸었다. 북한 전문가들이 레바논에 들어와서 터널 굴착을 돕고 노하우를 전수했다. 반대로 헤즈볼라와 이란혁명수비대 지휘관들이 북한에 가서 공부하기도 했다"면서 "터널은 레바논에서 시리아로도 연결되어 있어 무기 밀수에 사용되고, 시리아에서 이라크로 연결되는 터널도 있다. 이란의 무기들을 시리아를 통해 레바논으로 옮기기 위해서다"라고 말했다.

홍해의 깡패가 된
후티반군의 정체

 2023년 10월 7일 하마스의 이스라엘 침공이 시작되면서 예멘의 후티반군(Houthi rebels)은 하마스를 누구보다 열심히 도왔다. 드디어 2024년 7월 후티반군은 이스라엘 텔아비브에 드론 공격을 가했고, 이스라엘은 예멘의 후티반군 거점 항구를 전투기로 직접 폭격했다. 이후 양측은 1,800km나 떨어진 거리에도 불구하고 드론과 미사일을 동원하여 치열한 공방전을 벌이고 있다.

 미국에서 트럼프 대통령이 재선되면서 후티반군이 첫 번째 응징 대상으로 올랐다. 미국은 홍해에서 깡패짓을 하면서 서방 선박들을 괴롭히는 후티반군에 대해 불세례라고 불릴 정도로 강력한 공격을 퍼붓고 있다. 도저히 견디기 어려웠는지 후티반군은 2025년 5월 6일 미국과 휴전했다. 하지만 후티반군은 2025년 5월 4일 이스라엘 벤구리온 공항에 미사일을 발사하는 등 이스라엘과는 지속적인 전투를 선언했다.

 팔레스타인의 하마스, 레바논의 헤즈볼라, 그리고 예멘의 후티반군 사이에는 공통점이 있다. 우선 반미(反美)·반(反)이스라엘을 특징으로 하는 이란의 첨병이자 대리조직이란 점이다. 이들은 자체 능력만으로 도저히 감당할 수 없는 무기와 돈을 이란으로부터 지원받는 것으로 알려졌다. 당연히 북한과도 친분이 깊다. 이슬람 시아파인 후티반군은 수니파인 사우디아라비아와 아랍에미리트(UAE)를 드론과 미사일 등으로 공격하면서 이란의 사랑을 받고 있다. 이란은 이들 3개 조직에 힘입어 중동에서 초승달 모양의 시아파 벨트를 완성해가고 있었다. 물론 이들은 각자 자기 나라에서 엄연히 실질적인 또는 공식적인 지배자다. 그러나 하는 짓이 매번 테러에 가까워 국제적으로는 '이슬람 극단주의 테러단체'로 분류되어 있다.

후티반군만 해도 예멘 국민의 70%를 통치하고 있으니 말이 반군(叛軍)이지 그냥 집권세력이라고 해도 무방하다. 2023년 10월 7일부터 이스라엘과 하마스의 전쟁이 시작되면서 "이스라엘 멸망, 하마스 지지"를 외치는 후티반군은 홍해의 길목에 앉아 처음에는 이스라엘 선박을, 다음에는 이스라엘로 가는 선박을, 그리고 나중에는 거의 모든 선박을 공격했다.

예멘 내전 세력 지도

그렇게 깡패짓을 하는 바람에 전 세계의 눈빛이 고울 리가 없다. 급기야 이스라엘이 아니라 미국이 직접 개입하고 공격하면서 분위기는 심각해졌다.

사실 웬만한 중동전문가나 국제정치학자들도 예멘 이야기만 나오면 모두 고개를 젓는다. 예멘이 과거에는 잘 살았지만 오랜 내전으로 인해 중동의 최빈국이 된 데다, 정치 상황이 현란하고 복잡하기 그지없어서다.

예멘은 우리나라에서 '여행금지국가'로 지정되어 있다. 한반도의 2.4 배에 달하는 면적에 3,300만여 명(2021년 기준)의 인구, 아라비아반도 남서부의 홍해와 아덴만을 끼고 있으며, 사우디아라비아와는 1,458km, 오만과는 388km에 이르는 국경을 접하고 있다. 고원과 해안, 사막 등 다채로운 풍광을 자랑하는 나라다.

에티오피아에서 32km 길이의 바브엘만데브 해협만 건너면 도착하는 예멘은 아시아와 아프리카를 잇는 전략적 요충지였다. 예멘의 모카항에서 수출되는 모카커피는 세계인의 사랑을 받아왔다. 에티오피아에서 처음 발견된 커피가 건너와 모카에서 경작되었는데, 모카항에서 커피가 유럽으로 전해졌다. 또 BC 1000년 무렵 마리브 지역에 사바 왕국이 세워졌고, 예멘 지역에서 나는 몰약과 유향 무역으로 부를 축적했다. 당시 시바 여왕은 이스라엘의 솔로몬 왕을 방문했고, 그들 사이에 태어난 자식이 왕위를 잇기도 했다. 그런가 하면 진흙으로 지은 고층건물 덕분에 '사막의 맨해튼'이라고 불리는 고대도시 시밤은 몽환적인 매력이 압도적이다. 다만 2009년 한국인 관광객들이 폭발물 테러를 당한 가슴 아픈 곳이기도 하다. 수도인 사나는 아라비안나이트 천일야화의 무대다. 시간이 멈춘 듯 중세 아랍의 풍취가 가득한 사나의 구(舊)시가지는 1993년 유네

스코 세계문화유산으로 지정됐다.

그런데 예멘에는 외부인이 보기에 다소 걱정스러운 '카트 문화'라는 풍습이 있다. 카트(Khat, Qat)는 환각 성분을 지닌 속씨식물로 상당수 국가에서 마약으로 규정하고 있지만, 예멘에서는 거의 모든 국민이 매일 카트의 잎을 열심히 씹고 있다. 심지어 가계소득의 50%가 카트 구입에 사용될 정도여서, 카트로 인해 빈곤층의 가계가 악화됨은 물론 영양부족이 심화되고 있다. 게다가 물을 많이 필요로 하는 카트 재배를 위해 경작지의 11%와 관개용수의 30%가 사용되는 바람에 커피·과일·채소 등을 재배하는데 피해를 입고 있다.

또 거의 모든 예멘 남자들은 어릴 때부터 전통 의상에 반드시 잠비아라는 단검(短劍)을 차고 다닌다. 남자들이 모여 잠비아 댄스를 출 정도로 친숙한 물건이다. 잠비아는 손잡이 부분이 가장 비싼데 100만 달러가 넘는 고가품도 있을 정도다. 부족 간의 싸움이 일상적으로 벌어지던 시절부터 비롯되었다는데, 지금 예멘이 겪고 있는 내전 상황을 상징적으로 보여주는 것 같아 씁쓸하다.

무엇보다 예멘의 현실은 전 세계 최악이다. 최근 유엔 통계를 보면 내전의 여파로 인해 예멘 인구 중에서 인도적 지원이 필요한 인구가 2,160만 명에 이른다. 전체 국민의 3분의 2 이상이 기근이나 신변위협을 겪고 있는 셈이다. 2023년 IMF(국제통화기금) 통계를 보면 국민 1인당 GDP(국내총생산)는 573달러로, 조사 대상 195개국 중 187위를 기록했다. 유엔 통계를 보면 2014년부터 이어진 내전으로 2022년 말 기준 37만7천여 명이 숨졌다. 또 국제투명성기구가 조사한 '2022년 부패인식지수'를 보면 예멘은 북한과 더불어 '완전 부패'에 속하는 나라다. 참고로 이란·이라크·이집트는 '매우 부패'이고, 사우디아라비아·중국은 '상당히 부패'이며, 이스라엘·아랍에미리트·미국·한국은 '상당히 청렴'에 속한다.

도봉개 예멘 대사는 "예멘은 1990년 북예멘과 남예멘이 협상을 통해 통일을 이루어 국제사회의 큰 주목을 받았다. 하지만 이후 여러 차례 내전과 정치적 혼란을 겪었고 2015년 후티반군의 수도 점령, 정부군과 후티반군 간의 지속적 교전, 주변국들의 참전 등으로 매우 어려운 상황에 빠졌었다. 다행히 2023년 들어 예멘 내전의 관련국인 사우디와 이란이 관계 정상화에 합의하는 등 긍정적인 동향도 있었다"고 밝혔다.

예멘은 제1차 세계대전이 끝나고 오스만제국과 영국이 물러난 뒤 내전을 겪다가 1990년 통일을 선언했다. 1980년대 중반에 발견된 남·북예멘 국경지대의 유전 공동개발이 기폭제가 되었다. 북예멘의 수도인 사나를 정치적 수도로, 남예멘의 수도인 아덴을 경제적 수도로 하는 예멘공화국이 탄생했다. 대통령은 북예멘의 살레, 부통령은 남예멘의 알 바이드가 각각 맡았다. 그러나 1993년부터 살레 대통령과 알 바이드 부통령의 불화가 심화되었고 정치 불안은 가속화됐다. 1994년 5월이 되자 남예멘 출신 정치인들은 "우리가 통일 예멘의 정치에서 배제되고 있다"면서 아덴을 중심으로 한 예멘민주공화국을 수립했고, 이를 진압하는 과정에서 1994년 5월부터 7월까지 벌어진 1차 내전은 북예멘의 승리로 끝났다. 살레 대통령은 1997년 총선을 통해 국민의회당에 의한 단독정부를 구성했다. 1999년 첫 직선제 대통령 선거에서 살레는 96% 이상의 지지로 재당선되었으며, 2001년에는 대통령 임기를 7년으로 연장하는 등 장기집권 체제 기반을 마련했다.

이 무렵 후티반군이 등장했다. 1517년부터 오스만제국의 통치 하에 있던 예멘은 제1차 세계대전에서 오스만제국이 패하면서 남북으로 분리되었다. 남북 간에 분쟁이 많았으나 1990년 협상을 통해 역사적인 통일을 이루었다. 그러나 평화는 오래가지 못했고, 국경 문제로 내전이 발생했다. 북부 산악지대에 거주하는 자이드파(이란을 비롯한 12이맘파가 주류를 이루는 시아파 중에서도 소수 분파인 5이맘파)를 중심으로 민병대가 만들어졌는데, 이들이 나중에 후티반군의 중추 세력이 된다. 1990년대 중반에 창설된 후티반군은 초창기 지도자인 후세인 알후티(Hussein al-Houthi)의 이름을 땄다. 후세인 알 후티는 원래 북부 예멘에서 자이드파의 자치운동을 하던 성직자였다. 후티반군도 처음에는 시아파 부흥운동인 '믿는 청년'이란 조직으로 시작했고, 공식 명칭은 '알라의 지지자'라는 뜻의 '안사르 알라(Ansar Allah)'다. 교회로 비유하자면 성경공부 모임이나 선교단체 같은 곳이었다. 그런 조직이 점차 급진적으로 변해갔다.

예멘에서는 알리 압둘라 살레 대통령이 이끄는 정부가 2003년 이라크 전쟁 이후 사담 후세인 정권이 붕괴되면서 미국·사우디와 긴밀한 관계를 맺고 독재를 장기화하자, 후티반군은 반미(反美)를 주창하며 살레와 대립했다. 2004년 예멘 정부는 반정부 활동을 하던 후세인 알후티를 체포하려다가 저항하자 사살했는데, 그때부터 후티반군은 본격적인 무장단체로 변신했다. 현재 후티반군의 지도자는 후세인 알후티의 동생인 압둘 말리크 알후티(Abdul-Malik al-Houti)다. 충돌은 내전으로 발전했고, 후티반군은 그 과정에서 예멘 북서부를 실질적으로 통치했다. 후티반군은 2004년부터 2010년 정전협상 때까지 정부군과 충돌하면서 북부 예멘에만 30만 명의 난민을 발생시켰다.

격변은 또 다가왔다. 2011년 아랍 세계에 불어닥친 민주화 바람인 '아랍의 봄' 여파로 반정부 시위가 장기화되었다. 2011년 11월 23일 살레 대통령이 퇴진하고 만수르 하디 부통령에게 권력이 넘어가는 과정에서 후티반군은 살레에게 충성하던 공화국수비대와 예멘군 병력을 흡수하며 세력을 키웠다. 후티반군은 북부 사다 쪽으로 세력을 확장했다. 때마침 이란은 사우디아라비아를 포위할 목적으로 후티반군에 대한 지원을 늘렸다. 드디어 2014년 9월 21일 후티반군은 정부의 유류보조금 삭감 조치 반대 등을 명분으로 살레와 손잡고 수도 사나로 진출해 정부 기관과 군 부대를 점령했다. 그해 11월 9일 유엔 특사의 중재로 체결된 휴전협정에 따라 전문관료 중심의 칼리드 바하 총리 내각이 출범했다. 후티반군은 여기에 만족하지 않고 2015년 1월 19일부터 20일까지 대통령궁을 점령했는데, 1월 22일 칼리드 바하 내각은 총사퇴했고, 3월에는 하디 대통령이 사임하면서 사우디아라비아로 도피했다. 2015년 3월 26일 하디 대통령의 요청에 따라 사우디아라비아와 UAE를 주축으로 하는 아랍 연합군이 개입했다. 내전이 국제전으로 변하는 순간이었다.

아랍 연합군은 2015년 7월 후티반군이 점령한 아덴과 마리브를 수복하고, 남예멘의 옛 수도인 아덴을 합법 정부의 임시 수도로 선포했다. 이에 하디 대통령은 사우디아라비아로 도피한 지 6개월만인 2015년 9월 아덴으로 돌아왔다. 하디 대통령은 "헌법상의 임기를 계속하겠으며 후티의 통치는 불법"이라고 주장했다. 국제사회 역시 후티반군의 통치를 불법이라고 보고 사나에 있던 대사관들을 아덴으로 옮겼다. 그러나 이미 후티반군은 수도 사나를 비롯한 예멘 북부지역을 장악한 상태였다.

9·11테러 이후 미국의 반격으로 힘이 약해진 알카에다도 예멘에서 자기 지분을 챙기려고 무력 투쟁에 나섰고, 2017년에는 사우디아라비아와

화해를 시도하던 살레를 후티반군이 살해하는 일이 벌어졌다. 그 과정에서 후티반군의 중추적 전투 인력이던 공화국수비대 등의 살레 충성파들이 하다 정부군에 합류하기도 했다. 그런 와중에 수십만 명의 난민이 발생했고, 2018년 제주도에 수백 명의 예멘 난민이 입국하며 사회적 논란을 빚기도 했다.

아랍 연합군은 대규모 공습을 자주 실시했으나 오랜 게릴라전 경험을 지닌 후티반군을 완전히 제압하지 못했고, 지상군을 본격 투입했음에도 산악지대에 포진한 후티반군을 압도하지 못했다. 아랍 연합군은 후티반군이 이란으로부터 무기와 물자를 지원받고 있는 보급로로 지목된 사나 공항과 호데이다 항구 등을 봉쇄했다. 그러자 후티반군은 2021년 11월 20일 드론 4대로 사우디 아람코의 정유소를 공격했고, 2022년 1월 17일부터 30일까지 아부다비 국제공항과 정유시설에 드론 폭탄과 탄도미사일 공격을 감행했다. 국제사회는 충격에 빠졌고, 예멘은 나라가 풍비박산되었다. 이후 2022년 4월 휴전에 합의하는 모습을 보였으나 미래는 불투명하다. 이렇게 2014년부터 시작된 제2차 예멘 내전은 예멘 정부군과 후티반군의 대립에다 사우디아라비아와 이란이 각기 후원자로 맞서면서 국제화된 내전의 형태로 전개되었다.

한편 남예멘의 경우 영국의 식민지 통치가 끝나고 1970년에 아랍권 유일의 공산주의 국가인 예멘인민민주공화국이 세워진 적도 있다. 당시 남예멘은 소련·동구권과의 유대를 급속히 강화했는데, 주변의 아랍국가들은 공산주의 혁명의 전파를 극도로 경계하여 이를 막았다. 지금도 예멘에는 공산주의 남예멘 정권의 부활을 꿈꾸는 남부과도위원회 무장세력이 있다. 예멘 정부군과 남부과도위원회 무장세력은 후티반군에 맞서 손을 잡기는 하지만, 서로 다른 노선 때문에 종종 무력충돌을 벌이고 있다. 가령 남부과도위원회는 2019년 8월 예멘 정부의 임시수도인 아덴을 점령하면서 정부군과 충돌하기도 했다. 그러면서 예멘 정부를 후원해온 사우디아라비아와, 남부과도위원회를 밀어온 UAE 간의 갈등도 고조되었다. 양측은 실랑이 끝에 2020년 12월 남부과도위원회가 예멘 정부에 참여하면서 갈등이 종결되는 모습이었지만, 언제 다시 불꽃이 튈지는 알 수 없다.

후티반군의 상징 깃발에 적힌 아랍어 슬로건은 무척 자극적이다. '알라는 위대하다(God is the Greatest), 미국에 죽음을(Death to America), 이스라엘에 죽음을(Death to Israel), 유대인에게 저주를(A Curse Upon the Jews), 이슬람에 승리를(Victory to Islam)'이라고 적혀 있다. 이들은 수도 사나를 장악한 이후에는 자신들을 정규군(또는 예멘공화국군)이라고 주장하고 있다. 초대 지도자의 이름을 따서 후티라는 명칭이 널리 쓰이지만, 스스로는 '안사르 알라'(알라의 지지자라는 뜻)라고 부른다. 후티반군은 "후티 부족이야말로 선지자 마호메트의 진정한 후손"이라 주장하면서 소년병까지 모집하고 있다. 시아파답게 예멘 내전에 개입한 아랍 연합군, 알카에다, IS 등을 싸잡아 위선자라고 비난한다.

후티반군은 이란식 시아파 국가를 수립하는 게 목표인데, 세계적으로 이란만이 후티반군을 예멘의 합법적인 정부로 인정하고 있다. 후티반군이 운용하는 대함 미사일, 대전차 미사일, 휴대용 지대공미사일, 순항미사일, 탄도미사일 등은 도저히 반군이라고 믿기 어려울 정도의 수준이라 국제사회에서는 이란이 후티반군을 지원한다고 굳게 믿고 있다. 물론 이란은 당연히 이를 부인하고 있다. 영국 케임브리지대학교의 중동 전문가 엘리자베스 켄달 박사는 "후티반군이 이 정도 수준으로 작전을 할 수 있는 것은 이란의 무기·훈련·정보 지원 없이는 불가능하다"고 말했다. 실제 후티반군은 헤즈볼라로부터 군사적 조언과 지원을 받았고, 이란으로부터 해상 지뢰, 탄도·순항 미사일, 드론 등 최신 무기와 기술을 지원받아 성장했다. 특히 이란혁명수비대(IRGC)의 쿠드스군 사령관이던 가셈 솔레이마니(1957~2020)가 후티반군에 집중적인 지원을 한 것으로 알려졌다. 유엔에 따르면 후티반군의 무장세력과 추종자는 10만~12만 명으로 추산된다. 후티반군은 지금도 온전한 국가통치자로 자리매김하기 위해 부심하고 있다.

김은비 국방대학교 안전보장대학원 교수의 설명이다. "사실 예멘 후티반군은 이스라엘·하마스 분쟁에 실질적인 이해관계가 없으며, 홍해 해상 교통로를 방해함으로써 얻는 경제적 이득도 없다. 그러나 이런 도발을 통해 기타 아랍국가들과 차별화되는 명성을 쌓는 것이 목적이다. 팔레스타인을 지지하는 아랍인 입장에서 보았을 때 후티는 '이스라엘에 죽음을, 이슬람에 승리를'이라는 자신의 슬로건을 가장 충실히 이행하며 아랍 세계에서 거의 유일하게 '행동하는' 조직이 되었다. 예멘은 경제난과 부정부패, 과도한 세금 등으로 어려움을 겪고 있다. 특별한 타개책이 없었던 후티반군 입장에서는 공공의 적이라고 할 수 있는 이스라엘을 공격함으로써 예멘인들의 마음을 얻고 불만을 전환하는 효과를 노렸다고 볼 수 있다."

후티반군은 이란 이외에 하마스·헤즈볼라·북한 등과 우호적인 관계를 맺고 있다. 하지만 알카에다와는 적대 관계다. 알카에다는 수니파이고 후티반군은 시아파여서 성향부터가 안 맞는다. 2010년대 이후로 조직이 와해된 알카에다 입장에서는 그나마 가장 규모가 크고 활동도 활발한 예멘 지부를 결코 포기할 수 없는 입장이기에 양측은 상호 적대행위를 이어 가고 있다.

후티반군은 휴전 협상에도 불구하고 지금도 예멘 정부군과 간간이 교전을 벌인다. 2023년 12월 30일 남서부 도시 타이즈의 동부 전선에서 후티반군은 정부군을 드론으로 공격했고, 정부군은 서부 전선에서 후티반군을 격퇴했다고 한다.

후티반군에 대해 미국의 트럼프 1기 행정부는 테러단체로 지정했으나, 바이든 대통령 시기에 제재를 보류하고 테러단체 지정에서 해제했다. 그러다가 트럼프 2기 들어와 다시 테러단체로 재지정되었다. 장지향 아산정책연구원 중동센터장은 "사우디가 예멘 내전에서 유엔이 인정한 정부군을 지원하는 동안 이란이 후원하는 후티반군은 사우디 본토를 향해 1,300회가 넘는 미사일과 드론 공격을 벌였다"면서 "그런데도 미국(바이든 행정부를 지칭)은 이란 핵 합의 복원 성사를 노렸는지 후티반군을 테러조직 명단에서 제외했는데, 사우디의 우방국이라고 하기엔 납득하기 어려운 조치였다"고 말했다.

2000년 전 예멘 땅에는 유대교를 믿는 함야르 왕국이 존재했다. 하지만 오스만제국이 철수할 무렵 시아파 자이드파의 박해로 상당수 유대인들이 이스라엘로 귀환했다. 이스라엘의 국민 여가수였던 오프라 하자 역시 부모가 예멘에서 귀환한 케이스다. 그녀가 예멘 스타일로 부른 히트곡 '임닌알루(Im Nin' Alu)'를 들으면 왠지 이스라엘과 예멘의 관계가 서글프게 느껴진다.

이란과 북한의
끈질긴 무기 커넥션

하마스가 2023년 10월 7일 이스라엘을 기습 테러할 때 사용했던 북한 산 무기가 공개되면서 북한과 이란의 무기 커넥션에 대한 관심이 다시 커졌다. 양측이 집요하게 무기 커넥션을 부인하고 있기 때문이다. 이스 라엘군은 하마스가 공격에 사용한 지뢰, 휴대용 대전차 유탄발사기, 수 제 드론 등을 공개하면서 "하마스 무기 가운데 이란산과 북한산이 각각 10%이고, 나머지는 가자지구에서 자체 제작한 것"이라고 밝혔다.

우리나라 합동참모본부도 2023년 10월 17일 언론 설명회에서 "하마 스가 북한과 무기거래, 전술교리, 훈련 등 여러 분야에서 직간접적으로 연계된 것으로 판단한다"고 밝혔다. 합참은 "하마스의 대전차 무기 F-7 은 북한이 RPG(로켓추진형 유탄)-7을 수출할 때 사용하는 명칭"이라며 "최 근에는 하마스를 적극 지원하는 무장단체에서 사용하는 무기로 추정되 는 북한제 122mm 방사포탄이 이스라엘 국경 지역에서 발견됐다"고 덧 붙였다. 하마스의 방사포탄 신관에 '방-122'라는 한글 표기가 적혀 있어 북한제 122mm 방사포탄이 제공된 것으로 합참은 판단했다.

북한은 군사력 과잉 국가다. 핵무기는 물론이고, 상당한 분량의 재래

식 또는 첨단무기를 개발했다. 요즘은 사이버 쪽도 활발하다. 하지만 군
사력에 치중하다 보니 심각한 경제난으로 외화벌이가 시급한 상황이다.
전투를 통해 소진하지 못하는 무기는 해외에 판매할 수밖에 없다. 그러다
보니 분쟁이 잦아 무기 수요가 많은 중동이나 아프리카가 큰 고객이다.

남주홍 전(前) 국가정보원 1차장은 "북한은 과거 시리아 등지에 교관
을 파견했는데 당시 특수테러전 교육을 받은 인물들이 나중에 헤즈볼
라나 하마스로 활동하고 있다"면서 "하마스가 가자지구에 구축한 수백
킬로미터의 땅굴은 북한으로부터 배워 만든 것으로 봐야 한다"고 말했
다. 그리고 "하마스는 북한의 게릴라 전법을 모방해 왔고, 이란은 북한과
핵·미사일 개발을 위한 기술적 협업을 해왔으니 한마디로 중동은 북한
의 무기 수출과 실전 연습 장소가 되어왔다"고 덧붙였다.

북한은 1980년 이란·이라크전쟁을 계기로 이란과 본격적인 인연을
맺은 뒤 군사 교류를 지속해왔다. 2021년 6월 20일 북한 김정은은 에브
라임 라이시 이란 대통령의 선거 승리를 축하하면서 '강력한 이란 구축
(Building a powerful Iran)'을 기원했다. 이란은 8,917만 명의 인구를 가진
이슬람 시아파 맹주국으로 예멘 후티반군, 레바논 헤즈볼라는 물론 수니
파인 팔레스타인 하마스에까지 압도적 영향력을 행사하고 있다.

그러면 6,000km나 떨어져 있는 북한과 이란은 왜 친해졌고, 어떻게
군사 교류를 해 나갔을까. 미국의 북한 전문 웹사이트인 38노스, RFA(자
유아시아방송), VOA(미국의 소리) 등과 각종 자료를 통해 보자.

이란은 팔레비 왕조 시절인 1973년 북한과 수교했으나 형식적인 관계
에 그쳤다. 하지만 1979년 이슬람 혁명이 벌어지고, 1980년 9월 이란·
이라크전쟁이 터지면서 북한과 급속히 가까워졌다. 당시 이란 편을 든

나라가 많지 않았는데 북한이 적극 도와주었다. 전투력이 떨어지는 이란을 지원하기 위해 북한은 상당수 인력과 함께 소련제 T-54와 T-55 전차, 탄약, 중국제 장비를 넘겨주었다. 1985년에는 아크바르 하셰미 라프산자니 당시 이란 국회의장이 평양을 방문했고, 북한의 군사기술 고문단은 이란에 도착했다. 이란은 8년간의 전쟁 초반 이라크의 미사일 공세에 무방비로 당했기에 미사일이라고 하면 이가 갈릴 정도였다.

그래서 북한은 이란·이라크전쟁 말기와 1990년대 초에 소련제 스커드-B와 스커드-C 미사일 200~300기를 이란에 수출했고, 이란은 미사일 이름을 각각 샤하브-1과 샤하브-2로 바꿨다. 1990년 11월 오진우 북한 인민무력부장은 테헤란에서 모흐센 레자이 이란혁명수비대 총사령관을 만나 협력을 강화하기로 했다. 이란은 또 북한이 스커드보다 덩치를 25% 정도 키운 중거리 노동미사일을 제공받아 샤하브-3라고 명명했다. 이란은 최대 사거리가 1,000km 미만인 샤하브-3를 개조하여 사거리 2,000km에 육박하는 가드르(Ghadr) 미사일을 만들었고, 2004년에 처음 시험 비행했다. 그 과정에 비행 시험 데이터가 양측에 공유됐다고 알려졌는데, 군사전문가들은 더 깊은 협력이 있었을 것으로 보고 있다.

북한은 1995년 스커드의 이동식 미사일 발사대(TEL)를 이란으로 수송했고, 1999년 11월 미국 정보당국은 노동미사일 엔진 12기를 북한에서 이란으로 반출한 사실을 조사했다. 북한은 2006년과 2009년 핵실험 이후 유엔의 제재에도 불구하고 이란과의 탄도미사일 협력을 지속했다. 2011년 5월 유엔 보고서에 따르면, 북한 고려항공과 이란항공은 정기적으로 미사일 관련 장비를 옮겼다. 당연히 중국 영공을 통과했다. 이후 미국 재무부는 북한과 협력한 이란 기업에 대한 제재를 단행했다.

북한과 이란은 일방통행이 아니라 상호 지원을 해 나갔다. 2009년과 2012년 북한의 은하 로켓 발사에는 이란 기술자들이 참석했다. 2010년 10월 북한은 이란의 샤하브-3 트라이코닉(삼각뿔형) 탄두와 눈에 띄게 닮은 새로운 노동미사일 탄두를 공개했다. 이란의 샤히드헴마트산업그룹(SHIG)은 탄도미사일에 사용되는 밸브, 전자제품, 측정장비를 대가로 받고 기술자를 북한에 파견했다. 2012년 9월 이란과 북한의 군사기술협정은 양측 모두에 도움되는 내용이었다. 이란에서 수년간 지냈던 어느 외교관은 "이란 사람들은 이라크전쟁에서 도와준 북한에 대한 '의리'를 중시하지만, 북한보다 기술이 뒤져 도움받는다는 표현을 싫어한다"면서 "이란이 고체연료 미사일 등에서는 앞서고 있어 북한에 기술을 전해주기도 한다"고 말했다.

북한과의 협력을 바탕으로 이란은 지속적으로 미사일 능력을 키웠다. 이란혁명수비대는 2021년 12월 24일 사막에서 사거리 350~2,000km에 이르는 탄도미사일 16발을 동시 발사하며 위력을 과시했다. 탄도미사일의 이름도 에마드, 가드르, 세질, 젤잘, 졸파가르 등 다채로웠다. 이스라엘로서는 긴장하지 않을 수 없는 모습이었다.

핵 프로그램을 둘러싸고 북한과 이란이 협력했다는 의혹도 확대되고 있다. 2002년 이란의 나탄즈·아라크 핵시설을 폭로한 반체제 단체인 국민저항위원회(NCRI)는 "2015년 북한 핵 과학자들이 이란을 방문했다"고 주장했다. 2013년 2월 강행한 북한의 3차 핵실험은 외신에서 '이란·북한 합작무기 테스트'라는 평가를 했다. 당시 미국 월드트리뷴은 "북한이 3차 핵실험에 사용한 핵무기가 사실은 이란으로부터 돈을 받아 북한이 개발한 무기"라고 보도했다. 이란 과학자들이 풍계리 핵실험장에 참관했다는 외신도 나왔다. 일본 교도통신은 "이란은 2012년 11월 북한 측에 '핵실험을 현장에서 지켜보고 싶다'는 뜻을 밝히면서 수천만 달러를 중국 위안화로 지급하겠다고 했다"고 보도했다.

이후 2015년 미국 오바마 대통령은 이란과 핵 합의인 포괄적공동행동계획(JCPOA)을 맺었으나, 2018년 트럼프 대통령은 이를 탈퇴했다. 바이든 대통령은 재추진을 시도했었고, 트럼프 대통령은 재선된 후 자신의 입장을 분명히 하면서 오히려 이스라엘을 겨냥한 이란의 핵 전략에 대해 강력한 경고를 하고 있다. 사실 미국과 이스라엘의 감시가 심한 상황이라 북한과 이란의 핵 교류는 미사일에 비해 관련 증거가 많지 않다. 하지만 이스라엘 입장에서 최악의 설정은 바로 북한과 이란의 핵 기술이 뭉쳐 소형 핵탄두로 바뀐 뒤 하마스, 헤즈볼라, 후티반군의 손에 들어가는 시나리오다. 북한과 이란의 커넥션은 필연적으로 이란의 행동대원 격인 그들로 이어진다. 하마스의 경우 2007년 가자지구를 장악하면서 북한과 더 가까워진 것으로 보인다.

미국 국방정보국(DIA) 출신인 브루스 벡톨 앤젤로주립대(ASU) 교수는 2023년 10월 8일 VOA에 "2014년 북한이 하마스로부터 수십만 달러를 받고 107mm와 122mm 다연장 로켓 발사기와 로켓, 통신 장비 등을 제공하는 계약을 맺었다"고 주장했다. 2014년 가자지구의 50일 전쟁 당시 이스라엘이 군사행동을 시작하자, 하마스는 북한에 로켓과 군사용 통신 장비 등을 요청했던 것으로 알려졌다. 계약금은 상당했고, 하마스는 거래를 위장하려고 레바논에 있는 회사를 동원한 것으로 전해졌다. 물론 북한은 하마스와의 현금 거래 보도에 대해 "근거 없는 궤변이며 순전히 허구"라고 주장했다. 하지만 북한의 불새-2 대전차 유도미사일(ATGM)이

가자지구 무장단체인 알나세르 살라흐 알딘 여단의 목록에서 발견됐다. 불새-2는 이스라엘 포병에게 큰 피해를 줄 수 있는 휴대용 무기다. 2021년 5월 가자지구의 11일 전쟁 때도 F-7 로켓이 하마스의 군사조직인 알카삼 여단에 전달된 것으로 알려졌다.

북한은 또 2000년 무렵 교관들을 레바논으로 보내 헤즈볼라에게 지하 벙커 만드는 법을 훈련시켰고, 이 터널들은 이스라엘의 정찰을 피해 로켓 발사대를 숨기는 데 도움이 됐다고 38노스는 밝혔다. 바샤르 알아사드 전(前) 시리아 대통령도 2004년 북한 관리들과 회담에서 "헤즈볼라가 지하 군사시설을 설계하고 건설하는 것을 도와 달라"고 부탁했다. 헤즈볼라는 레바논의 리타니강 남쪽부터 이스라엘 국경까지 광범위한 땅굴을 구축함으로써 이스라엘의 폭격을 잘 견뎌내고 있다.

이스라엘의 안보단체인 알마 연구교육센터는 2021년 발표한 보고서에서 "북한의 무기수출 회사로 알려진 '조선광업개발무역회사(KOMID)'가 지하 터널을 위한 자재와 북한의 굴착 공법을 헤즈볼라의 '지하드 건설재단'에 제공하고, 시리아 국경 근처에 북한 인력 6명을 파견했다"고 밝혔다. 또한 연구교육센터의 새리트 제하비 대표는 2023년 10월 18일 언론 인터뷰에서 "북한이 헤즈볼라에 기술을 전달했고, 헤즈볼라에 전수된 기술이 하마스 손에 들어간 것은 맞다"면서 "다만 하마스가 북한으로부터 직접 땅굴 기술을 얻었는지는 확실치 않다"고 말했다. '가자 메트로'라고 불리는 500km 길이의 방대한 땅굴은 그렇게 건설되었다. 2017년 4월에는 아비그도르 리버만 이스라엘 국방장관이 김정은을 '미친 사람(madman)'이라고 비난하자, 하마스의 사미 아부 주흐리 대변인은 "오히려 팔레스타인의 해방을 지원하는 북한에 특별히 감사한다"는 메시지를 트위터에 올리기도 했다.

북한은 급조된 카튜샤와 그라드 로켓을 헤즈볼라에 양도한 것으로 알려졌다. 그런가 하면 북한은 이란의 300km 반경 M600 계열 로켓 생산과 시리아의 러시아산 코르넷 대전차 미사일 역설계(逆設計)를 지원했다. 이란과 시리아는 이 무기들을 헤즈볼라에 양도했다. 2007년 미국 의회 조사국은 헤즈볼라를 북한 군사적 지원의 주요 목적지로 선정했다.

물론 북한과 이란의 커넥션이 늘 순조로웠던 것만은 아니다. 예전 북한이 노동1호 미사일 기술을 이란에 이전하면서 시스템, 부품, 기술을 일괄 제공하지 않아 이란이 차질을 빚은 적이 있다는 연구보고서가 옥스퍼드대학에서 나오기도 했다. 또 1980년대 북한이 이라크와 외교관계를 회복하려고 시도하는 모습을 보고 이란이 잠재적 불신을 가졌다는 분석도 있다.

그런데 북한이나 이란의 군사 장비는 서방의 철저한 감시에도 불구하고 어떻게 가자지구의 하마스나 레바논의 헤즈볼라에게 전달될까. 이란은 과거 시리아 내전에서 시리아의 알아사드 정권을 후원하면서 시리아~레바논~가자지구로 이어지는 수송 루트를 확보했었다. 지금은 시리아의 알아사드 정권이 붕괴된 마당이라 이란으로서는 시리아의 새 정부와 관계를 정상화하는 것도 관건이다. 또 다른 방법은 이란에서 아프리카 수단을 거쳐 다시 이집트로 이동한 뒤, 가자지구의 지하터널을 통해 밀거래되는 것으로 알려졌다.

2009년 12월에는 지대지 미사일과 로켓추진 수류탄 등 35t 규모의 재래식 무기가 실린 그루지야 국적의 북한 화물기가 기체 고장으로 방콕 공항에 착륙했다가 적발됐다. 당시 태국 정부는 유엔안전보장이사회에

"북한 무기의 행선지는 이란"이라고 했는데, 미국은 나중에 그 화물이 하마스로 향했다고 밝혔다.

또 북·러 접경 지역 야적장과 나진항에서는 열차와 선박으로 화물을 옮겨 나른 정황이 위성사진에 포착됐다고 VOA가 보도했다. 나진항에 2023년 8월부터 약 두 달간 최소 12척의 선박이 드나들었으며, 부두에 컨테이너 수백 개가 쌓여 있다가 사라졌다는 것이다. 이를 모두 무기거래라고 단정할 순 없지만 의심 가는 대목이 많다는 얘기다. 유엔 안보리 산하 대북제재위원회에 따르면 북한은 야간 선적, 자동선박위치발신장치(AIS) 차단, 선박 관련 허위정보 사용 등과 함께 허위로 AIS 정보를 발신하는 교란수단도 사용하고 있다.

이스라엘은 그간 다각적인 채널을 통해 북한·이란 커넥션을 차단하는 데 주력해 왔다. 한때 이스라엘은 북한에 대한 당근책도 시도했다. 시사주간지 뉴스위크는 1999년 말 "이스라엘은 1993년 북한이 이란 관리들을 불러 노동1호 시험발사를 하려 한다는 정보를 입수하고 '북한이 만약 중동 국가에 대한 미사일 수출을 포기한다면 북한을 승인하는 동시에 투자도 하겠다'고 제안했다"고 보도했다. 그러나 당시 북한에 대해 강경한 입장이던 미국 측의 개입으로 북한과의 협상은 중단됐고, 북한은 공개적으로 노동1호를 발사했다는 것이다. 북한 입장에서는 이란 등으로부터 석유와 현금을 확보하고 미국에 대해서는 협상 카드를 남겨 두는 상황이라 이스라엘의 제안에 대해선 냉담했다.

하지만 이스라엘은 채널 가동을 중단하지 않았다. 특히 중국 카드는 오래전부터 계속됐다. 1999년 4월 당시 에제르 와이즈만 이스라엘 대통령은 중국을 방문해 장쩌민(江澤民) 주석과 만나 "중국이 중동에 대한 북한의 미사일 수출을 막아 달라"고 요청했다. 이스라엘의 핵심 군사기술을 탐내는 중국을 통해 북한을 우회적으로 견제하거나 압박을 가하는 방안이었다. 하지만 중국도 정권에 따라 북한과 친소(親疏)가 있게 마련이라 이스라엘로서는 현재 시진핑 정권을 통한 대화 채널 확보에 적지 않은 어려움이 있어 보인다.

북한과 오랫동안 '그림자 전쟁'을 벌여온 이스라엘은 특히 북한이 핵·미사일 개발에 필요한 외화조달을 위해 전천후 해킹 능력을 키우는 데 주목하고 있다. 유엔 대북제재위원회는 2023년 10월 27일 "북한이 지난해 탈취한 가상화폐 규모가 17억 달러(약 2조3,000억원)에 이른다"고 밝혔다. 이스라엘 IT업체인 클리어스카이는 "북한의 라자루스그룹 해커들이 이스라엘 국방과 관련된 수십 건의 민감한 데이터를 해킹해 갔는데, 이란으로 흘러 들어갈까 우려된다"면서 앞으로 북한과 중동에서 하이테크 해킹과 사이버 공격이 치열하게 벌어질 것으로 전망했다.

한국국방외교협회 권태환 회장은 "유엔의 대북제재가 작동하는 상황이라 북한은 생존을 위한 구상무역 차원에서 무기의 밀무역에 주력하고 있다"면서 "북한의 핵·미사일 관련 기술이 고도화되면서 이란을 거쳐 하마스 같은 테러 조직으로 계속 흘러 들어가는 것은 치명적"이라고 우려했다.

세습독재 시리아와
북한의 60년 밀월관계

　2024년 12월 8일 시리아의 바샤르 알아사드(Bashar al-Assad) 정권이 HTS(하야트 타흐리르 알샴)를 주축으로 하는 반군에 의해 붕괴되자, 북한은 시리아 주재 대사관 직원들을 급거 철수시켰다. 시리아는 북한의 중동 정책에서 핵심축이었는데, 알아사드 정권이 붕괴하면서 북한은 상당한 외교적 손실을 입었다. 북한은 정상끼리 편지를 주고받는 횟수에서 중국이나 러시아를 제치고 시리아가 1위를 기록할 정도로 가까웠다. 시리아 반군의 공격이 한창이던 2024년 12월 5일 북한은 노동신문을 통해 시리아 반군을 '테러분자'라고 지칭하며 "시리아 정부에 지지와 연대를 표명한다"고 밝혔다. 북한으로서는 반군에게 속절없이 당하는 알아사드 정권의 모습이 그만큼 안타까웠다는 얘기다.

　북한은 1966년 7월 25일 시리아와 공식 수교했다. 당시 소련과 중국 사이에서 등거리 외교를 추진하던 북한은 제3세계 개발도상국들과 함께 비동맹국 외교를 추진했고, 그 일환으로 시리아와 수교했다. 2024년 2월 기준으로 북한은 총 159개국과 수교하고 있는데, 그중 남한을 제외한 북한 단독 수교국은 시리아와 팔레스타인 단 2곳이다. 대한민국은 시리아와 수교하고 싶었으나 북한 측의 반대와 방해로 뜻을 이루지 못했는데, 2025년 3월 18일 국무회의에서 유엔 회원국 중 유일한 미수교국인 시리아와의 수교안을 통과시키고 4월 10일 드디어 정식 수교했다.

시리아와 북한은 수교 직후부터 군사협력에 집중했다. 1967년 발발한 제3차 중동전쟁(6일 전쟁) 직후 북한은 시리아에 무기를 지원했고, 1970년 쿠데타를 통해 권력을 잡은 하페즈 알아사드는 물론이고 그의 아들 바샤르 알아사드와도 긴밀한 협력 관계를 유지해왔다.

1973년 제4차 중동전쟁(욤키푸르 전쟁) 때는 북한이 전투기 조종사, 군대 훈련 조교, 무기 등을 지원했고 이후 비슷한 지원은 계속되었다. 외교부의 2016년 '오픈 데이터'에 따르면, 1973년 현재 시리아 내에 200명의 북한 전차 조종사와 600명의 쿠바 전차 조종사가 있었다고 한다.

1974년 9월에는 하페즈 알아사드가 평양을 방문하여 김일성을 만났는데, 하페즈는 북한 곳곳에 김일성 동상이 세워져 있고 사진이 걸린 모습을 보면서 깊은 인상을 받았다. 그는 귀국하자마자 시리아에도 자신의 동상과 사진을 내걸었다. 시리아 외교관으로 15년간 근무한 뒤 2013년 미국으로 망명한 바삼 바라반디는 자유아시아방송(RFA)과 인터뷰에서 "하페즈 알아사드가 평양에서 김일성을 만난 것을 계기로 양국 협력이 본격화됐다"면서 "하페즈는 주민들이 김일성을 신처럼 받드는 모습을 배우기 위해 북한과 접촉을 시도했다"고 말했다.

1991년 6월 17일에는 시리아가 사우디아라비아로부터 받은 원조금으로 북한의 미사일을 구입한 것으로 알려졌다. 북한은 특히 시리아의 알키바르 핵반응로 건설도 지원했다. 알키바르는 다마스쿠스에서 동북쪽으로 멀리 떨어진 곳. 2007년 시리아 원자력위원회 위원장 이브라힘 오스만 박사가 북한 핵 과학자로 추정되는 인물과 함께 찍힌 사진이 공개됐는데, 이스라엘은 첩보 활동을 통해 해당 사진을 입수했고, 이를 미국 중앙정보국(CIA)에 전달했다. 그리고 알키바르는 2007년 9월 6일 '오차드 작전(Operation Orchard)'이란 이름으로 이스라엘의 맹폭격을 받았다. 자기 나라의 1급 비밀시설이 폭격받은 시리아는 물론, 이스라엘도 당시에는 입을 열지 않았다. 시리아로선 핵 개발 사실 자체가 드러날 수 있기 때문이었다. 드디어 2008년 1월에는 북한과 시리아가 비밀리에 핵 개발 협력을 해왔다는 사실이 밝혀졌다.

2010년 말부터 2012년까지는 중동에 '아랍의 봄'이 진행되던 시기였다. 시리아에서는 2011년부터 내전이 시작되었고, 북한에서는 김정은이 공식 후계자가 되어 3대 세습독재 체제가 출범했다. 그때부터 양측의 군사협력은 더욱 강화되었다.

알아사드 정권은 내전에서 자국민을 향해 화학무기를 사용했다. 가령

시리아 알아사드 정권과 북한 정권의 공통점

	☆ 북한 정권	🥖 시리아 알아사드 정권
권력 승계	세습	세습
권력 기반	조선노동당	아랍 사회주의 바트당
이념	주체 사상	아랍 사회주의
정치 핵심집단	평양 엘리트	알라위파
군 핵심집단	호위사령부 평양방어사령부	공화국수비대 제4기갑사단
핵심 군사력	대량살상무기	대량살상무기
동맹국	중국, 러시아, 이란	이란, 러시아, 중국

자료: 아산정책연구원(2014)

2013년 8월 21일 다마스쿠스 외곽에 있는 구타 지역에서 정부군이 화학무기인 사린가스를 사용하여 민간인 1,300명이 죽고 3,600명이 부상당했는가 하면, 2018년 4월 7일에는 반군 거점인 동(東)구타 지역에 염소가스를 살포하여 대량 살상을 저질렀다. 몸에 물집이 잡히고 입에 거품을 문 채 숨진 아이들의 사진과 영상이 알려지면서 세계는 경악했다. 알아사드 정권은 내전 기간 동안 340회 이상 화학무기를 사용했다고 한다. 문제는 화학무기 제조에 북한이 관여했다는 의심을 받고 있다는 점이다.

2018년 발간된 유엔대북제재위원회 보고서는 북한과 시리아가 탄도미사일, 재래식 무기, 이중용도 부품 등을 불법으로 거래했다고 밝혔다. 이 보고서는 2012년부터 2017년 사이 북한이 최소 40차례 이상 시리아에 탄도미사일 부품과 화학무기 제조물질 등으로 추정되는 물건을 실은 선박을 보냈다고 했다. 보고서는 "시리아가 관련 물건들을 바샤르 알아사드 정권의 생화학무기 프로그램을 담당하는 시리아과학연구개발센터(SSRC)의 위장회사를 통해 받았다"고 밝혔다. 인적 교류도 많았다. 가령 2016년 4월에는 북한 미사일 기술자들이 시리아를 방문했는데 당시 군 시설에서 체류한 것으로 전해졌다. 유엔 보고서는 북한의 기술자들이 시리아 바르자와 아드라, 하마 지역에 위치한 화학무기와 미사일 시설에서 활동하고 있다고 보고했다. 보고서는 '북한이 시리아의 화학무기 프로그램을 지원했다'는 식의 단정을 짓지는 않았지만 가능성을 시사하는 내용을 곳곳에 담았다.

2013년 11월 북한 공군 조종사들이 시리아 내전에 참가해 반군을 공습하는 데 가담했다는 외신보도가 나오자, 북한은 "허위·날조 자료를 유포하고 있다"면서 내전 개입을 부인했다. 이에 대해 시리아 반군은 "사살한 정부군 쪽 외국인 전투원 가운데 '코리안'이 있다"고 주장했다. 알아사드 시리아 대통령은 2015년 3월 시리아를 방문한 신홍철 북한 외무성 부상에게 "두 나라는 멀리 떨어져 있지만 미국과 추종세력에 반대해 굴함 없이 싸워나가고 있다"고 밝혔다.

북한이 시리아에 여러 가지로 인적·물적 지원을 하자, 시리아는 2015년 8월 31일 다마스쿠스에 김일성공원을 개장하며 고마움을 표시했다. 김일성공원은 대통령 사저 부근에 있어 포격 소리가 거의 들리지 않아 전쟁 소음에 시달린 주민들에게 휴식처 역할을 했다고 한다.

러시아 타스통신은 2016년 3월 22일 "북한군 2개 부대가 시리아 내전에 참전해 정부군을 위해 싸우고 있다"고 보도했다. 시리아의 반정부 대표단인 고위협상위원회(HNC)의 수장 아사드 알주비는 내전 실태를 보고하는 과정에서 "북한군 2개 부대가 시리아에 있는데 부대명은 철마1(Chalma-1)과 철마2(Chalma-2)"라고 밝혔다. 시리아에서 활동하는 북한군 부대 이름이 언급되기는 처음이었다.

2018년 9월 15일 월스트리트저널(WSJ)은 북한이 제재에도 불구하고 무기를 수출하고 있다고 보도했다. 이 보도가 나오기 일주일 전인 2018년 9월 9일 북한 정권수립 70주년 기념식에 힐랄 알 힐랄 바트(Baath)당(黨) 지역부비서를 단장으로 한 시리아 대표단이 참석하고 최룡해가 영접하는 등 양국 간의 친선을 과시했다. 2020년 8월 유엔안보리 전문가 패널 보고서는 시리아의 군사·건축 분야에서 최소 800여 명의 북한 노동자가 근무하고 있다고 언급했다. 북한은 2020년 11월 16일 시리아 반군에 대한 알아사드 정권의 공격을 가리켜 정의의 투쟁이라고 치켜세웠고, 2022년 6월 17일에는 시리아와 미디어 협력 협약을 체결했다.

시리아 관영 사나통신은 2023년 6월 5일 "시리아 의원들이 북한대사관의 김혜룡 대사 대리를 만나 시리아를 지지하는 북한의 입장을 환영했다"면서 "시리아 의원들은 특히 의회, 경제, 교육, 농업 분야의 교류 증대를 요청했다"고 보도했다. 사나통신에 따르면, 김혜룡 대사 대리는 시리아의 주권과 안정에 대한 북한의 지원이 확고하고 지속적임을 강조하면서 양국 관계는 강하고 탁월하다고 밝혔다. 시리아는 코로나19 봉쇄기간 중에도 북한에 계속 남아 대사관을 운영한 8개국 중 하나였다.

중동 지역에서 북한의 불법 활동을 추적해온 옥스퍼드대학 새뮤얼 라마니 박사는 2021년 7월 14일 '북한과 시리아의 무기 협력'이란 세미나에서 "군사 분야에서 북한과 시리아의 오랜 협력 관계 때문에 시리아가 중동 지역에서 북한과 비(非)국가 행위자 간의 무기거래에 핵심적인 역할을 할 가능성이 높다"고 지적했다. 가령 시리아의 무기 중개업자가 북한과 예멘 후티반군의 접촉을 주선하고, 리비아와 수단에 북한산 소형 무기와 군사 장비를 공급하려는 정황을 사례로 들었다.

송승종 대전대학교 특임교수는 북한과 시리아의 협력을 다섯 시대로 구분했다. 첫째는, 초기의 군사협력 시기(1967~1980)이다. 양국의 군사협력은 1967년 제3차 중동전쟁(6일 전쟁) 당시부터 본격화되었다. 당시 북한은 전투기 조종사 25명을 총 6대의 미그-21 전투기와 함께 파견하여 시리아 공군과 함께 작전을 수행했다. 북한 조종사들은 이스라엘과의 공중전에 참여한 것으로 알려져 있다. 1970년대 들어 하페즈 알아사드가 집권한 뒤에는 관계가 더욱 깊어졌다. 북한은 1970년에 200명의 탱크 승무원, 53명의 조종사, 140명의 미사일 기술자를 시리아에 파견했다. 특히 1973년 제4차 중동전쟁(욤키푸르 전쟁) 당시 북한은 시리아에 총

530명의 군사 전문가들을 파견한 것으로 알려진다. 이 시기에 북한은 시리아군에 122mm 방사포(BM-11)를 비롯한 다수의 무기를 수출했고, 3천여 명의 시리아 병사들에게 직접적인 훈련을 시켰다. 1975년과 1976년에는 북한이 75명의 공군 교관과 40명의 미그기 조종사를 시리아에 파견했다.

둘째, 무기거래와 기술이전 확대 시기(1980~2000)이다. 1970년대 후반부터 1980년대까지 북한은 시리아에 다양한 재래식 무기를 공급했다. 1982년 레바논 내전 중에는 북한이 특작부대(SOF) 요원들을 시리아에 파견하여 게릴라 작전을 훈련시켰다는 정보가 있다. 특히 북한은 지하 벙커와 터널 건설 기술을 제공했다. 1990년대 초 소련 붕괴와 냉전 종식으로 소련의 지원을 더 이상 받을 수 없게 된 북한은 심각한 경제난에 직면했고, 이로 인해 외화 획득을 위한 무기 수출의 중요성이 더욱 커졌다. 경제난에 처한 북한은 더욱 적극적으로 시리아에 무기 판매를 추진했고, 1991년부터 스커드 미사일과 관련 기술을 본격적으로 이전하기 시작했다.

셋째, 대량살상무기 협력 시기(1990~2010)이다. 북한·시리아 협력은 1990년대 후반부터 화학무기 분야로 확장되었다. 이때 북한은 시리아에 VX, 사린가스 등 화학무기 제조기술을 이전한 것으로 파악된다. 2005년 미국 랜드연구소 보고서에 따르면 북한이 시리아에 공급한 화학무기 관련 물자와 기술은 상당한 규모다. 당시 북한과 시리아 간의 화학무기 관련 거래 규모는 약 1억 달러 이상으로 추정된다.

넷째, 핵 협력과 알키바르 원자로 건설 시기(2000년대 이후)이다. 2001~2007년 북한·시리아 사이에 고위급 인사 교류가 빈번하게 이루어졌으며, 이 과정에서 핵 협력에 관한 비밀 논의가 있었던 것으로 추정된다. 2003년 이라크 전쟁 이후 중동 지역의 지정학적 불안정성이 심화되면서 시리아는 북한의 지원을 받아 비밀 핵프로그램을 추진한 것으로 알려진다. 2005년경부터 알키바르(Al Kibar)에 비밀 원자로 건설이 시작되었는데 영변 핵시설과 상당한 유사점을 보였다. 2007년 9월 6일 이스라엘 공군은 알키바르 시설을 공습하기 위한 '오차드 작전(Operation Orchard)'이란 이름의 군사작전을 감행했다.

다섯째, 시리아 내전 기간 중 협력 시기(2011~2024)이다. 2011년 3월 시리아에서 '아랍의 봄' 영향으로 반정부 시위가 시작되면서 양국의 군사협력은 새로운 양상을 띠게 되었다. 초기인 2011~2013년 북한은 시리아 정부군에 소형 무기, 탄약, 통신장비, 군복 등 기본적인 군수물자를 공급했다. 2013~2016년 사이 북한·시리아 군사협력이 심화되었다. 2016년 이후 국제 제재가 강화되면서 북한과 시리아는 더욱 은밀한 방식으로 협력을 지속한 것으로 평가된다. 위장 기업, 제3국 중개인, 선박 대 선박 환적(ship-to-ship transfer) 등 다양한 회피 수법이 등장했다. 유엔 전문가패널은 2017년에는 북한의 조선광업개발무역회사(KOMID)와 시리아과학연구센터(SSRC) 간의 접촉을 포착했다. 북한의 KOMID는 주요 무기수출 기관이며, SSRC는 시리아의 미사일 및 화학무기 프로그램을 담당하는 기관이다. 2018~2020년 북한 전문가들이 시리아의 미사일 관련 시설과 관련하여 활동했다는 정보도 있다.

이에 더해, 시리아 알아사드 정권과 북한 정권은 '인권'의 관점에서도 비교할 필요가 있다. 아산정책연구원이 2014년 발표한 '알려지지 않은 참상인가, 고의적인 무관심인가? 북한과 시리아 인권침해 실태의 비교

분석'이란 논문이 가장 눈에 띈다. 그 논문을 요약해 본다.

시리아 알아사드 정권과 북한 정권은 여러 가지 유사점을 공유하고 있다. 첫째는, 권력세습에 성공한 왕조체제다. 양국 독재자들은 수십 년간 지도자 자리를 노리는 이들을 숙청하며 잠재적 경쟁자들을 제거해왔다. 북한이나 시리아에서 '김(金)'이나 '아사드'의 성을 갖지 않은 지도자는 상상할 수 없다. 둘째, 둘 다 사회주의 혁명과 민족 정체성 수호라는 양대 이념을 내세우고 있다. 북한 조선노동당은 반미(反美)제국주의 자주노선을, 시리아 바트당은 반(反)이스라엘 연대를 주창한다. 셋째, 극소수 엘리트만으로 정권의 내구성을 유지하고 있다. 북한은 평양에 거주하는 특권계층만으로, 시리아는 알아사드 일가가 소속된 알라위(시아파 중에서도 소수 종파) 공동체만으로 정권을 유지하고 있다. 넷째, 이들의 배후에는 고도로 훈련되고 높은 충성심을 갖고 있는 소수정예 친위부대가 존재한다. 친위부대는 정치·경제·군 엘리트를 감시하여 쿠데타를 미연에 방지하고 독재자 일가를 호위한다. 특히 북한의 호위사령부와 평양방어사령부, 시리아의 공화국수비대와 제4기갑사단은 어떠한 쿠데타나 반란도 진압할 수 있도록 만들어진 최정예 부대다.

이렇게 권력구조는 양측이 유사하지만, 자국민의 인권을 유린하는 모습은 다소 차이가 있다고 한다. 장지향 아산정책연구원 중동연구센터장은 "북한은 주민을 완전 통제하는 전체주의인 반면, 시리아는 엘리트 보호에 치중하는 권위주의"라며 "북한 정권은 전체주의적인 기제를 통해 주민의 완전 통제를 체계적으로 추구해왔지만, 시리아 정권은 권위주의적 제도와 조직을 통해 소수의 지배 엘리트를 보호하는 데 치중했다"고 지적했다. 북한 김정은은 인권침해 기관들을 단일지도체계 틀 속에서 직접 관리하지만, 시리아 알아사드 정권은 대통령과 가해기관 간에 명령·보고단계가 서로 중첩되고 강압기구 조직체계가 나누어져 있었다.

북한은 1945년 국가 수립부터, 시리아는 1946년 프랑스에서 독립한 이후 정치적 권리와 시민적 자유 수준이 계속 세계 최하위권이었다. 프리덤하우스(Freedom House)에 따르면, 북한은 시리아 알아사드 정권과는 비교할 수 없을 만큼 최악의 인권침해를 저질러 왔다. 일반적으로 권력 이양기에는 새로운 지도자가 대중의 지지를 얻으려고 일정한 개혁을 시도하기 마련이지만, 북한은 1994년과 2011년 두 번에 걸친 권력세습 과정에서 자유 지수가 조금도 변하지 않았다.

이에 비해 지난 40년 동안 시리아의 정치적 권리와 시민적 자유 지수는 제한적이나마 변화가 있었다. 가령 2000년에 취임한 바샤르 알아사드는 초기에 정치범을 석방하고 다원주의를 수용하는 개혁을 실시하여 개인숭배 세습체제를 타파하는 듯 보였다. 물론 일시적인 움직임으로 끝나긴 했지만, "북한 내부에 인권침해가 전혀 존재하지 않는다"고 주장하는 북한과는 사뭇 다른 모습이었다. 국토와 국민 전체를 꽉 옭아맨 북한과 달리, 국토의 서북쪽은 튀르키예에 주고 동북쪽은 쿠르드족에 사실상 내어준 알아사드 입장에서는 정권에 결정적인 위협만 되지 않는다면 다소 느슨하게 통치할 수밖에 없었다. 아산정책연구원 측은 "북한이 보다 체계적이고 제도화된 인권유린을 자행하는 데도 국제사회는 오히려 시리아의 인권 현실에 더 관심을 보인다"면서 "이러한 모순은 북한이 시리아보다 에너지·안보지정학적 측면에서 중요성이 떨어지고 외부세계로부터 더욱 고립되어 있기 때문"이라고 밝혔다.

시리아가 정치적·지리적 요충지이다 보니 알아사드 정권은 북한 정권보다 훨씬 취약한 점이 많았다. 서강대 유로메나연구소 성일광 교수는 "이란에서 시리아를 거쳐 헤즈볼라와 하마스로 무기를 전달했는데, 시리아 정부군을 돕던 헤즈볼라가 크게 타격을 입은 데다 이스라엘의 경고와 압박이 심해지면서 알아사드 정권은 시리아 내 이란혁명수비대를 돌려보내는 등 혼란스러운 상태였다"면서 "2015년에 엄청난 전투기 공격으로 반군을 진압하는 데 도움을 준 러시아는 우크라이나 전쟁에 주력하느라 시리아를 돕지 못하게 되었고, 이런 점을 시리아 반군이 노렸다"고 말했다.

그러면 시리아에서 2대 세습독재 정권이 몰락한 사태는 3대 세습독재 정권인 북한에 어떤 영향을 줄 것인가. 러시아의 우크라이나 침공은 시리아에는 군사지원 약화를, 북한에는 러시아와 군사협력 강화라는 완전히 다른 결과를 가져왔다. 사실 북한은 1990년대 전후 사회주의 독재체제가 붕괴되는 모습에 충격을 받았고, 2011년 중동에 '아랍의 봄'이 한창일 때도 정권 붕괴의 두려움을 느꼈다. 북한은 이번에도 러시아와 동맹 관계인 시리아가 붕괴되는 모습에 충격을 받았을 것이다. 러시아·우크라이나 전쟁에 1만 명의 군인을 파견한 북한은 생각이 복잡할 것이다.

미국의 북한 전문매체 NK뉴스는 2024년 12월 9일 "알아사드 정권의 붕괴는 러시아에 전적으로 의존하는 것이 위험하다는 것을 보여 주며, 이는 북한의 독자적인 자위 정책을 강화시킬 것"이라고 분석했다. 김정은은 시리아 알아사드 정권의 몰락을 바라보며 '저런 식으로 허술하게 체제를 지켰으니 망하는 것'이라고 판단하면서 더욱 강압체제 심화에 나서리라는 전망이다.

시리아에 더 강력한
이슬람 독재가 올까?

이스라엘이나 카타르 정도를 제외한 대부분의 중동 국가들은 '세속적 독재정권'과 '이슬람 극단주의 정권' 사이를 왔다 갔다 한다. 서방국가들은 중동에서 독재를 몰아내면 자연스레 민주주의가 들어설 것으로 기대했지만, 결과는 딴판인 경우가 많았다. 2010년 튀니지의 노점상 청년에서 시작하여 중동의 수많은 지식인과 국민이 '아랍의 봄'이라는 민주주의 운동을 일으켰지만, 대부분 이슬람주의 세력에게 장악당했다. 이슬람 극단주의는 중동의 불안정한 경제·사회 인프라와 미흡한 민주주의 경험을 악용해 쉽게 정권을 차지하곤 했다. 정치적 권위주의가 무너진 곳에 종교적 권위주의가 등장했다. 1979년 이란의 이슬람 혁명이 대표적이다. 그런 이란을 닮지 않을까 우려되는 곳이 바로 시리아다.

결코 무너지지 않을 것 같던 시리아의 알아사드 정권이 2024년 12월 8일 마침내 붕괴되었다. 시리아 정부군을 지원하던 세력들이 지친 것이 결정적 이유였다. 가령 이란과 헤즈볼라는 오랜 이스라엘·하마스 전쟁으로 지쳤고, 러시아는 우크라이나에서 계속 고전하고 있었다. 이런 상황을 시리아 반군은 놓치지 않았다. 반군은 2024년 11월 27일부터 북부

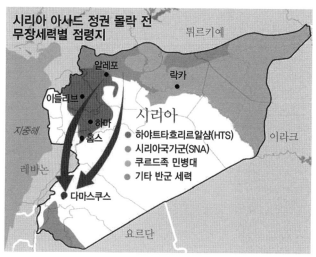

시리아 아사드 정권 몰락 전
무장세력별 점령지

튀르키예

알레포

락카

이들리브

시리아

지중해

하마

홈스

● 하야트타흐리르알샴(HTS)
● 시리아국가군(SNA)
● 쿠르드족 민병대
● 기타 반군 세력

이라크

레바논

다마스쿠스

요르단

자료: 미전쟁연구소 ISW

알레포 등의 도시를 전광석화처럼 정복하더니 12월 8일에는 수도 다마스쿠스까지 점령했다. 악명 높던 53년간의 세습독재와 혼란스런 13년간의 내전은 일단 끝났다. 문제는 시리아 반군의 주축 세력은 '자칭 온건파'이지만 기본적으로 이슬람 극단주의 단체라는 점이다. 앞으로 권력층 내부의 불화로 또 다른 내전이 벌어지거나 아니면 알아사드 세습독재보다 더 강력한 이슬람 독재가 시행될지 모른다.

현재 시리아 상황은 미군이 사담 후세인의 통치를 종식시켰던 2003년 이라크와 비슷하다는 지적도 나온다. 당시 민주주의를 기대했던 초반의 분위기는 빠르게 사라지고 수도 바그다드에는 약탈과 폭력이 난무하기 시작하면서 잔혹한 종파 내전으로 이어졌다.

그동안 2011년부터 시작된 시리아 내전으로 발생한 600만 명의 난민은 고국으로 돌아갈 기대감에 부풀어 있다. 러시아·이란·헤즈볼라는 쑥

쓸한 표정인 반면, 시리아 반군을 지원했던 튀르키예는 시리아에서 영향력을 크게 높일 계획이다. 하지만 미국은 조심스레 반군을 지켜보고 있고, 이스라엘은 막간을 이용하여 시리아와 분쟁지역인 골란고원을 비롯하여 시리아 남부지역의 접수를 시도하고 있다. 우리나라 입장에서는 북한과 매우 친밀했던 시리아의 독재정권이 무너졌다는 점이 관심 사항이다.

① 시리아 내전의 원인과 경과

시리아는 이스라엘·요르단·이라크·튀르키예·레바논 등과 국경을 맞대고 있는 전략적 요충지다. 중동 국가치고는 땅이 비옥하고 석유도 풍부하다. 시리아는 국내에서는 저렴한 이라크산 원유를 소비하고 자국산 원유는 수출하면서 수익을 챙겼다. 하지만 경제는 열악했다. 그런 가운데 1971년부터 공군 사령관 출신인 하페즈 알아사드가 정권을 잡고 독재정치를 시작했다. 그는 2000년에 레바논 총리와 통화 중 쓰러져 사망했는데, 영국에서 안과 수련의를 하던 차남 바샤르 알아사드가 뒤를 이어 2024년 12월 8일까지 53년간 독재정치를 지속했다.

2011년 '아랍의 봄' 시위가 절정에 달했을 때 시리아에서도 민주주의를 요구하는 시위대가 권위주의 대통령인 바샤르 알아사드의 축출을 요구했다. 3월의 어느 날이었다. 남부도시 다라에서 알아사드를 비판하는 낙서를 벽에 쓴 13세 소년이 비밀경찰에게 연행되어 잔인하게 고문받다가 사망했다. 부모는 석방을 요구했으나 이들마저 체포됐다. 이웃 주민은 항의시위를 벌였고, 군의 발포로 5명이 사망했다. 이런 소식이 알려지자 수도인 다마스쿠스와 2대 도시인 알레포를 중심으로 반정부 시위가 빠르게 확산했다. 군은 다라에서 탱크와 장갑차를 앞세워 발포했고, 민간인 수백 명이 사망했다. 이때 시위대에게 발포하라는 명령을 거부한 군인들이 대거 탈영하면서 시위대도 무장을 하게 되었다. 이것이 내전의 시작이었다.

2012년과 2013년에는 소규모로 결성된 민병대와 시리아군 탈영병들이 반군 세력을 형성해 무자비한 진압에 맞섰다. 반군은 미국을 비롯해 이웃 나라인 튀르키예는 물론, 수니파의 맹주인 사우디아라비아와 아랍에미리트(UAE) 등으로부터 지원을 받았다. 이렇게 반정부 세력이 커지자 시리아의 동맹국이던 이란과 러시아가 시리아 정부를 돕기 시작했다. 시리아는 국민의 75%가 수니파이지만, 알아사드 가문은 시아파에서도 소수에 속하는 알라위파 출신으로 전체 인구에서 11%를 차지한다. 이란혁명수비대와 헤즈볼라는 같은 시아파를 지키는 차원에서 수천 명의 병력과 무기를 보내면서 시리아 정부군을 지원했다.

이런 와중에 알카에다를 포함한 이슬람 극단주의 세력이 눈치를 보다가 시리아에 관심을 갖고 반군과 손을 잡기 시작했다. 2014년이 되자 이슬람 극단주의자들이 우세해졌고, 이슬람 테러단체들조차 그 과격성 때문에 싫어한다는 IS(이슬람국가)가 시리아 전역을 휩쓸기 시작했다. IS는 2014년에 라카를 수도로 삼고 칼리프 국가(이슬람 초기 신정일치) 건국을 선언했다. 이때 시리아가 테러 기지가 될 것을 우려한 서방은 폭격을 시작하며 적극 개입했다. 당시 서방은 극단주의 세력 제거에는 힘을 기울였지만, 시리아 정권과는 직접 맞서지 않았다. 미국의 지원을 받는 쿠르드족 전사들인 '시리아 민주군(SDF)'은 IS를 몰아내는데 기여했다. 러시아는 2015년 9월부터 참전했다. 알아사드 가문과 오랜 친분이 있는 러시아는 지중해를 바라보는 시리아 서부 라타키아주에 타르투스 해군기지와 흐메이밈 공군기지를 각각 49년간 임대해 사용하게 되었다. 러시아 전투기들은 가끔씩 시리아 공군에 힘을 보탰다.

2020년이 되어 러시아와 튀르키예는 시리아 반군이 점유한 마지막 지역인 북서부 도시 이들리브에서 휴전에 합의했고, 합동 순찰을 통해 안전 통로를 구축하기로 했다. 그 뒤에도 시리아 정부군과 반군 사이에 간헐적인 충돌은 계속 이어졌다.

2022년부터 러시아는 우크라이나 전쟁에 주력하느라 예전처럼 시리아 정부군을 지원하기 어려웠다. 이란은 하마스와 헤즈볼라 지원으로 진이 빠졌고, 헤즈볼라는 이스라엘과 전쟁을 치르느라 막대한 피해를 입은 상태에서 2024년 11월 26일 이스라엘과 휴전협정을 맺었다. 모두 극심한 탈진 상태여서 시리아 정부군을 제대로 지원하기가 어려웠다.

이런 기회가 다시 오지 않는다고 판단한 반군 세력은 '군사작전사령부(Military Operations Command)'라는 새로운 연합체를 구성한 뒤 11월 27일부터 대공세를 시작했다. 일종의 '나비효과'였다. 반군은 파죽지세로 3일 만에 알레포를 장악했다. 2016년 12월 시리아 정부군과 러시아군의 대규모 공세에 밀려 알레포에서 철수한 지 8년 만이었다. 러시아와 시리아 공군은 반군의 공세에 대응해 알레포와 이들리브에서 공습을 개시했다. 하지만 반군은 굴하지 않고 예전의 거점이던 알레포를 다시 확보했다. 이어 하마와 홈스를 거쳐 11일 만에 남쪽에 있는 수도 다마스쿠스까지 일사천리로 점령했다. 시리아 반군 측은 12월 8일 "집권 바스(Baath)당(黨)의 통치 아래 50년간의 억압과 13년간의 범죄, 폭정, 강제이주 끝에 오늘 시리아의 새로운 시대가 시작되었음을 선언한다"고 말했다.

② 53년의 알아사드 세습독재 정권

시리아의 바샤르 알아사드 대통령은 2024년 12월 8일 반군의 다마스쿠스 진입에 앞서 러시아로 도피했고, 러시아 정부는 이를 망명이라며 받아주었다. 알아사드 가문은 평소 러시아에 대해 충성에 가까운 친밀도를 보였기 때문이다.

바샤르 알아사드는 2000년에 취임한 시리아의 6대 대통령으로, 아버지인 하페즈 알아사드가 사망한 직후에 대통령직을 세습받았다. 하페즈는 빈농의 아들로 태어났는데, 공군사관학교를 나온 뒤 거듭된 쿠데타에 성공하면서 1971년부터 2000년 심장마비로 죽을 때까지 30년 동안 종신 집권했다. '아랍의 비스마르크'로 불렸던 하페즈는 강력한 철권통치를 했다. 북한에서 김일성을 만나고 귀국한 뒤에는 자신의 대형 초상화를 내걸고 동상도 많이 세웠다.

하페즈는 원래 장남인 바실을 후계자로 삼았지만 1994년 교통사고로 세상을 떠나자, 영국 런던에서 안과 수련의로 근무하던 둘째아들 바샤르를 불렀다. 이 집안은 장신으로 유명해 바샤르도 키가 190cm가 넘는데, 부드러운 성격에 다마스쿠스 대학을 졸업한 뒤 피가 무서워 안과를 택했다고 한다. 바샤르는 아버지의 부름을 받아 30살에 귀국했고, 서둘러 군사아카데미에 입학해 후계자 수업을 속성으로 받았다. 그는 대중 연설이 불가능할 정도로 소심했다. 그러다가 부친이 사망한 뒤 97%의 높은 득표율로 7년 임기의 제6대 대통령이 되었다. 처음에 그는 민주적인 정치를 시도했으나, 갑작스럽게 권좌에 올라서인지 아버지가 다져 놓은 독재 메커니즘을 그대로 활용하기 시작했다. 고문과 암살, 비밀경찰 감시체제로 돌아가는 것은 순식간이었다. 국민들은 의사이며 영국에서 지냈던 바샤르가 민주주의를 실시하고 시리아를 치료해줄 것으로 기대했지만, 바샤르는 자국민을 상대로 화학무기를 사용하는 등 아버지를 능가하는 '중동의 학살자' 겸 '시리아의 도살자'로 변했다.

내전 기간 알아사드 정권은 자국 민간인에게 사린가스·염소가스 등의 화학무기 공격을 340회 이상 감행했고, 드럼통에다 폭약과 온갖 쇠붙이를 넣어 살상력을 극대화한 통 폭탄을 민간인 밀집지역에 무차별 투하했다. 이번에 반군은 다마스쿠스 북쪽에 있는 사이드나야(Saydnaya) 교도소부터 장악했다. 2017년 국제앰네스티가 발간한 보고서에서 '인간 도살장'이라고 불린 곳이으로 3만 명 넘게 여기서 죽어 나갔다. 사람 뼈를 부수는 데 사용된 철제 압축기, 시뻘건 밧줄과 올가미 모양의 끈 등은 잔인하고 엽기적인 교수형·고문·성폭행이 상습적으로 벌어졌음을 보여주었다. 고문당하는 수감자의 비명이 복도에 끊이지 않았고, 감옥 지하의 독방은 핏물과 썩은 물로 가득 차 있었다. 고문으로 뼈가 부러져 걸을 수 없는 수감자가 엉덩이를 바닥에 끌며 이동하는 모습도 포착됐다. 이와는 반대로 알아사드가 지냈던 저택과 대통령궁 차고에는 애스턴 마틴, 벤츠, 람보르기니 등 고가의 차량 수십 대가 반짝반짝 윤을 내고 있었고, 냉장고에는 고기가 그득 쌓여 있었으며 명품들이 굴러다녔다. 알아사드 독재의 민낯이 그대로 드러났다.

③ 반군들의 정체는 각양각색

시리아의 알아사드 정권을 무너뜨린 반군 집단은 이슬람 극단주의부터 온건파까지 넓은 스펙트럼을 보이고 있다. 그 중에도 주력은 수니파 강경 이슬람주의 반군 단체인 HTS(하야트 타흐리르 알샴)다. HTS의 대표자는 아부 모함메드 알줄라니로도 불리던 아흐메드 알샤라(Ahmed al-Sharaa·1982년생)이다. HTS는 본래 폭력적 극단주의의 모태인 알카에다에서 떨어져 나온 조직이다. 알샤라는 10대 시절인 2000년 2차 인티파다(팔레스타인의 무장봉기), 2001년 9·11테러의 영향을 받아 수니파 극단주의자가 되었다. 이라크 전쟁이 발발한 2003년 대학을 그만두고 이라크로 건너가 알카에다에 합류했고, 2006년에는 폭탄을 설치하다 미군에 체포돼 이라크에서 감옥 생활을 하다가 2011년 석방됐다. 그는 시리아에서 내전이 발생하자 귀국해 알카에다의 하부조직으로 2011년 '누스라 전선(al Nusra Front)'을 창설했다. 알줄라니라는 가명을 사용하기 시작한 알샤라는 누스라 전선을 크게 키웠다. 그러나 2014년 알카에다 이라크 지부를 이끌던 아부 바크르 알 바그다디가 악명 높은 IS(이슬람국가)로 변신하자 상황이 달라졌다. IS와는 거리를 둔 채 시리아에서 별도의 투쟁을 이끌던 누스라 전선은 2016년 7월 지나친 극단주의를 추구한다는 이유로 알카에다와 결별을 선언했고, 이후 시리아 북부의 4개 반군 조직을 통합하며 HTS를 설립했다. 여성의 히잡 착용 의무화를 완화하는 등 비교적 온건한 노선으로 영향력을 키우면서 최대 반군으로 성장했다. HTS는 시리아 북서부 이들리브를 기반으로 IS와 알카에다 세력을 물리치면서 '시리아 구국정부'란 이름으로 통치했다. 여성이 히잡으로 얼굴을 가릴 것을 요구하지도 않고, 금연을 강요하지 않는 등 비교적 온건한 정책을 폈다.

하지만 미국 등은 HTS가 여전히 내부적으로 알카에다와 연계되어 있다고 판단하여 테러단체로 지정했다. 반면 HTS는 서방 세계를 향해 "우리는 알카에다와 관계가 없다"면서 테러단체 지정을 취소해 달라고 요청하고 있다. HTS의 지도자 아부 무함마드 알졸라니는 2024년 12월 8일 다마스쿠스에서 첫 대국민 연설을 하면서 "알아사드는 시리아를 이란의 탐욕을 위한 농장으로 만들었다"고 비난했다. 그는 앞서 12월 6일 미국 CNN과 인터뷰에서 "앞으로 반군은 제도에 기반한 '정부'와 국민이 선택한 '의회'를 만들겠다"면서 "HTS는 알아사드 정권에 저항하는 수단일 뿐이며 언제든 해체될 수 있다"고 말했다. 그는 자신이 시리아를 장악하면 근본주의적인 이슬람 국가를 세울 것이라는 서방의 우려를 잘 알고 있고, 이에 대해 해명하고 싶어 했다. AP통신은 "HTS의 기본적인 성향이 지하디스트(이슬람 성전주의자)에 있다는 사실에는 변함이 없다"고 지적했다.

알샤라는 2025년 1월 29일 시리아 과도정부의 임시 대통령이 되었다. 요즘 알샤라는 넥타이를 맨 양복 정장을 입고 세련된 매너를 보여주면서 이미지 업그레이드를 시도하고 있다. 옛 정권이 러시아·이란·북한 등과 밀착하며 국제사회에서 고립되던 때와는 180도 달라진 모습이다. 에르도안 튀르키예 대통령과의 정상회담은 물론, 타밈 카타르 국왕, 빈 살만 사우디 왕세자와도 만났다. 독일과 프랑스를 비롯한 서방 외교장관도 직접 대면했다. EU는 시리아에 대해 부분적으로 제재를 해제했다. 압델 파타 엘시시 이집트 대통령은 그를 카이로에서 열리는 아랍연맹 특별정상회의에 초청했다. 알샤라는 "걱정하지 마라, 우리는 극단주의자가 아니다"라고 계속 외치고 있다.

반군에는 HTS 외에도 종족과 성향이 다양하다. HTS를 돕는 대표적 반군 세력으로는 수니파 반군인 '시리아 국가군(SNA)'이 있는데, 튀르키예에서 무기와 자금을 지원받는 것으로 알려져 있다. 그동안 튀르키예는 시리아 북서부에, 미국은 시리아 북동부에 군대를 주둔시키면서 반군 집단들의 무력 투쟁을 지원해왔다. 다만 쿠르드족에 대한 미국과 튀르키예의 입장은 조금 다르다.

쿠르드족은 튀르키예·이란·이라크·시리아 등에 흩어져 거주하는 유랑·유목 민족이다. 현재 시리아의 동북부는 미국 지원을 받는 '쿠르드 민병대(YPG)'를 주축으로 하는 '시리아 민주군(SDF)'이 점령하고 있다. 과거 SDF는 정부군 다음으로 강력한 군사력을 자랑하며 IS의 거점이었던 라카를 비롯하여 시리아 영토의 4분의 1을 점령하기도 했다. 미군 900여 명은 IS 격퇴와 이란 견제를 목표로 그 지역에 주둔하고 있다. 반면 튀르키예는 쿠르드족을 견제하고 있다. 튀르키예 정부는 시리아 내 쿠르드족들이 테러단체로 지정된 쿠르드족 분리주의 무장세력인 '쿠르드 노동당(PKK)'과 연계되어 국가안보를 위협한다는 이유로 계속 공격해왔다. SNA도 쿠르드족을 공격하는 데 앞장섰다. 그렇게 쿠르드족을 놓고 이견이 있지만, 미국과 튀르키예는 시리아 내 작전에서는 서로 충돌을 피하면서 반군들을 지원하고 있다. SDF는 2025년 3월 HTS와 군사적 행동을 같이하겠다고 선언했다. 이 같은 선언은 SDF를 싫어하고 HTS를 후원해온 튀르키예의 심기를 불편하게 만들었다.

국제사회에서는 이슬람 극단주의를 뿌리로 하는 HTS가 본질적으로 바뀌었는지, 아니면 겉만 바뀌고 속성은 여전히 폭력적인지 판단하기가 쉽지 않다. 알샤라는 한 번도 "민주주의를 하겠다"는 말을 한 적이 없다. 게다가 문제는 정부의 대내외 직책을 모두 이슬람 극단주의 세력에 맡기고 있다는 점이다. 그래서 미국과 이스라엘은 못 미더운 눈치로 바라보고 있다.

데이비드 L. 필립스 조지타운대 교수는 시리아 정권교체 시점에 "미국은 시리아의 새로운 통치자들이 검증될 때까지 관계 정상화를 미루고 있다"면서 "그들이 쿠르드족, 이슬람 알라위(시아파의 소수파로 전임 알아사드 대통령의 출신 종파), 기독교인, 아르메니아인 등 종교·인종적으로 소수파에 대한 관용을 증명할 때까지 기다리고 있다"고 말했다.

서강대 유로메나연구소 박현도 교수는 이번 시리아의 정권교체를 두고 "쓰레기차가 떠난 다음에 분뇨차가 들어온 것이다. 앞에 쓰레기차는 쓰레기 냄새가 나기는 했지만 그래도 국민들이 어떤 종교를 믿는지 건드리지는 않았다. 그런데 독재자를 몰아냈더니 종교 독재를 할 이들이 들어왔다"고 평가했다. 같은 연구소의 성일광 교수는 "중동지역에서 가장 큰 문제가 바로 이슬람 극단주의냐, 세속적인 잔인한 독재정권이냐. 둘 사이에서 주민들만 탄압을 받고 있다. 무자비한 알아사드 독재를 무너뜨리고 들어온 이들이 이슬람 극단주의자들이다. 시리아에 친(親)이슬람, 친IS, 친알카에다 정부가 세워졌다"고 말했다.

자국민을 향해 총을 쏘고 사린 독가스까지 뿌렸던 알아사드 부자(父子)의 악행이 잊히기도 전에, 시리아 국민들은 강력한 종교 독재의 등장을 우려하고 있다. BBC에 따르면, HTS는 때로 포용적 메시지를 전하지만 알카에다의 분파인 만큼 시리아 기독교인들에게는 공포의 대상이다. 한 소식통은 "이슬람주의자들이 대중교통에 성별 분리 정책을 시행하고, 여성들에게 베일 착용을 강요하는 사례도 있었다"고 전했다. 이슬람주의자들은 다마스쿠스와 알레포 같은 대도시에서는 대체로 양호한 행동을 보였으나, 홈스와 하마 같은 소도시에서는 다른 모습이었다고 BBC는 전했다. 가령 100% 기독교인으로 구성된 시리아의 어느 마을은 겉으론 평화롭게 묘사됐으나, 실제로는 이슬람 무장세력이 종종 도로를 봉쇄하면서 이슬람으로 개종하지 않는 사람들의 통행을 금하며 소지품을 빼앗고 있다고 한다.

HTS가 집권한 뒤 학교의 교과과정 개정이 추진되었는데, 시리아 역사를 이슬람주의 해석에 맞춰 재구성하고 진화론 같은 내용을 교과서에서 삭제했다. 이슬람 과목에는 코란에 나오는 '알라를 노하게 하는 길 잃은 사람들'이란 구절을 놓고 '유대인과 나사라(기독교인)'라고 해석하는 것이 포함됐다. 알아사드 정권에서 불리던 국가(國歌)는 교과서에서 빠졌고, '조국 수호를 위해 목숨을 바친다'는 문구는 '알라를 위해 목숨을 바친다'로 대체됐다.

파와즈 게르게스 런던정경대 국제관계학 교수는 미국 외교전문지 포린어페어스 2025년 1월 27일자 기고에서, 시리아에서 정권을 잡은 이슬람 반군이 민주주의 지도자가 되지는 않을 것 같다면서 이렇게 설명했다. "HTS의 알샤라는 권력을 장악한 뒤 포용적이고 온건하다는 이미지를 알리려고 노력했다. 여성과 종교적 소수자를 보호하고, 알아사드 지지자들에 대한 보복도 하지 않겠다고 약속했다. 12월 혁명은 모든 시리아인의 것이라고 강조했다. 그러나 세속적인 민족주의자들은 새 정부에서 배제되었으며, 그 정도가 예상보다 훨씬 심각하다. 알샤라의 대외적 발언과 실제 움직임 사이의 간격이 커지고 있다."

알샤라는 군대에도 이슬람주의를 확산시켜 50명의 강경 이슬람주의 지휘관을 군 고위직에 임명했다. 시리아 국방부는 신병 훈련과정에 21일간의 샤리아(이슬람 율법) 교육을 의무화했으며, "군대의 목표는 하나의 손이 되어 우리의 종교를 섬기는 것"이라는 성명을 발표했다. HTS가 곳곳에서 전임 알아사드 지지세력에 대한 대규모 보복 학살을 벌인다는 소식이 보고되고 있다. 시리아의 인권 단체들과 지역 주민들은 알라위파에 대한 즉결 처형과 실종 사건이 증가하고 있다고 경고했다.

HTS 지도부는 알카에다와 결별했다고 주장하지만, 살라피(이슬람 수니파 복고주의)·이슬람주의에 대한 신념을 공식적으로 철회한 적은 없다. 물론 아직 HTS가 탈레반처럼 극단주의 정책을 그대로 따라하거나, 이라크와 시리아에서 IS가 자행했던 대량학살과 탄압을 모방할 것이라고 단정지을 수는 없다. 다만 보다 엄격한 이슬람주의를 강조할 경우 정치·사회적인 분위기가 이슬람 근본주의 독재체제로 흘러갈 가능성이 높다.

파와즈 교수는 "이슬람주의자들이 권력을 쥐고 있는 한 새로운 시리아가 권위주의적 과거와 완전히 단절할 가능성은 낮다. 역사는 교훈이다"라며 "1979년 이란에서 팔레비 왕조가 무너진 과정도 유사했다. 팔레비 축출은 10여 년 동안 중산층, 지식인, 민족주의자, 자유주의 이슬람 세력, 그리고 사회주의 좌파 등이 주도한 시위 끝에 이루어졌다. 하지만 결국에는 더 조직되고 더 잘 훈련받은 보수적 이슬람 세력이 혁명을 장악했다"고 덧붙였다.

④ 첨예한 각국의 이해관계

시리아는 역내 강국들의 각축장이 되고 있다. 영원한 적은 없는 것일까. 러시아는 시리아에서 사용해온 해군과 공군기지를 다시 사용하기 위해 새로운 집권층과 접점을 마련하는데 부심하고 있고, 이란은 '저항의 축' 쇠사슬이 크게 손상을 입은 가운데 "시리아 사태는 미국과 이스라엘의 합작품"이라고 비난하면서도 대화 채널을 찾기 위해 부심하고 있다. 러시아는 최근 푸틴이 알샤라와 통화하면서 알아사드 시절의 적대감을 해소하기 위해 노력하고 있다. 또한 2017년 시리아 내 흐메이밈 공군기지와 타르투스 해군기지를 49년간 임차하기로 알아사드 정권과 맺었던 계약을 새 정권에서도 인정받고 싶어 한다.

그에 비해 반군을 도왔던 튀르키예는 시리아에서 중요한 역할을 맡을 것으로 보인다. 이번에도 HTS는 친(親)튀르키예 무장세력과 합세해 대대적인 공세를 진행했다. 시리아에 대한 튀르키예의 영향력이 커지면서 레제프 타이이프 에르도안 대통령의 꿈인 '신(新)오스만제국'의 가능성도 높아졌다는 분석이다. 400년간 중동을 지배했다가 1923년 현대 튀르키예 창시자 무스타파 케말 아타튀르크에 의해 해체된 오스만 칼리프제가 부활한다는 얘기다.

미국은 알아사드 정권의 붕괴를 환영하면서도 긴장을 늦추지 않는 모습이다. 트럼프는 2025년 5월 14일 사우디아라비아 리야드에서 시리아의 아흐메드 알샤라 임시대통령을 만나 시리아에 대한 46년간의 제재를 해제하면서, △이스라엘과 수교 △모든 외국 테러리스트 추방 △팔레스타인 테러리스트 추방 △미국의 IS 공격 지원 등을 동시에 요구했다.

북한은 알아사드 정권과 아주 가까웠고, 최근에도 시리아 반군을 비판했다. 장지향 아산정책연구원 중동센터장은 "김정은은 할아버지 때부터 이어온 알아사드 정권과의 친분을 중시하며 시리아 내전에서 정부군을 위해 군사자문단을 보냈고, 1970년대부터 시리아군은 북한제 무기로 무장했다"면서 "양측은 대량살상무기 개발에도 협력했고 최악의 인권침해국으로도 악명 높아, 김정은과 알아사드 세습정권은 전시가 아닌 평시에 국가가 저지른 반인도적 범죄 때문에 유엔인권조사위원회가 꾸며진 것으로도 유명하다"고 말했다. 시리아 반군을 재정적으로 지원해온 사우디아라비아와 카타르는 알아사드 정권 붕괴로 IS 같은 극단주의 단체의 등장을 막는 데 도움을 주겠다는 입장이다.

이스라엘은 혼란기를 틈타 실속 챙기기에 나섰다. 이스라엘은 2024년 12월 10일 성명을 통해 "지난 48시간 동안 '바산의 화살'이란 작전으로 480회의 공습을 통해 시리아 정부군이 비축하고 있던 전략무기를 공격해 테러분자의 손에 넘어가는 것을 막았다"며 "목표물은 해군 함정 15척, 장거리 미사일과 로켓, 그리고 여러 도시의 무기 생산 현장"이라고 밝혔다. 이스라엘 언론은 시리아 정부군 군사력의 약 80%를 파괴했다고 한다. 이스라엘은 이란에서 시리아를 거쳐 레바논으로 가는 무기 밀수 경로도 타격하고 있다. 무엇보다 이스라엘은 1967년 제3차 중동전쟁(6일 전쟁)에서 시리아로부터 빼앗은 골란고원에 대한 영유권을 확보한다는 전략이다. 이스라엘은 1974년 정전협정 이후 50년 만에 처음으로 골란고원의 비무장 완충지대에 병력을 진입시켜 시리아 정부군이 떠난 군사거점을 점령했다. 국제사회가 정전법 위반이라고 비난하는 가운데, 골란고원 문제로 새로 집권한 반군과 갈등을 빚을 가능성도 있다. 특히 이스라엘은 시리아 남부에 거주하면서 친이스라엘 성향을 보여온 드루즈 공동체에 대해 시리아 새 정부가 학살하거나 탄압하는 모습을 그냥 두지 않겠다며 수차례 폭격도 감행했다.

⑤ 600만 명 난민은 돌아올 수 있는가

2011년 시리아 내전이 발발하자, 전체 인구 2,300만 명 중 600만 명이 국경을 넘었고, 남은 1,700만 명 중 700만 명이 살던 집을 버리고 국내

다른 곳에서 피란살이를 해왔다. 시리아와 국경을 접하고 있는 튀르키예로 많이 넘어갔다. 2020년 튀르키예와 러시아의 중재로 휴전이 이뤄졌지만, 시리아 정부군이 알레포를 계속 장악하면서 알아사드 정권에 반대하는 난민들은 집에 돌아가지 못하고 튀르키예에 머물러 왔다. 튀르키예 당국은 "튀르키예에 있는 시리아 난민이 294만 명이며, 그중 40% 이상이 알레포 출신"이라며 "상황이 안정될 때까지는 섣부른 귀국을 삼가라"고 밝혔다. 현재 레바논에 77만 명, 요르단에 62만 명, 이라크에 30만 명, 이집트에 15만 명 정도의 시리아 난민이 거주하는 것으로 알려졌다.

유럽 국가들은 알아사드 정권 붕괴를 계기로 시리아인에 대한 난민 심사를 중단하기로 했다. 더 이상 시리아 난민을 받지 않겠다는 신호다. 시리아 내전이 격화한 2015년부터 2023년까지 유럽연합(EU) 내에서 난민 자격을 받은 시리아인은 130만 명 정도다. 시리아 난민 유입으로 치안과 실업문제가 부각되면서 극우정당 지지율이 오르는 등 각국 정치 지형에도 큰 영향을 미쳤다.

알아사드 정권이 무너진 건 국내외에서 환호를 받았지만, 동시에 이 나라를 깊은 불확실성에 빠뜨렸다고 뉴욕타임스(NYT)와 파이낸셜타임스(FT)는 전망했다. 가장 시급한 과제는 권력 공백을 메우고 통치 체제를 확립하는 것이다. 세계은행(WB)에 따르면 2023년 시리아 국민의 24.8%가 절대적 빈곤층, 67.0%가 상대적 빈곤층이다.

왜 아랍국가들은
팔레스타인을 기피할까?

이집트나 요르단은 겉으로는 팔레스타인 주민들을 위하는 척하지만, 속내는 이스라엘보다도 이들을 더 싫어한다. 가자지구의 하마스는 그 뿌리가 이집트에서도 가장 폭력적이었던 무슬림형제단이다. 이집트 정부로서는 다시 생각하기도 싫은 테러조직이 이집트 내에서 부활할까 두려워하고 있다. 요르단도 비슷한 입장이다. 요르단은 과거 자기 나라로 유입된 팔레스타인 난민들이 오히려 왕가 축출과 국왕 암살을 시도해 뜻하지 않은 내전을 치른 경험이 있기 때문이다. 이들에게는 속으로 팔레스타인 사람을 싫어하면서도 겉으로는 이스라엘을 욕하는 '립서비스'만 남았다.

2025년 봄 현재 가자지구 무장정파인 하마스의 재건은 이란·헤즈볼라·후티반군 등을 제외하면 중동의 그 누구도 원하지 않는다. 하마스는 영악하다. 2023년 10월 7일 무차별 살인과 잔인한 성폭행으로 이스라엘을 테러했을 때, 이스라엘이 10배가 넘는 보복을 할 줄 예상했다. 그런데도 밀어붙인 이유는 하마스에게 가자지구 주민의 안전은 그다지 큰 관심사가 아니었기 때문이다. 가자지구의 병원·유치원·학교·모스크(이슬람사원)에서 이스라엘을 향해 로켓포를 쏘아 대는 이유가 거기에 있다. 이스라엘이 발사 원점에다 보복 포격을 할 것이고, 그러면 가자지구 주민들이 죽거나 다친다는 점을 잘 안다. 그런데도 아예 무관심이다. 그저 가자지구 주민들은 인간 방패막이에 불과한 셈이다. 하마스가 그렇게 하는 이유는 되려 "이스라엘은 악마"란 선전을 외부에 보내기 위해서다. 실제로 그 전략은 먹히고 있다. 세계는 하마스가 저지른 잔인한 테러는 점점 잊어버리고, 대신 이스라엘의 과도한 보복과 민간인 살상을 떠올린다.

팔레스타인 땅은 AD 70년 유대인이 로마에 의해 쫓겨난 뒤에 로마 → 비잔틴제국(330~638) → 이슬람 왕조(638~1099) → 십자군(1099~1291) → 이집트 맘루크 왕조(1291~1517) → 오스만투르크(1517~1917) → 영국(1917~1948)으로 지배세력이 바뀌면서 무주공산인 때가 많았다. 팔레스타인이란 이름을 가진 국가가 세워진 적도 없었다. 지금 팔레스타인 주민들은 과거 시리아 대지주들의 소작농이 많았고, 그들에게 민족의식이나 국가의식은 거의 없었다.

팔레스타인 사람들은 친척 중 최소 한 명은 이스라엘군에 죽임을 당했다는 말이 있다. 그래서 팔레스타인 주민은 태어날 때부터 분노와 증오를 안고 산다. "우리 삼촌을 죽이고 어머니를 다치게 한 원수"란 증오심이 가득하다. 하마스는 그런 팔레스타인 주민의 아픔을 잘 활용하고 있다. 하마스는 또 피해자 코스프레를 통해 "아랍 형제들이여, 악마 같은 시온주의자들에게 죽임을 당하고 있다. 무얼 하고 있나. 대동단결하여 도와 달라"라고 호소한다. 그간 조용하게 있던 이집트와 요르단마저 "이스라엘이 이러면 안 되지"라며 마치 일부에선 파병이라도 해줄 듯한 뉘앙스를 풍겼다.

그럼 과연 아랍국가들은 팔레스타인에 대해 요즘 말로 '진심'인 것일까. 현재 아랍국가들을 대표하는 조직은 아랍연맹으로 1945년에 결성되었고, 이집트 카이로에 본부를 두고 있다. 회원국은 22개인데, 팔레스타인은 1976년에 가입했다. 이들 중 이스라엘을 국가로 인정하는 나라는 이집트·요르단·바레인·아랍에미리트(UAE) 정도다. 대신 모든 아랍과 이슬람 국가들은 팔레스타인을 국가로 인정하고 지지한다.

그런데 문제는 속내다. 과거 아랍권에서 이집트의 가말 압델 나세르, 이라크의 사담 후세인, 리비아의 무아마르 알 카다피 등이 집권했을 때는 아랍민족주의 정신으로 충만하여 "우리가 남이가"라며 팔레스타인에게 그래도 실질적인 도움을 주었다. 큰형님 역할을 한 셈이다. 가령 팔레스타인 사람이 자살폭탄 테러로 죽으면 남은 가족을 위해 돈을 지원해주었다. 말로만 아니라 금전과 행동이 따랐다. 하지만 지금은 아랍권에 그렇게 해줄 큰형님은 없다.

실제 아랍국가들은 1973년의 제4차 중동전쟁 이후 이스라엘의 강력한 파워에 한계를 느끼면서 슬그머니 발을 빼는 모습을 보여왔다. 물론 요즘도 아랍국가들이나 이란을 방문하면 '프리 팔레스타인(Free Palestine· 팔레스타인 해방)'이란 구호를 내건 시위가 자주 벌어진다. CNN 카메라 앞에서는 이스라엘 국기도 불태운다. 하지만 그들 중 구체적으로 팔레스타인에 도움을 주겠다는 나라는 드물다. 이른바 '립서비스'에만 충실하다. 2023년 가자지구 전쟁을 배후에서 조종한 이란도 별반 다르지 않다.

사실 아랍연맹은 1990년 8월 2일 이라크가 쿠웨이트를 침공하는 걸프전이 터지면서 곤경에 처했다. 회원국 간의 전쟁이기 때문에 상황이 심각했다. 많은 국가들이 쿠웨이트 편에 섰고, 아랍연맹도 비난 결의를 냈다. 하지만 팔레스타인해방기구(PLO)와 리비아는 이라크 측, 예멘은 보류, 요르단은 기권함으로써 아랍연맹의 파벌 분열은 극에 달했다. 결국 사우디아라비아를 비롯한 많은 나라가 걸프전에 미국 편으로 참전하여 이라크를 공격했다. 걸프전 당시 쿠웨이트는 40만 명이 넘는 자국 내 팔레스타인 사람들을 강제로 추방했다. PLO가 이라크의 사담 후세인과 동조하면서 사실상 쿠웨이트를 공격했다는 이유다. 물론 2004년 팔레스타인 자치정부의 마무드 아바스가 쿠웨이트에 사과하면서 관계가 개선되긴 했지만 말이다.

팔레스타인을 바라보는 아랍국가의 눈길에는 점차 미소보다는 냉소가 자리 잡았다. 지금의 팔레스타인 주민은 강력한 이슬람 국가인 오스만제국 시절에 이집트·요르단·시리아·레바논 등지에서 띄엄띄엄 몰려든 사람들이 많다. 무슨 국가나 국경이란 개념은 없이 그저 시리아 대지주의 소작인 등으로 평범하게 지내던 사람들이었다. 19세기 미국 작가 마크 트웨인이 팔레스타인 지방을 여행하면서 묘사했듯이 성지(聖地)란 곳이 너무도 황량했다.

오스만제국이 통치하던 1864년 예루살렘 인구를 조사했던 영국 영사관 기록이 있다. 예루살렘 총인구 1만5천 명 가운데 유대인 8천 명, 아랍인 4천 명, 기독교인은 2,500명으로 다수는 유대인이었다. 시온주의가 발흥하기 이전의 기록이다. 종교도시라는 특수성 때문이겠지만, 그 땅에 오래 거주했던 유대인이 꽤 많았다. 영국 통치 초기인 1922년 조사를 보면, 팔레스타인 땅의 전체 인구는 75만 명에 아랍인이 68만 명을 차지했다. 다만 예루살렘은 총 6만2,578명 중에 유대인 3만3,971명(54%), 아랍인 1만3,413명(21%), 기독교인 1만4,669명(23%)으로 역시 유대인 비율이 가장 높았다.

원래 팔레스타인 지역은 늪지와 사막이 대부분이었다. 땅이 개발되기 시작한 것은 시온주의에 따라 1882년부터 유럽과 러시아의 유대인이 본격 이주하면서다. 처음에는 유대인과 아랍인이 사이좋게 지냈다. 당시 유대계 금융재벌인 로스차일드 가문은 '유대민족기금'을 조성해 시세보다 비싼 가격에 팔레스타인 토지 구매에 나섰고, 버려진 땅이 금싸라기로 변하기 시작했다. 1944년 중동지역의 비옥한 땅이 에이커(acre)당 110달러에 거래될 때 팔레스타인의 불모지는 무려 1천 달러에 거래되었으니 개발 열풍으로 아랍 지주는 상당한 이득을 취했다. 문제는 제1차 세계대전 당시 팔레스타인 거주 아랍인의 80%는 소작농으로 이들은 '기회의 땅'인 팔레스타인을 찾아 이주해왔는데, 소작농의 소득이 늘어나면서 봉건 체제를 유지하는 데 어려움을 느끼기 시작했다는 점이다. 이 때문에 팔레스타인의 자체 갈등도 많았다.

더 큰 문제는 아랍인과 유대인 모두 증가하면서 제한된 땅을 놓고 갈등이 벌어지기 시작했다는 점이다. 영국은 1915년 맥마흔 선언과 1917년 밸푸어 선언을 통해 아랍인과 유대인에게 각각 나라를 세워줄 듯이 하면서 양측 갈등을 부추겼다. 유엔은 1947년 팔레스타인 땅을 분할하여 유대국가와 아랍국가를 각각 세우겠다는 안을 제시했다. 유대인은 받아들였고, 아랍인은 거부했다. 마침내 1948년 5월 14일 이스라엘이 독립하자마자, 이튿날 아랍 5개 국가가 이스라엘을 공격하면서 제1차 중동전쟁이 벌어졌다. 예상과 달리 아랍 연합군이 패배했다. 당시 81만 명의 팔레스타인 사람 중에서 65만 명이 인근 아랍국으로 피신했고, 16만 명은 피신하지 않고 그대로 남았다. 그 스토리가 딱하다.

당시 아랍국은 전쟁이 임박하자 라디오 방송과 전단지를 통해 "폭탄은 아랍인과 유대인을 구별하지 못한다. 안전을 위해 2주간만 집을 떠나 있기를 부탁한다. 당신들은 승리자가 되어 돌아온다"고 밝혔다. 하지만 전쟁이 끝난 뒤 팔레스타인 난민은 돌아오지 못한 채 아랍 형제국에서 배척당했고, 80% 이상이 여전히 난민촌에 거주하며 유엔의 난민기금으로 연명하게 되었다. 서강대 유로메나연구소 박현도 교수는 "당시 아랍군이 팔레스타인 주민더러 '잠깐만 떠나가 있어. 우리가 이스라엘을 싹 쓸어버릴 테니까'라고 하는 바람에 많은 사람들이 집을 떠났다"라며 "시리아 외교장관은 당시 팔레스타인 사람이 같이 싸워줄 것을 기대하면서 마을에다 '지금 이스라엘 군대가 우리 딸들을 강간하고 있다'는 가짜방송으로 분노심을 자극하려 했지만 모두 짐을 싸들고 나가 버려 400개 마을이 통째로 비워졌고, 그렇게 나간 숫자가 난민이 되어 70만 명에 이른다"고 설명했다. 아랍 형제국의 말만 믿다가 상당수가 배신당한 셈이다.

이스라엘은 현재 총인구의 21%인 200여만 명이 아랍인이다. 예전부터 머물던 아랍인과 후손이 포함되어 있다. 이들은 병역의무 등을 제외하면 유대인과 대등한 법적 신분을 보장받고 있다. 심지어 아랍계 정당도 있다.

눈길을 당기는 점은, 제1차 중동전쟁 당시 아랍국가에 살던 유대인 81만 명은 이스라엘로 쫓겨났는데 당연히 이스라엘에서 대부분 흡수한 반면, 아랍 형제국으로 피신한 팔레스타인 아랍인은 결코 그곳에서 환영받을 수 없는 애물단지가 되었다는 것이다. 서울대 사회교육학과 박사인 권재원 작가는 "흔히 팔레스타인 사람들과 아랍을 동족이라고 생각하는데, 실상 이집트·요르단·시리아·레바논·이라크 사람들은 팔레스타인 사람들을 자기들과 동등하다고 생각하지 않는다. 오스만제국 시절에 똑같이 투르크인들의 지배를 받았지만 아랍인들은 지주, 팔레스타인인들은 소작인의 관계였기 때문이다. 팔레스타인을 잘라 유대인 나라를 세운다는 UN 결의안에 아랍 세계가 반발한 까닭도 팔레스타인 사람들의 권리를 걱정해서가 아니었다. 시리아·레바논·이집트·요르단은 각각 제나름대로 팔레스타인이 자기네 영토가 되어야 한다고 생각했을 뿐"이라고 설명했다. 어찌 보면 가장 현실적이고 정확한 설명이다.

오랫동안 이집트와 요르단은 스스로를 아랍 세계의 수장으로 여기며 불꽃 튀는 경쟁을 벌였다. 요르단의 압둘라 1세 국왕이 예루살렘을 포함한 요르단강 서안지구를 자국 영토로 편입시키는 것을 본 팔레스타인 아랍인들은 충격을 받았다. 그런 일들로 인해 단순한 '아랍인'이 아니라 '팔레스타인 아랍인'이라는 정체 의식이 생겼고, 1964년 카이로에서 아랍 정상회담이 열렸을 때 PLO가 결성되었다. 1968년 3대 PLO 의장이 된 야세르 아라파트는 "팔레스타인은 스스로 해방할 수밖에 없다. 하지만 이스라엘이 강하므로 게릴라 활동을 기폭제로 주변 아랍국가를 끌어들여 이스라엘에 대한 전면전을 시도하자"는 메시지를 설파했다.

그래도 이집트는 팔레스타인을 챙겨주는 '큰형님'이었다. 그러나 지금은 아니다. 명지대 아랍지역학과 이종화 교수는 "1960년대까지만 해도 이집트는 가말 압델 나세르 대통령(1956~1970 재임)을 중심으로 아랍 세계의 중심지이자 맏형 역할을 하면서 팔레스타인에 대해서도 실질적 지원을 아끼지 않았다"면서 "하지만 이집트가 이스라엘과 수교를 맺은 데다 요즘은 경제까지 어려워지면서 팔레스타인을 지원하거나 난민을 받아들이기에는 곤란한 상태"라고 말했다.

지금 이집트가 가자지구 주민에게 라파 국경을 열지 않는 이유가 있다. 이집트에서는 과격 이슬람 근본주의 조직인 무슬림형제단이 2012년에 집권까지 하면서 위세를 떨쳤다. 물론 나중에 군부가 이를 타도하고 나서면서 무슬림형제단은 체제 위협 세력으로 전락했다. 그런데 가자지구를 2006년부터 장악한 하마스가 바로 무슬림형제단을 모체로 하는 조직이다. 이집트로서는 라파 국경을 개방할 경우 난민을 가장한 하마스 대원이 자국 영토로 들어오는 것을 매우 꺼린다. 반면 이스라엘과는 1979년 평화협정을 맺고 1967년 6일 전쟁에서 빼앗겼던 시나이반도를 돌려받는 대신 이스라엘을 국가로 인정했다. 그런 상황에서 하마스가 시나이반도로 넘어온다면 이스라엘에게 다시 공격할 빌미를 제공하는 셈이 된다. 안 그래도 경제마저 어려운데, 상대하기 버거운 이스라엘과 다시 분쟁을 겪는 상황을 이집트는 결코 원하지 않는다.

20세기 초·중반 요르단은 강력한 군사력을 지닌 아랍권의 맹주였다. 영국과도 각별했다. 요르단군은 이스라엘군과 싸워도 밀리지 않았다. 1946년 이슬람 명문 하심가(家)의 압둘라 1세는 트랜스요르단 하심 왕국의 초대 왕이 되었다. 야심이 많던 압둘라 1세는 유엔이 팔레스타인 국가를 세우라고 했던 요르단강 서안지구와 3대 종교 성지가 있는 동(東)예루살렘에 잔뜩 눈독을 들였고, 실제 일부를 병합하기도 했다. 팔레스타인의 적대적 경쟁자 노릇을 했다는 말이다. 이 때문에 압둘라 1세는 1951년 예루살렘 알아크사 사원을 방문했다가 21세의 팔레스타인 청년에게 암살당했다. 뒤를 이어 병약한 아들인 탈랄 1세가 잠시 왕위를 맡았다가 1952년부터 손자인 후세인 1세가 군주가 되었다.

요르단은 제1차 중동전쟁의 결과로 팔레스타인 난민을 꽤 받아들였고, PLO의 활동도 지원했다. 하지만 PLO는 요르단 영토의 일부를 장악한 채 요르단의 행정력 개입을 거부했다. 1970년 9월 6일 PLO 계열 팔레스타인해방전선(PLPF)은 유럽에서 뉴욕으로 가던 각국의 항공기 4대를 동시 납치해 요르단 수도 암만에서 50km 떨어진 자르카 사막지대에 있는 옛 영국군 도슨 기지에 착륙시켰다. 자르카 사막 일대는 요르단 영토이지만, 후세인 1세 국왕의 묵인 아래 PLPF가 독자적인 군대를 두고 부근 지역을 통치하고 있었다. PLPF는 인질을 풀어주었지만, 납치한 항공기는 잇달아 폭파시켰다. 후세인 1세는 "불쌍해서 받아줬더니 이제 주인 노릇을 하고 국제적으로 나라를 망신시킨다"며 PLO의 축출을 결심했다.

이미 PLO는 은행을 습격하거나 난민에게 과도한 세금을 거두는 등 악명이 높았다. 그런 차에 비행기 폭파 테러까지 벌였으니 더 이상 참을 수 없었다. 후세인 1세는 그해 9월 16일 계엄령을 내리고 PLO 진압을 명령했다. 요르단군은 암만에 있는 PLO 부대를 공격했다. PLO 지도부도 요르단 정부를 전복하고 신생 팔레스타인 국가를 세우고자 요르단군과 전투를 벌였다. 당시 시리아군은 PLO를 지원했다. 하지만 PLO와 시리아군 모두 요르단군에 패배했고, PLO는 요르단에서 추방됐다. 11일간의 전투에서 PLO는 5천 명의 사망자를 기록했는데, 이를 두고 '9월의 블랙'이라고 부르기도 한다.

그 날 이후 팔레스타인에게 순순히 자기 영토나 시민권을 내주는 아랍국가는 사라졌다. 지금은 PLO가 많이 부드러워진 반면, 더욱 폭력적인 하마스가 가자지구를 장악하고 있으니 아랍국가들로서는 더더욱 부담스럽다.

이집트와 요르단 두 나라가 팔레스타인에 냉정해지고 이스라엘과 수교하는 모습을 본 일부 다른 아랍국들도 "그냥 이스라엘과 사이좋게 지내는 게 낫다"고 판단했다. 그것이 2020년 맺어진 아브라함 협정으로 UAE와 바레인 등이 해당한다. 아랍권에서 '팔레스타인'은 피로감을 느끼게 하는 단어가 되었다.

최근 들어 경제력이 이슈가 되면서 아랍 세계의 주도권이 이집트·요르단 쪽에서 걸프 쪽으로 넘어갔다. 사우디아라비아·쿠웨이트·UAE·카타르 등이 대표적이다. 이들은 대체로 부자인데, "팔레스타인이 불쌍하고 우리도 응원해. 하지만 우리가 왜 돈을 내고 거기 가서 싸워야 해?"라는 의식이 깔려있다. 사우디아라비아는 수니파의 맹주이자, 메카와 메디나를 보유하고 있는 이슬람권의 형님이다. 시아파 맹주인 이란과는 대립하고 있다. 팔레스타인에 대해서는 이란과 경쟁적으로 잘 대해주려고 했다. 하지만 요즘은 많이 달라졌다. 신세대 분위기를 느낀다는 학자들이 많다. 특히 모하메드 빈 살만 왕세자는 생각부터 젊다. 네옴시티라는 초대형 신도시 프로젝트에 여념이 없다. 미국을 비롯한 서방과 친하고, IT에도 관심이 많아 각국 경영자와 자주 만난다. 그에게 고리타분한 이념 논쟁은 마음을 움직이는 이슈가 아니다. 이스라엘과 수교하려던 계획도 신세대적인 발상이었다. 그는 하마스 전쟁 발발 이전에 폭스뉴스와의 인터뷰에서 "매일매일 이스라엘과 가까워지고 있다"고까지 말했다.

그런 말에 팔레스타인은 실망하고, 이란은 계속 틈을 파고들었다. 하마스의 경우 처음부터 이란과 친했던 것은 아니다. 2010년 '아랍의 봄'이 시작되고 시리아 내전이 터지면서, 이란은 하마스에 대한 자금·무기 지원을 끊었다. 이란은 바샤르 알아사드 시리아 대통령을 지원했는데, 하마스는 동조하지 않았기 때문이다. 사우디아라비아는 같은 수니파이지만 이란과 결탁했던 하마스에 대규모 자금을 지원하지 않았다. 카타르가 그나마 하마스를 도왔으나 규모는 적었다. 2006년부터 가자지구를 통치하게 된 하마스는 결국 다시 이란에 재정적·군사적 지원을 받을 수밖에 없었고, 당연히 이란의 요구를 들어주게 되었다. 그래서 2023년 10월 7일 하마스 테러는 이란의 배후 지시라고 모두 의심하고 있다.

왜 쿠르드족은
중동의 집시라고 불릴까?

2024년 12월 8일 시리아에서 알아사드 독재정권이 무너지고 이슬람 극단주의 무장단체인 HTS(하야트 타흐리르 알샴)가 집권하면서 우리에게는 다소 생소한 쿠르드족(The Kurds)이 다시 한번 주목받고 있다. 지구상의 쿠르드족은 모두 합쳐 2,500만~3,500만 명으로 추정되는데, 민족의 기원은 이란 쪽 고원에 있다고 하지만 지금은 4개국의 국경에 걸쳐 거주하고 있다. 튀르키예의 남동부, 시리아의 북동부, 이라크의 북부, 이란의 북서부에 있는 메소포타미아 평원과 고지대의 토착민이 상당수 쿠르드족이라고 보면 된다.

2025년 봄 튀르키예에서는 줄기차게 분리 독립을 주장하던 쿠르드족 테러단체인 PKK(쿠르드 노동자당)가 튀르키예 정부를 향해 휴전을 선언하며 백기 투항하는 모습을 보였다. PKK는 1978년에 설립되어 역사가 길다. 이에 비해 2015년에 만들어졌으며 시리아의 쿠르드족을 대표하는 SDF(시리아 민주군)는 그동안 다소 껄끄러운 관계에 있던 시리아의 새로운 집권자인 HTS와 군사력을 통합 운영하겠다고 밝혔다.

이런 움직임 때문에 주변 국가들은 계산이 복잡해졌다. 특히 튀르키

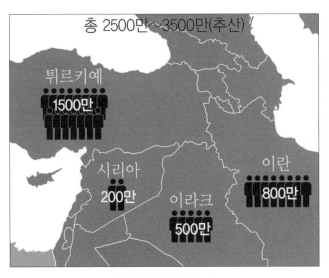

쿠르드족 분포(단위: 명)

예가 가장 민감한 입장을 보이고 있다. 튀르키예 입장에서는 튀르키예 쿠르드족과 시리아 쿠르드족이 힘을 모아 독립국가를 세울까 걱정하고 있는데, 이번에 자신들이 도와준 HTS가 자신들이 싫어하는 SDF와 합치는 모습에 당혹스러워하고 있다.

쿠르드족은 인구가 꽤 많은데도 불구하고 지금까지 나라를 세워본 적이 없어 흔히 '중동의 집시'로 불린다. 12세기 아이유브 왕조를 열어 중동을 지배하고 십자군과 싸워 예루살렘을 탈환한 이슬람의 영웅 살라딘(본명 살라흐 앗 딘 유수프)이 쿠르드족이다. 6·25전쟁 때 우리나라에 파병된 튀르키예 군인의 60%도 알고 보면 쿠르드족이었다. 쿠르드족은 인종·문화·언어로 연결된 독특한 공동체를 형성하고 있는데, 종교로는 이슬람 수니파가 압도적으로 많다.

대다수 약소국이나 약소민족의 경우와 같이 쿠르드족의 역사도 슬픔

의 역사다. 19세기 후반 오스만제국의 지배를 받고 있던 시절에 쿠르드
족은 세계적으로 확산되는 민족주의 영향을 받아 독립을 추구했다. 하
지만 1916년 5월 영국과 프랑스 간에 이뤄진 사이크스·피코 협정으로
중동지역이 튀르키예·시리아·이라크·이란 등으로 분할되는 과정에서
쿠르드족은 뿔뿔이 흩어지고 말았다. 영국은 제1차 세계대전 당시 오스
만제국을 무너뜨리기 위해 쿠르드족에게 독립국가 건설을 약속하고 자
기편으로 끌어들였다. 마침내 오스만제국이 패하자, 쿠르드족은 '쿠르디
스탄(Kurdistan)'이라고 불리는 국가를 만들 꿈에 부풀었다. 하지만 쿠르
드족 거주지역 인근에서 대규모 유전이 발견되자 영국의 생각이 달라졌
다. 쿠르드족의 국가를 건설한다는 구상이 들어간 세브르조약(Treaty of
Sevres)이 1920년에 체결됐지만, 3년 뒤 현대 튀르키예의 경계를 정한 로
잔조약(Treaty of Lausanne)에서는 쿠르드족의 국가를 만들어 준다는 식의
언급은 빠지고 대신 쿠르드족은 그저 각자 국가에서 소수 민족이란 지위
만 유지한다고 밝히면서 쿠르드족의 독립국가 희망은 좌절되었다.

　이후 쿠르드족은 각국의 탄압과 배신을 겪으면서 나라 없는 설움을
톡톡하게 겪어야 했다. 가령 1946년에는 소련의 도움으로 이란 내에 쿠
르드공화국을 잠시 세웠으나 소련의 배신으로 이란군에 궤멸되고 말았
다. 1972년에는 미국과 이란의 지원으로 이라크 내에서 독립운동을 벌
였으나 이라크와 이란의 관계가 개선되면서 무산되고 말았다. 1991년에
는 미국의 권유로 이라크 내에서 봉기를 일으켰으나 미국이 끝내 군사지
원을 외면했다. 이후에도 미국과 함께 시리아에서 '가장 잔인한 테러집
단'이라는 IS(이슬람국가) 격퇴에 나섰고 실제 쿠르드족 전사들이 맹활약
을 펼쳤으나, 돌연 미군이 철군하면서 어려움을 겪기도 했다. 각국 입장

에서는 필요할 경우 쿠르드족의 손을 빌렸다가 상황이 변하면 언제 그랬느냐는 식으로 쿠르드족을 방치하곤 했다.

그렇다면 4개국에 흩어져 사는 쿠르드족은 서로 정서가 비슷할까. 쿠르드족 출신으로 한국에 귀화한 알파고 시나시 기자는 한민족에 비유했다. 가령 이란의 쿠르드족은 이미 한국 땅에서 분리된 지 오래된 고려인과 같은 존재라는 것이다. 정서적으로 가장 멀다는 얘기다. 튀르키예의 쿠르드족은 중화사상에 물든 조선족과 비슷한데, 튀르키예 사람들과 그다지 구분되지 않는 데다 은근히 과거 오스만제국의 후광 속에 산다는 자부심을 가지고 있다고 한다. 이에 비해 시리아의 쿠르드족은 사회주의를 지향하는 북한에, 이라크의 쿠르드족은 우파 성향이 강한 우리나라에 각각 비유했다.

쿠르드족이 거주하는 4개국의 입장도 제각각이다. 튀르키예에는 4개국 가운데 가장 많은 1,500만 명 안팎의 쿠르드족이 살고 있다. 이번에 시리아에서 HTS가 집권하는 데 기여한 튀르키예 입장에서는 혹시 튀르키예의 쿠르드족이 분리 독립을 외치면서 시리아의 쿠르드족과 손을 맞잡지 않을까 긴장하고 있다. 그런데 튀르키예 남동부에서 쿠르드족의 분리독립 투쟁을 벌였던 무장단체 PKK가 웬일인지 2025년 3월 1일 설립 47년 만에 정부와의 휴전을 선언했다. PKK의 공동 창립자로 사형을 선고받고 수감 중인 77세의 압둘라 오잘란은 친(親)쿠르드 성향의 튀르키예 야당인 인민민주당을 통해 "모든 단체는 무기를 내려놓고 PKK는 스스로 해산해야 한다"고 밝혔고, 이에 PKK도 "지도자인 압둘라 오잘란이 요구한 평화와 민주사회로 향하는 길을 만들기 위해 오늘부터 발효되는 휴전을 선언한다"고 밝혔다. 물론 PKK는 튀르키예 정부가 오잘란을 석방해야 한다는 단서를 붙이기는 했다.

원래 튀르키예는 자국 인구의 15~20%를 차지하는 쿠르드족에 불편한 감정을 유지해왔다. 영국 BBC의 설명을 보자.

쿠르드족은 오랫동안 튀르키예 당국으로부터 가혹한 대우를 받았다. 1920년대와 1930년대에 봉기를 일으키자 수많은 쿠르드족이 강제 이주당했고, 쿠르드족의 이름과 의복은 사용이 금지되었으며, 쿠르드어 사용도 제한당했다. 대신 튀르키예 당국은 쿠르드족을 일컬어 그저 "산악의 튀르키예 사람"이라고 부르곤 했다.

그러다가 1978년 쿠르드족이 '아포(아저씨)'라고 부르는 압둘라 오잘란이 마르크스·레닌주의 이념을 기반으로 독립국가를 요구하며 PKK를 창설했다. PKK는 쿠르드 민족주의와 폭력적 사회주의를 결합해 공산혁명을 통해 쿠르드족 독립국가를 세우겠다고 했다. 1984년부터 무장봉기를 시작했고, 양측의 충돌로 4만여 명이 사망했고, 수십만 명이 이주했다.

이를 계기로 튀르키예, 미국, EU(유럽연합)는 모두 PKK를 테러단체로 지정했다. 오잘란은 1999년 튀르키예 정보부와 미국 CIA의 협력으로 케냐에서 체포되었고, 이스탄불 남서쪽 임랄리섬 감옥 독방에 26년째 수감되어 있다. 그러자 PKK는 전략을 수정해 '독립'보다는 문화적·정치적 '자치권'을 튀르키예 당국에 요구했다. 그럼에도 계속 거절을 당하다가 오랫동안 공방전을 벌여 왔다.

튀르키예는 2016년 8월 IS에 대한 시리아 반군의 공세를 지원한다는 명목으로 시리아 북부에 군대와 전차를 보냈고, 2019년 10월에도 미국 트럼프 1기 행정부가 우방인 튀르키예의 군사작전에 불개입을 선언하자 때를 놓칠세라 시리아 북부에 지상군 병력을 투입했다. 튀르키예로서는 시리아 쿠르드족 민병대인 YPG(인민수비대)가 튀르키예 쿠르드족 PKK와 손을 잡으면 자국 안보가 위험해진다는 이유를 내걸었다. 현재 시리아의 북동부는 YPG를 주축으로 삼고 있는 SDF가 점령하고 있다. 튀르키예는 YPG 역시 PKK의 연장선이며 제거해야 할 테러 조직이라고 보고 있다. 그래서 튀르키예는 YPG와 SDF가 시리아 북서쪽의 쿠르드족 거주지인 아프린과 연합하는 것도 막았다. 다만 SDF 관할 지역에 미군 부대가 있기에 SDF에 대한 노골적인 공격은 삼갔다.

그런 와중에 2025년 3월 10일 아흐메드 알샤라 시리아 임시대통령과 마즐룸 압디 SDF 수장이 만나 "SDF가 시리아 과도정부의 정규군에 합류하기로 했다"고 발표했다. 이들은 합의문에서 "종교적·민족적 배경에 관계없이 모든 시리아인이 정치 활동과 국가기관에 참여할 권리를 보장한다"며 "쿠르드족은 시리아의 토착 공동체로, 시리아 정부는 쿠르드족에게 모든 권리를 보장한다"고 명시했다. 이들은 SDF가 모든 시리아 영토 내에서 교전을 멈추고, SDF가 통제하던 시리아 북동부의 모든 기관을 시리아 정부에 통합하기로 했다. 또 옛 독재자인 바샤르 알아사드를 지지하는 세력에 맞서 싸우는 전투에 SDF가 시리아의 새로운 정부군과 협력하기로 했다.

AP통신은 "이번 합의로 시리아 과도정부가 이라크·튀르키예 접경지를 포함해 영토 대부분의 국경 검문소, 공항, 석유 생산시설 등을 관리할 수 있게 됐다"면서 "대신 알아사드 정권 치하에서는 금지됐던 쿠르드족의 언어 교육 등이 허용될 것으로 보인다"고 전망했다. 튀르키예 입장에서는 HTS와 SDF가 손을 합치는 모습이 무척 거슬릴 것이고, 이번 합의에 강력하게 반발할 것으로 보인다.

이스라엘의 경우는 SDF와 친했다. SDF가 과거 IS를 퇴치하는 데 공을 세웠을 뿐 아니라, 시리아 내전 기간에 시리아 알아사드 정부군과는 물론이고 다른 이슬람 극단주의 반군과도 치열하게 싸웠기 때문이다. SDF는 2014년과 2015년에 미국의 군사지원을 받아 치열한 전투 끝에 IS의 힘을 약화시켰고, 2017년 10월에는 사실상 IS 수도였던 라카를 점령했으며, 2019년 3월에는 IS가 시리아에서 점유한 마지막 영토인 바구즈 마을도 함락했다. 이렇게 SDF가 IS의 천적 역할을 한 데다 새로운 집권세력인 HTS에 강력한 견제 세력이 된다는 점에서 이스라엘로서는 매력적인 존재였다. 그런데 이제 HTS와 SDF가 손을 잡는 모습을 보고 이스라엘이 어떤 스탠스를 취할지도 관심사다.

미국의 경우 앞으로도 계속 SDF를 보호할지, 아니면 시리아에서 군대를 철수할지가 관건이다. 서강대 유로메나연구소 박현도 교수는 "이라크에서 시리아로 이어지는 길목인 시리아 유전지대에 미군 2천여 명이 주둔하고 있는데, 만일 미군이 이라크로 철수하고 SDF의 힘이 약해지면 아직 소멸되지 않은 IS가 위험한 수준으로 재건될 가능성이 크다"면서 "미군의 지원 때문에 SDF를 공격하지 못하던 튀르키예가 극단주의자들을 동원해 공세를 펴 시리아 쿠르드족 지역을 점령하고 이에 편승해 IS가 부활할 것이 뻔하다"라고 말했다.

시리아 쿠르드족의 경우 시리아 인구의 7~10%를 차지한다. 쿠르드족은 2011년 알아사드 독재정권에 대한 봉기가 시작되기 전에 대부분 다마스쿠스, 알레포, 코바니, 아프린 등에 살았다. 시리아 쿠르드족은 1960년대 이후로 30만여 명이 시민권을 박탈당했고, 쿠르드족의 땅은 몰수되어 아랍인들에게 재분배되었다. 2011년 봉기가 내전으로 발전했으나 알아사드 정권은 군사력을 동원하여 시리아 영토의 구석구석을 탈환하겠다고 선언하면서 쿠르드족의 자치권 요구를 거부했다. 이번에 시리아의 새 정권이 SDF에, 즉 시리아 쿠르드족에게 상당한 수준의 자율권을 주겠다고 밝혔으니 얼마나 변화될지가 주목거리다.

이라크 쿠르드족은 이라크 인구의 15~20%를 차지한다. 이웃 국가에 사는 쿠르드족보다는 많은 국가적 권리를 누렸지만 잔혹한 탄압도 겪었다. 1946년 무스타파 바르자니는 KDP(쿠르드 민주당)를 결성하고 1961년부터 본격적인 무장투쟁을 시작했다. 1970년대 후반에 이라크 정부는 쿠르드족이 다수를 차지하는 지역, 특히 석유가 풍부한 도시 키르쿠크 주변에 아랍인을 정착시키고 쿠르드족을 강제로 이주시키기 시작했다. 이 정책은 1980년대 이란·이라크 전쟁 동안 가속화되었는데, 이 전쟁에서 쿠르드족은 IS를 지원하기도 했다. 1987~1989년 이라크 독재자 사담 후세인은 이라크 북부의 쿠르드족이 이란을 도왔다는 이유로 화학무기를 동원해 10만 명을 인종 청소 수준으로 학살했다. 지금은 그때와는 상황이 달라졌으나, 쿠르드족의 분리독립 이슈는 언제든지 불거질 수 있다.

4개국 중에서 쿠르드족 이슈가 다른 나라보다 조용한 이란의 경우에도 800만 명 안팎의 쿠르드족이 살고 있어 늘 긴장하고 있다. 이란에서는 모국어인 페르시아어를 사용하는 숫자가 60% 정도이고, 나머지 40%는 아제르바이잔어와 쿠르드어를 사용하고 있어 언제든지 소수민족 이슈가 터질 가능성이 있다. 한때 이란이 SDF에 드론을 지원한다는 소문도 있었으나, 그럴 경우 이란은 튀르키예와 척을 져야 할 뿐 아니라 이란 쿠르드족도 걱정거리인데 시리아 쿠르드족을 지원한다는 것은 모순이란 설명도 있다. 이란은 시리아의 알아사드 정권과 매우 친했는데, 알아사드 정권의 붕괴에 결정적 역할을 한 튀르키예를 향한 불만을 애써 삭이고 있다. 현재 시리아의 새로운 정권인 HTS도 상호존중 원칙을 지킨다면 이란과 관계를 정상화할 수 있다고 밝혔다.

쿠르드족은 중동에서 흔치 않게 민주주의 정치문화를 가지고 있다는 평가를 받고 있다. 1991년 걸프전 이후 미국은 이라크 사담 후세인 독재 정권에서 혹독한 탄압을 받았던 쿠르드족에게 상당한 자치권을 부여해 주었다. 미국을 도와 후세인 정권을 붕괴시키는 데 기여했기 때문이다. IS를 물리칠 때도 YPG는 전사자 1만여 명을 내면서 크게 기여했다. 미국 등 서방국과 함께 싸우면서 투명성과 개방성, 인권과 자유 등 국제 규범에 노출됐던 경험이 이들의 민주주의 문화를 키운 것으로 보인다.

장지향 아산정책연구원 중동센터장은 "쿠르드족은 독립국가를 이루지 못한 채 지속적인 탄압을 받아왔지만, 중동에서 유대인을 제외하면 아랍·투르크·이란 민족보다 훨씬 더 민주주의와 평등·인권 가치를 내면화해 국제 규범을 지켜왔고, 국제무대에서도 긍정적인 평가를 받고 있다"며 "특히 쿠르드족 여성은 용맹함으로 유명하고 군대 내 역할도 두드러지며 정치권 내 지위도 높은데, 이는 독립과 자치권을 획득하려는 투쟁 과정에서 여성들이 희생과 헌신으로 당당하게 기여했기 때문"이라고 말했다.

쿠르드족은 '쿠르디스탄'으로 불리는 온전한 독립국가를 세우겠다는 꿈을 가지고 있다. 물론 현실성은 떨어진다. 그래서 분리독립보다는 해당 국가에서 보다 많은 자치권을 얻어내는 것을 목표로 하지만 그마저도 쉽지 않은 형국이다. 쿠르드족의 설움은 언제 끝날지 알 수 없다.

제2부

이스라엘은 왜 강한가?

이념과 국익과 종교에 따라 다르게 보는 이스라엘과 중동 뉴스를 이해하기 위해서는 기본 지식이 요구된다. 왜 이스라엘 의회는 꼭 연립정권을 구성해야 하는지, 예루살렘 성전산은 왜 유대교와 이슬람교가 목숨 걸고 관할하려 하는지, 서양에서 반유대주의가 시작된 이유와 초정통파 유대교인의 독특한 삶 등을 분석한다. 그리고 세계 첨단기술을 선도하고 있는 이스라엘의 비결은 무엇인지 등을 현지 체험을 중심으로 다루었다.

왜 예루살렘 성전산은
세계 최고 분쟁지역이 되었나?

　필자는 예루살렘을 방문할 때마다 성전산(聖殿山·Temple Mount)을 반드시 찾는다. 실제 이곳을 방문하면 이름과 달리 산이라는 느낌은 들지 않는다. 대략 동서로 300m, 남북으로 500m 정도인 마름모꼴 광장일 따름이다. 성전산의 중심에는 찬란하게 황금색으로 빛나는 이슬람 바위 돔(Dome of the Rock)이 눈길을 잡아당긴다.

　현재 성전산은 이스라엘과 팔레스타인의 최고 화약고다. "성전산에서 갈등이 커지면 제3차 세계대전이 발발한다"는 말이 나올 정도다. 이스라엘은 1967년에 6일 전쟁을 통해 요르단으로부터 예루살렘과 성전산을 탈환했다. 하지만 이미 이슬람 성지가 되어있는 성전산을 무력으로 강제 접수하기에는 위험이 크다고 판단했다. 그래서 성전산의 운영은 요르단의 지원을 받는 이슬람 공공재단 와크프(WAQF)에게 맡기고 이스라엘 경찰은 외곽경비를 담당하고 있다.

　하지만 유대인들에게 성전산은 언제든지 가보고 싶은 최고의 장소다. 그러다 보니 충돌이 잦다. 2000년 9월 아리엘 샤론 당시 이스라엘 리쿠드당 당수가 돌연 성전산을 방문하자 팔레스타인에서는 2차 인티파다

(팔레스타인의 무장봉기)가 벌어졌을 정도다. 이후 벌어진 다양한 유혈 사태
도 대부분 성전산에 대한 지대한 관심 때문에 벌어졌다.

3대 유일신 종교라는 유대교, 기독교, 이슬람 모두가 성지로 여기는
성전산이 왜 세계에서 가장 뜨거운 화약고가 되었을까. 유대교에서 성
전산은 아담과 노아가 밟았던 땅이라는 전승이 있을 뿐 아니라, 창세기
에 따르면 아브라함이 아들 이삭을 희생 제물로 바치려 했던 모리아산
이 바로 오늘날의 성전산이라 보고 있다. 기독교에서는 예수 그리스도
의 주된 사역이 벌어진 무대이다. 이슬람에서는 마호메트가 하늘을 다
녀왔다는 전승에 따라 지어진 2개 건물이 자리 잡고 있어 절대로 포기하
지 못한다.

그럼 구체적으로 어떤 역사가 있었을까. 구약성경에 따르면 BC 1000
년경 유대의 2대 왕인 다윗은 아라우나로부터 은 50세겔(일반 노동자 200
일의 품삯)에 성전산(당시에는 타작마당)을 구입했다. 그의 아들인 솔로몬 왕
은 BC 960년 그곳에 제1성전을 세웠다. 하지만 BC 586년 바빌론의 침
공으로 제1성전은 파괴되었고, 유대인들은 대거 바빌론으로 끌려갔다.
50년 뒤에 고국으로 돌아온 유대인들은 스룹바벨의 지휘로 성전 재건을
시작했고, BC 516년 제2성전을 준공했다.

시간이 흘러 BC 20년에 혈통이 유대인이 아닌 에돔 사람으로 로마의
분봉왕 노릇을 하던 헤롯은 유대인들의 민심을 얻으려고 성전과 부속건
물을 화려하게 신증축했다. 땅도 지금과 같이 평평하게 골랐다. 그러니
요즘 성전산을 방문하는 순례객들은 "산이라며? 이런 평지를 보고 왜 산
이라고 부르지?"라고 수군거린다. 드디어 AD 70년 유대가 로마에 반란
을 일으키자 로마 타이투스 장군은 제2성전을 완전히 파괴해버렸다. 예

수 그리스도의 예언대로 성전은 돌 위에 돌 하나도 남지 않고 부서져 버렸고, 유대인들은 전 세계로 흩어졌다.

이후 로마의 하드리아누스 황제는 성전산에다 주피터 신전을 세웠고, 비잔틴 시대에도 유대교의 성전 터였다는 이유로 황폐하게 방치되었다. 그러다가 성전산의 이슬람 시대가 화려하게 열렸다. 이슬람은 마호메트가 40세인 AD 610년부터 계시를 받고 622년 메카에서 메디나로 본거지를 옮기면서(히즈라) 독자적인 종교로 발돋움했다. 이후 포교를 위해 주변에 대한 무력정복을 병행했는데, 632년 마호메트 사후 확장세는 더욱 빨라졌다.

638년 예루살렘과 성전산을 정복한 우마이야 왕조는 코란 17장 1절에 나오는 '알라의 종을 밤새 메카 사원에서 아득히 먼 사원으로 데려갔다'는 구절에 주목했다. 그리고 바로 '아득히 먼(알아크사·Al-Aqsa)' 장소가 예루살렘이라고 해석했다. 당시 마호메트의 후계자인 칼리프들 사이에 주도권 경쟁이 치열했고, 시리아 다마스쿠스에 본거지를 둔 우마이야 왕조 입장에서는 메카 지역 칼리프에 맞서기 위해 예루살렘의 위상을 더 높이려 했다고 할 수 있다. 실제 우마이야 왕조의 5대 칼리프인 압둘 말리크는 691년 8각형의 바위 돔(Dome of the Rock)을 세웠다. 돔 아래에는 폭 10m가 넘는 바위가 있는데, 마호메트가 야간비행을 통해 메카에서 날아와 이 바위를 딛고 승천했다는 이야기가 시작됐다. 몇 년 뒤에는 바위 돔 남쪽에다 알아크사 사원(Al-Aqsa Mosque)을 추가로 지었다.

바위 돔은 1099년 십자군 시대에 교회(템플럼 도미니)로 잠시 바뀌었으나, 1187년 다시 이슬람 손으로 들어갔다. 20세기 들어 후세인 요르단 국왕이 사재 650만 달러를 털어 24K 순금으로 1,200장의 얇은 판을 바위 돔에 씌웠다. 지금은 명실상부한 황금 돔이 되어 밤낮으로 예루살렘을 압도하는 포토존이 되었다.

그렇다면 마호메트의 야간비행 스토리는 어떻게 구체화되었을까. 마호메트 사후 그의 언행을 기록한 하디스는 시대별로 여러 가지 버전이 있는데, 9세기 부카리 하디스에 비교적 상세한 스토리가 수록되어 회자되고 있다. 골자는 마호메트가 621년경 메카에서 예루살렘까지 직선거리로 1,486km를 부라크라는 천마를 타고 순식간에 날아와 그곳에서 다시 칠층천(七層天)을 올라갔다는 것이다. 특히 알라를 만나 하루 50번 기도하라는 지시를 받았으나 "아무래도 무리일 것이다"라는 모세의 조언을 받고 알라에게 다시 간청한 결과 결국 하루 5번으로 줄였다는 내용도 있다.

이에 대해 비판론자들은 코란에 예루살렘이란 단어가 한 번도 나오지 않고, 마호메트가 예루살렘을 방문했다는 역사적 기록도 없다는 점을 들어 야간비행을 허구라고 지적한다. '아득히 먼 사원'이 메카 근처에 있는 알지라나(Al-Jiranah)란 작은 마을이라는 주장도 있다.

일본의 국제문제 저널리스트인 오가와 히데키(小川秀樹)는 저서 〈이스라엘·팔레스타인 역사기행〉에서 "점령한 기독교 도시 예루살렘을 빠르게 이슬람화할 필요가 있어 창작되어진 설화일 것"이라며 "아무리 봐도 억지로 만든 이야기"라고 언급했다. 하지만 무슬림들이 마호메트의 야간비행을 믿기 시작한 이상 성전산이 이슬람 제3의 성지에 오르는 것은 시간문제였다. 이슬람에서는 성전산을 '하람 알 샤리프(Haram al-Sharif)', 즉 고귀한 장소라고 부른다. 따라서 앞으로도 성전산에 대한 유대인과 기독교인의 침범을 용납할 수가 없다.

유대교나 이슬람과 달리 성전산에 대한 기독교 입장은 조금 복잡하다. 첫째는, 예수 그리스도의 승천 이후 복음이 전 세계에 전파되면서 유대인과 이방인의 차별은 사라졌고 '천상의 새 예루살렘'이 중요하므로 지금 중동의 이스라엘은 그냥 세속국가의 독립일 뿐 기독교와 아무런 관계가 없다는 입장이다. 둘째는, 비록 유대인의 선민(選民) 지위는 이제 사라졌지만 로마서 9~11장 등을 보면 종말에 적지 않은 유대인이 예수를 믿게 될 것이므로 기독교가 지대한 관심을 가져야 한다는 입장이다. 그래도 이 두 가지 입장은 성전산이란 물리적 장소에 특별한 관심을 두지 않는다. 건물인 '성전'의 기능은 구세주인 '예수'로 대체되었으므로 성전산에 지나친 의미를 두는 것은 모순이기 때문이다.

하지만 셋째 입장은 조금 묘하다. 바로 19세기에 등장한 세대주의(世代主義·Dispensationalism)가 그것이다. 영국에서 플리머스형제단(Plymouth Brethren)을 이끌었던 존 넬슨 다비가 주창한 세대주의 신학은 미국으로 건너가 1909년 발간된 스코필드 주석 성경을 시작으로 기독교계에 큰 영향을 미치고 있다. 초창기 한국에 들어온 미국 선교사들도 대부분 세대주의자였다. 세대주의는 하나님이 인류 역사를 7세대로 나누어 각각 경륜(經綸)을 달리하는데, 예수 그리스도 때부터 일정 기간은 교회를 통한 이방인 구원에 집중하지만, 종말을 앞두고 유대인을 다시 불러모아 예수를 믿게 하고 나중에 천년왕국의 주인공으로 삼는다는 것이다. 극단적인 세대주의자들은 구약성경에 나오는 절기와 제사를 부활하고, 성전산의 이슬람사원을 제거한 뒤 제3성전을 지어야 한다고 주장한다.

이스라엘이 AD 70년 로마에 망했다가 1948년 극적으로 재건되면서 세대주의는 더욱 힘을 얻게 되었다. 특히 미국에서 '바이블 벨트'로 불리는 남동부 지역과 최대 교단인 남침례교의 상당수가 세대주의 영향을 받아 정치적·종교적으로 친이스라엘 입장을 보이고 있다. 댈러스신학교 등이 세대주의 교육을 많이 했다. 이스라엘 편을 든다는 입장에서 세대주의는 '기독교 시온주의'와 유사한 점이 많다.

흔히 미국이 이스라엘 편을 드는 것을 두고는 학계·언론계·금융계 등 핵심 요직을 유대인이 장악한 데다 AIPAC(미국·이스라엘 공공정책위원회) 같은 단체의 막강한 로비가 배경에 있다는 지적이 나온다. 맞는 말이지만, 핵심이 빠져 있다. 바로 세대주의 영향을 받은 일부 기독교계의 자발적 지원이다. 트럼프 대통령이 1기 때 주이스라엘 미국대사관을 텔아비브에서 예루살렘으로 옮긴 배경도 여기에 있다.

최근 기독교와 유대교의 정서적 연대는 이스라엘 벤구리온 공항에 도착했을 때부터 느껴지는데, 비행기와 터미널을 잇는 통로에 붙어 있는 포스터가 눈길을 당긴다. '전 세계 수백만 기독교인과 유대인은 동료애의 실천을 통해 이스라엘을 강하게 만들기 위해 단결한다'라고 적힌 IFCJ(국제기독교유대인협회) 단체의 포스터다. '유대교에 근거한 기독교를 깨달음으로 신앙의 성장을 도모하는 교육을 제공한다'는 것이 IFCJ 원칙이다.

현재 기독교 세대주의와 유대교는 팔레스타인, 반(反)유대주의, 유대인 고국 귀환(알리야), 성전산 이슈 등에서 유대민족주의 실현을 위해 한목소리를 내는 경우가 많다. 특히 예수를 믿는 극소수 유대인을 가리키는 '메시아닉 주(Jew)'와 세대주의의 교류는 더욱 활발한 편이다.

하지만 루터와 칼빈의 개혁주의를 따르는 정통 개신교 신학계에서는 세대주의를 걱정스럽게 바라보고 있다. 시한부 종말론과 환란전(前) 휴

거론 등을 내세운 이단들 상당수가 세대주의를 이론적 배경으로 깔고 있고, 백투예루살렘 등 사회적으로 문제를 일으킨 친이스라엘 운동 역시 세대주의와 관계가 있어서다. 총신대학교 이한수 명예교수는 "세대주의는 미국 기독교인의 20% 정도를 차지하고, 한국에도 많이 스며들어 있다"며 "세대주의는 유대인 우월주의를 강조하고, 구약성경의 이스라엘 회복을 문자적으로 믿는 등 문제가 많다"고 말했다.

사실 성전산을 가장 원하는 건 유대교 쪽이라고 봐야 한다. 이슬람은 메카와 메디나가 더 중요하고, 기독교는 물리적 장소에 대한 관심이 덜해서다. 지금도 유대인들은 성전산에 잘 올라가지 않는데, 정치적 이유와는 별도로 과거 제2성전에서 가장 거룩한 장소였던 지성소(The Holy of Holies)의 위치가 어디인지 몰라 자칫 그 땅을 밟을까 염려해서다. 비행기도 성전산 위로는 날지 않도록 조심한다. 대신 유대인들은 성전산 바깥의 서쪽벽(통곡의 벽)에서만 기도할 수 있다. 그래서 성전산을 반드시 회복하고 싶어 한다. 이스라엘의 성전연구소(The Temple Institute)를 비롯한 여러 단체에서는 성전산에 제3성전을 짓기 위한 준비를 거의 마친 상태다. 하지만 세계적인 전쟁을 각오해야 하기에 국민 다수가 동의하는 것은 아니며 논쟁도 치열하다.

이렇게 각 종교마다 복잡한 속내로 얽혀 있어 성전산을 둘러싼 갈등은 계속될 전망이다. 믿음의 뿌리가 다르고, 서로에게 입힌 역사적 상처도 만만치 않기 때문이다. 장소가 중요한가, 믿음이 중요한가. 성전산 문제의 해답은 하나님만이 알고 계시리라.

예루살렘에 제3성전은
건설될 것인가?

    동쪽 길이가 470m, 서쪽은 488m, 남쪽 280m, 북쪽 315m인 땅이 있다. 대략 축구장(105×68m)을 16개 정도 넣을 수 있는 크기다. 여기는 세계에서 가장 거룩하면서도 가장 위험한 장소다. 이스라엘과 이란·하마스·헤즈볼라 등이 벌이는 중동전쟁의 진짜 뿌리도 누가 이곳을 차지하느냐에 있다. 자칫 여기에서 큰 분쟁이 발생하면 제3차 세계대전이 벌어질 수도 있다. 바로 이스라엘 예루살렘에 있는 성전산(聖殿山)이다.

    이스라엘의 극우파 정치인 이타마르 벤그비르 국가안보장관은 '통곡의 벽' 옆으로 난 통로를 따라 가끔씩 성전산에 올라간다. 그는 이스라엘군 라디오 인터뷰에서 "왜 무슬림만 성전산에서 기도할 수 있는지 말이 안 되며, 유대인도 기도할 수 있게 하는 것이 우리의 정책"이라고 말했다. 방송 진행자가 "가능하다면 성전산에 유대교 회당을 짓겠는가"라고 묻자 "그렇다"라고 연거푸 답했다. 이스라엘의 고위 당국자가 현재 이슬람 종교시설만 있는 성전산에다 유대교 종교시설을 설치하겠다고 공개적으로 언급했다는 점에서 눈길을 끌었다. 벤그비르가 단순히 회당(Synagogue)을 의미했다기보다는 제3성전(Temple)을 암시했다는 시각도 있다. 유대인들은 지난 2000년간 전 세계에 수천 개의 회당을 지었지만, 동물 희생제사를 드리는 성전은 오직 성전산 한 곳에만 세울 수 있었다. 벤그비르의 발언이 논란이 되자 이스라엘 총리실은 "성전산에 대한 현상유지(Status Quo) 정책은 변하지 않았다"고 선을 긋는가 하면, 다른 장관들도 "이란이 이끄는 '저항의 축'에 맞서 다른 이슬람 국가의 도움이 절실한데 웬 포퓰리즘적인 발언이냐"라며 비난했다. 하지만 벤그비르가 쉽게 포기할 것으로 보는 사람은 없다.

그러면 용어부터 정리하자. 한국어로 '성전산(聖殿山)'은 영어로 '템플마운트(Temple Mount)', 히브리어로 '하르 하바이트(Har HaBayit)', 아랍어로 '하람 알 샤리프(Haram al-Sharif)'라고 부른다. 히브리어로는 '거룩한 집이 있는 산'이란 뜻이고, 아랍어로는 '고귀한 성소'라는 의미다. 성전산에는 이슬람 종교시설로 '알아크사 사원'과 '바위 돔'이 있다. 여행 가이드북에 보면 흔히 황금 돔이 있는 바위 돔을 바위사원이나 황금사원이라고 표기하는데, 거기에서 예배를 드리지 않기 때문에 사원이 아니라 기념물로 보는 게 타당하다. 예배 장소는 바위 돔에서 남쪽으로 100m쯤에 있는 알아크사 사원이다. 요즘 일부 국내 언론에서 성전산을 그냥 알아크사 사원이라고 표기하기도 하는데, 바위 돔과 알아크사 사원을 포괄한 '알아크사 복합단지(Al-Aqsa Compound)'라고 적어야 한다.

하마스가 2023년 10월 7일 잔인한 테러 전쟁을 일으킨 진짜 배경으로 성전산과 제3성전 이슈가 거론되기도 한다. 2022년 9월 미국 텍사스에서 기른 5마리의 붉은 암송아지(Red Heifer)가 벤구리온 공항을 통해 이스라엘로 들어왔다. 2023년 9월에는 새로운 붉은 암송아지가 태어났다. 구약성경 민수기 19장에 따르면 제사장이 성전에 들어가기 전에 흠 없고 새끼를 낳은 적이 없는 붉은 암송아지를 잡아 그 재로써 몸을 청결하게 해야 한다는 규정이 있다. 2024년 4월의 유월절에는 올리브산에서 붉은 암송아지를 잡는 제사 시범행사까지 계획되어 있었다. 하마스와 헤즈볼라는 그런 붉은 암송아지의 움직임을 보면서 '성전산에다 제3성전을 짓는다는 말이 단순한 허언이 아니다'라는 위기감을 느꼈다는 설명이다.

그래서인지 테러 전쟁의 이름이 '알아크사 홍수작전'이었고, 구호도 '이스라엘로부터 알아크사를 방어하자'였다. 실제 친(親)이슬람 매체인 중동모니터나 팔레스타인뉴스네트워크는 모두 테러 전쟁 직전인 2023년 9월 "이스라엘의 붉은 암송아지가 알아크사를 위협한다"는 기사를 싣기도 했다. 단순한 팔레스타인 민족주의가 아니라 이교도로부터 알아크사를 지키겠다는 의지의 표현이었다는 설명이다.

사실 역사적으로 성전산의 주인은 계속 바뀌어 왔다. AD 70년 유대인들이 로마에 성전산을 빼앗기고 전 세계로 쫓겨난 뒤에 로마(BC 63~AD 324) → 비잔틴제국(324~638) → 이슬람 왕조(638~1099) → 십자군(1099~1291) → 이집트 맘루크 왕조(1291~1517) → 오스만제국(1517~1917) → 영국(1917~1948) 등으로 계속 지배세력이 바뀌었다.

구약성경을 보면 BC 2000년 무렵 아브라함이 아들 이삭을 하나님께 희생 제물로 바치려고 했던 모리아산을 오늘날의 성전산으로 보고 있다. 한동안 성경에 등장하지 않던 이곳은 BC 1000년 무렵 유대의 2대 왕인 다윗에 의해 다시 주목받는다. 다윗은 오르난이라는 땅 주인에게 금 600세겔을 주고 지금의 성전산 부지가 된 모리아산 일대를 구입했다.

다윗의 아들 솔로몬은 그곳에다 거대한 제1성전을 세웠다. 하지만 BC

586년 바빌론이 침공하면서 제1성전은 파괴되었고, 유대인들은 대거 바빌론으로 끌려갔다. 포로 생활을 마치고 고향으로 돌아온 유대인들은 스룹바벨의 지휘로 성전 재건을 시작했고, BC 516년 제2성전을 완공했다. 시간이 흘러 BC 20년 로마의 분봉왕이던 헤롯은 자신이 유대인이 아닌 에돔 사람이라는 열등감에 시달리다가 유대인의 환심을 사려고 제2성전을 화려하게 증축했다. 하지만 AD 70년 유대가 로마에 반란을 일으키자 로마 타이투스 장군은 제2성전을 완전히 파괴해버렸다. 이어 하드리아누스 황제는 성전산에다 주피터 신전을 세웠고, 비잔틴 시대가 되어서도 성전산은 유대교의 성전 터였다는 이유로 쓰레기 버리는 장소로 방치되었다.

그러다가 성전산의 이슬람 시대가 화려하게 열렸다. 이슬람은 마호메트가 622년 메카에서 메디나로 본거지를 옮기면서 독자적인 종교로 발돋움했다. 이후 포교를 위해 주변에 대한 무력정복을 병행했는데, 632년 마호메트 사후 확장세는 더욱 빨라졌다. 638년 메디나의 이슬람 칼리프 세력이 예루살렘을 정복했고, 처음에는 성전산에 그리 주목하지 않았다. 그러다가 시리아 다마스쿠스에 본거지를 둔 우마이야 왕조가 661년 예루살렘을 접수했고, 우마이야 왕조를 세운 무아위야는 예루살렘에서 자신을 칼리프로 선언했다. 이들은 메카에 있는 칼리프들과 일종의 정통성 경쟁을 벌이고 있었는데, 메카에 필적할 의미 있는 장소로 성전산이 제격이었다. 그래서 아브라함이 과거 성전산에서 하나님께 제물로 바치려고 했던 아들은 유대인의 조상인 이삭이 아니라 바로 아랍인의 조상인 이스마엘이었다는 스토리텔링이 시작되었다.

우마이야 왕조의 4대 칼리프인 압드 알 말리크는 691년 성전이 있었

예루살렘 구시가지

던 자리 위에다 바위 돔(Dome of the Rock)을 세웠다. 당시 압드 알 말리크는 "시리아와 팔레스타인 사람들은 메카까지 성지순례 가지 말고 예루살렘에서 예배드리면 된다"고 밝히기도 했다. 그동안 지진 등으로 여러 차례 개축을 한 바위 돔의 남쪽과 동쪽 문에는 아랍어로 알라와 마호메트를 칭송하면서 '예수는 신의 아들이 아니다', '삼위일체는 거짓이다' 등 기독교를 폄하하는 내용이 적혀 있다.

이와 함께 바위 돔에는 중요한 내러티브(敍事)가 더해졌다. 바로 '알라의 종을 밤새 메카 사원에서 아득히 먼 사원으로 데려갔다'는 코란 17장 1절에 나오는 '아득히 먼(아랍어로는 알아크사·Al-Aqsa)' 장소가 바로 예루살렘 성전산이라고 특정하게 된다. 사실 코란에는 '예루살렘'이란 단어가 단 한 번도 등장하지 않는다(이 때문에 이슬람에서 유대교를 향해 예루살렘에 대한 종교적 우위권을 주장할 때 최대 약점이 되고 있다). 어쨌든 당시 예루살렘을 장악한 이슬람 세력과 메카에 뿌리를 둔 이슬람 세력 간의 정통성 싸움이 있었고, 결국 마호메트의 야간비행이 성전산에서 벌어진 일이라는 결론을 내게 된다.

마호메트의 언행을 기록한 '하디스'가 800년 이후부터 본격 집필되면서 야간비행 스토리는 하디스에 기록되기 시작했다. 특히 하디스 중에서도 이슬람 제2의 경전이라고도 불리는 '부카리(810~870) 하디스'가 833년경 편찬되면서 비교적 상세한 스토리가 수록되었다. 골자는 마호메트가 621년 무렵 메카에서 예루살렘까지 직선 1,486km 거리를 부라크라는 천마(天馬)를 타고 순식간에 날아갔고(Isra·수평이동을 의미) 성전산에서 다시 칠층천(七層天)을 올라갔다가 내려왔다(Mi'raj·수직이동을 의미)는 것이다. 마호메트는 칠층천에서 알라를 만나 하루 50번 기도하라는 지시를 받았으나 "아무래도 무리이니 알라에게 다시 부탁하라"는 모세의 조언을 듣고 알라에게 계속 간청한 결과 결국 하루 5번으로 줄었고, 이는 오늘날 무슬림들이 하루 5번 기도하는 근거가 되었다는 내용도 있다. 870년 페르시아의 역사가 알 타바리는 "알아크사 사원의 위치는 예루살렘"이라고 공식적으로 확정했다.

이에 대해 비판론자들은 코란에 예루살렘이란 단어가 한 번도 나오지 않는 데다 마호메트가 예루살렘을 방문했다는 역사적 기록도 없으므로, 야간비행은 일종의 상상이나 아니면 영적 활동이라고 주장한다. '아득히 먼 사원'도 성전산이 아니라 메카 부근에 있는 알지라나(Al-Jiranah)란 작은 마을이라는 주장도 있다. 하지만 이슬람 측 설명은 다르다. 사우디아라비아의 파이살국왕상(賞)을 받은 최영길 명지대 아랍지역학과 명예교수는 "전설적으로 전해오는 우화적 신화에 불과한 것으로 보는 사람들이 있는 반면, 전 세계 16억 이슬람인은 그 사건 발생의 진위 여부에 관계없이 알라가 밝힌 역사적·사실적 사건으로 믿고 교리의 일부분으로 수용하고 있다"고 설명했다.

바위 돔은 특이하게도 1099년 십자군 시대에 '주님의 성전(템플럼 도미니)'이란 이름의 교회로 잠시 바뀌었으나, 다시 이슬람 손으로 들어갔다. 대부분 기독교에서 이슬람으로 개종한 맘루크 관리들은 13~15세기에 예루살렘에 80개 넘는 이슬람 시설을 지었다. 20세기 들어 후세인 요르단 국왕이 사재 650만 달러를 털어 24K 순금으로 만든 1,200장의 얇은 판을 바위 돔에 씌웠다. 이제 명실상부한 '황금 바위 돔'이 되었고 오늘날 예루살렘을 압도하는 랜드마크가 되었다.

이스라엘은 1948년 고토(故土)로 돌아와 나라를 세웠고, 1967년에 6일 전쟁을 통해 요르단으로부터 예루살렘과 성전산을 탈환했다. 2000년 만의 회복이었다. 하지만 이미 이슬람 성지가 된 성전산을 강제 접수하기에는 위험이 크다고 판단해 성전산의 운영은 요르단의 지원을 받는 이슬람 공공재단 와크프(WAQF)에 맡기고, 이스라엘은 경찰 병력으로 경비를 담당하는 데 합의했다. 그리고 성전산 위에서는 무슬림만 기도할 수 있고, 유대인은 성전산 바깥의 서쪽벽(통곡의 벽)에서 기도하도록 했다. 성전산에서 유대인과 기독교인은 기도하지 못하도록 했다.

2000년 7월 당시 미국 대통령 빌 클린턴, 이스라엘 총리 에후드 바락, 팔레스타인 수반 야세르 아라파트가 미국 캠프데이비드에서 만났다. 바락은 아라파트에게 "성전산이 이슬람에는 세 번째 성지에 불과하지만, 유대인에게는 유일한 성지이니 우리에게 양보해 달라"고 요구했지만,

아라파트는 "알아크사에 팔레스타인의 사활이 달려있어 절대 양보할 수 없다"고 맞섰다. 사실 다른 아랍국가들로부터 설움을 당한 아라파트 입장에서는 그나마 '성전산'을 인질처럼 보유하고 있어야 아랍권에서 존재감을 인정받는다는 뉘앙스였다. 이슬람 역사를 보면 1대 성지인 메카와 2대 성지인 메디나에 비해 3대 성지인 예루살렘 성전산은 주목도가 낮았으나, 1948년 이스라엘이 재건되면서 놀랍게 핫이슈가 되었다.

그동안 이스라엘의 명망 있는 랍비들은 정치적 이유와 별도로 "과거 제2성전에서 가장 거룩한 장소인 지성소(The Holy of Holies)의 위치를 정확하게 모르는 상태에서 자칫 그 땅을 밟을까 염려된다"면서 유대인의 성전산 방문을 자제시켰다. 게다가 2000년 9월 아리엘 샤론 리쿠드당 당수가 성전산을 방문한 뒤 2차 인티파다(팔레스타인의 무장봉기)가 터져 5년간 3천 명의 팔레스타인인과 1천 명의 유대인이 목숨을 잃었다. 당연히 성전산을 방문하는 유대인 숫자는 급감했다. 하지만 최근에는 달라졌다. 성전산 관련 유대인 단체인 베얀데누(Beyandenu)에 따르면 최근 3년간 성전산에 오른 유대인 숫자는 1만3,710명에서 1만5,170명, 그리고 1만 5,600명으로 해마다 꾸준히 늘고 있다. 어떤 사진을 보면 유대인들이 성전산 내부의 동쪽 황금문 부근에서 단체로 엎드려 기도하기도 했다.

예루살렘 구시가지에 있는 성전연구소(The Temple Institute)는 오래전부터 제3성전 관련 연구와 준비를 주도적으로 해왔다. 성전 제사가 재개될 경우 필요한 도구를 대거 복원했고, 나팔·수금·비파 같은 악기 외에 제사장이 입을 제의(祭衣)도 마련했다. 붉은 암송아지도 그런 취지에서 들여왔다. 성전연구소에서는 "성전이 우리 시대에 신속히 재건되기를 원하시는 당신의 뜻이 이루어지기를 원하나이다"라는 기도를 하루

세 번 드린다. 제3성전이 완성되면 내부에 들어갈 대형 메노라(일곱 촛대)는 이미 만들어 두었고, 예루살렘의 유대인 구역에 공개 전시하고 있다.

하지만 놀랍게도 전체 이스라엘 유대인 중에서 제3성전을 짓는 데 찬성하는 사람은 그리 많지 않다. 바위 돔을 강제로 허물고 그 위에다 짓는다는 생각에 동의하는 사람은 더더욱 적다. 우선 정통파나 보수파 유대교는 "제3성전을 짓는다면 좋긴 하겠지만 사람이 할 일이 아니라 하나님이 보낸 메시아(기독교가 아닌 유대교의)가 와서 지어야 한다"고 말한다. 중세의 유명 랍비였던 라시는 "메시아가 오게 될 때 제3성전은 하늘에서 직접 내려온다"고 주장했다. 이들보다 더 자유로운 개혁파 유대교는 아예 제3성전의 재건이라든가 동물 희생제사 등을 믿지 않는다. 유대교는 계속 진화해 왔는데, 과거의 동물제사 시대로 돌아가면 안 된다는 입장이다. 그리고 이스라엘 국민의 절반 넘게 차지하는 세속적 유대인들은 아예 관심이 없는 이슈다.

이스라엘 정부도 전통적으로 성전산에 대해서는 '현상유지' 정책을 견지해 왔다. 괜히 이슬람의 바위 돔과 알아크사 사원에 해를 끼치는 행동을 하면 이슬람권이 격동하여 큰 분쟁이 벌어질 수 있다는 판단에서다. 하지만 최근 이타마르 벤그비르 국가안보장관이나 베잘렐 스모트리히 재무장관 같은 초강경 극우파 정치인들이 득세하면서 성전산에 대한 태도가 공격적으로 변하는 것도 사실이다.

문제는 설혹 제3성전을 지을 여건이 된다 해도 제2성전의 정확한 위치에 대한 논란이 많아 진행이 어렵다는 지적도 있다. 현재 이슬람의 바위 돔은 유대교의 제2성전 자리에 건축되었다고 여겨져 왔지만, 일부 학자들은 1세기 유대인 역사학자 요세푸스의 기록 등을 근거로 다른 의견을 말한다. 가령 예루살렘의 물 탱크 역할을 하는 기혼샘과 가까운 바위 돔 남쪽 200m 지점이었다거나, 로마군이 주둔했던 안토니아 요새와 가까운 바위 돔 북서쪽에 있었다는 주장이다. 물리학자이며 성전 연구가인 아쉐 제리 카프만은 "37년간 제1·2성전 위치를 연구했는데, 지금 바위 돔이 있는 자리가 아니라 거기에서 북서쪽으로 100m 떨어진 곳"이라고 주장했다. 일부 유대인들은 "거기에 제3성전을 짓되 바위 돔과는 길고 높은 칸막이를 세우면 이슬람과 직접 충돌을 피할 수 있다"는 주장을 하지만, 이슬람 측에서 받아들일 가능성은 제로에 가깝다.

한편 기독교에서는 유대교와는 또 다른 의미에서 제3성전을 언급하고 있다. 우선 주류 복음주의·개혁주의 기독교에서는 제3성전 건립에 별다른 의미를 두지 않는다. 오히려 불편하게 보고 있다. 예수님이 인류의 죄를 대속(代贖)하려고 희생 제물이 되면서 하나님은 성전이라는 건물 자체를 역사에서 없애 버렸는데, 이제 와서 동물제사 드리는 성전을 다시 짓는다는 건 예수님의 사역을 정면 거부하는 행동이라는 설명이다. 성전의 기능은 구세주인 예수님으로 완전 대체되었다고 강조한다.

다만 종말론의 구체적 시간표를 강조하는 기독교 세대주의(Dispensationalism)나 '이스라엘 응원단'을 자처하는 기독교 시온주의는 약간 다르게 본다. 물론 이들도 더 이상 성전의 신앙적 효력을 믿지는 않지만, 종말론 시간표에서는 꽤 의미가 있다고 주장한다. 이들이 내세우는 시간표를 보면 대체로 △예수님의 공중재림과 교회의 휴거(Rapture) △제3성전 건립의 시도 △7년 대환란 시작과 적(敵)그리스도의 등장 △절반인 3년 반이 지난 뒤 적그리스도가 이스라엘과 평화협정을 맺다가 본색을 드러내며 신성모독하고 유대인들 탄압 △유대인들의 집단적 회심 △예수님의 지상재림 △예루살렘을 중심으로 한 천년왕국 시작 등의 순서다. 다니엘서 9장, 마태복음 24장, 누가복음 21장, 데살로니가전서 4장, 데살로니가후서 2장, 요한계시록 등의 관련 구절을 근거로 했다. 실제로 1969년 8월 21일 호주의 기독교 근본주의자들이 "구세주가 재림하고 제3성전이 지어지도록 촉구한다"면서 알아크사 사원에 불을 지르기도 했다.

물론 이런 해석에 대해 복음주의·개혁주의 기독교에서는 "억지 해석이 너무 많아 잘못된 가르침일 가능성이 높다"고 경고한다. 사실 기독교계는 얼마 전 그릇된 시한부 종말론의 유행으로 홍역을 치렀기에, 정통교리인 종말론(Eschatology)을 신중하게 다루고 있다. 하물며 제3성전 이슈에도 매우 조심스러운 입장이다.

흔히 유대인들은 이렇게 말한다. 우주의 중심은 지구, 지구의 중심은 이스라엘, 이스라엘의 중심은 예루살렘, 예루살렘의 중심은 성전산, 성전산의 중심은 지성소, 지성소의 중심은 언약궤가 놓인 곳으로 믿는데 거기에 지금 이슬람 바위돔이 서있다. 그러니 어떠하겠는가.

예루살렘에서 진짜 골고다는
어디에 있는가?

이스라엘의 여러 성지 가운데 전 세계 25억 크리스천이 가장 중요하게 여기는 장소는 바로 예수 그리스도가 십자가에 못 박힌 골고다(Golgotha)와 바로 옆의 빈 무덤 위에 세워진 성묘교회(聖墓敎會·Church of the Holy Sepulchre)이다. 예수 당시의 일상 언어는 고대 중근동의 국제 통용어였던 아람어(Aramaic)였다. 골고다는 아람어로 해골이란 뜻이다. 그런데 그리스어로는 크라니온, 라틴어로는 갈바리아, 다시 이를 영어식 표현으로 바꾸면 갈보리가 된다.

성묘교회는 예루살렘 올드타운으로 불리는 예루살렘성(城) 내부의 서쪽 언덕에 위치해 있는데 골고다 바로 위로 1개, 빈 무덤 위로 1개 등 모두 2개의 대형 돔을 갖추고 있다. 예수 그리스도가 빌라도에게 재판을 받은 법정에서 출발해 십자가를 끌고 골고다까지 이르는 총 800m의 '비아 돌로로사(Via Dolorosa·슬픔의 길)'에는 14개의 기념 처소가 있다. 성묘교회는 마지막 10~14번 처소를 품고 있다. 동방 정교회에서는 성묘교회라는 말 대신 부활교회라고 부른다.

세상에서 힘깨나 쓴다는 사람들도 자신의 신앙 여부에 상관없이 성묘교회에 와서는 고개를 숙인다. 로마 교황도 왔고, 도널드 트럼프 대통령도 왔고, 심지어 우크라이나 전쟁의 주범인 블라디미르 푸틴 러시아 대통령도 수년 전 방문했다. 당시 푸틴은 성묘교회 인근에 있는 성삼위일체대성당(성 알렉산더 네브스키 교회)에 대한 통제권을 러시아에 넘겨 달라고 이스라엘 정부에 요청해 다시 한번 따가운 눈총을 받았다. 영국 왕실은 2023년 5월 6일 열린 찰스 3세 국왕의 대관식에 사용할 성유(聖油)를 두 달 전 성묘교회에서 종교의식을 통해 만들었다. 열렬한 환경주의자인 찰스 3세를 위해 예루살렘 동쪽의 올리브산에서 난 올리브에다 식물성 향을 섞어 만들었다.

〈이스라엘 따라 걷기〉의 저자인 이익상 목사는 "골고다는 헤롯 대왕이 예루살렘성을 쌓으면서 필요했던 채석장이었고, 버려진 채석장의 한 바위 언덕을 십자가 처형장으로 사용했다"면서 "영화와는 달리 성문을 나오자마자 바로 옆에 골고다가 있었는데 이는 성을 출입하는 사람들이 십자가에 매달린 사형수들을 보면서 경각심을 갖게 하려고 했기 때문"이라고 설명했다.

그럼 지금의 성묘교회 장소를 어떻게 확정할 수 있었을까. 오늘날 이스라엘에서 성지로 불리는 장소들은 대부분 4세기에 로마 콘스탄티누스 황제의 어머니인 헬레나 황후가 확정지었다. 성묘교회는 물론이고, 예수가 태어난 베들레헴 동굴 위에 세워진 예수탄생교회, 이집트 시나이반도에 있는 시나이산 등이 바로 헬레나가 사실상 장소를 확정하고 예배 장소를 세운 곳이라고 보면 된다.

오늘날 로마 가톨릭에서 성녀로 대우받는 헬레나는 AD 250년경 소아시아 북서부 비티니아 지방의 드레파눔에서 태어났다. 여관 주인의 딸로 알려졌는데, 당시 여관은 주점 성격도 지녔기에 사회적으로 상당히 낮은 신분이었다고 한다. 그녀는 270년경에 훗날 로마 황제가 된 장군 콘스탄티우스를 만나 신분의 차이에도 불구하고 결혼했다. 헬레나는 272년경 외아들을 낳았는데, 그가 바로 콘스탄티누스 황제다. 하지만 콘스탄티우스는 289년경 "황제가 되려면 천한 신분의 여자와 헤어져라"라는 정치권의 요구에 따라 헬레나와 이혼하고, 기독교 박해자 중 한 명인 막시미아누스 황제의 의붓딸과 재혼했다. 남편에게 버림받고 고통스러운 삶을 살던 헬레나는 당시 박해를 받고 있던 기독교란 신흥종교를 접하게 되었고 깊이 빠져들었다.

306년 콘스탄티우스가 사망하자 아들인 콘스탄티누스가 아버지를 이어 황제가 되었다. 그는 어머니를 황궁이 있는 독일의 트리어로 모셔와 아우구스타(Augusta), 즉 황후라고 부르도록 하고 그녀의 초상이 새겨진 동전을 주조했다. 헬레나는 기독교를 믿으면서 신앙생활에 전념했는데, 그녀의 노력과 설득에 힘입어 콘스탄티누스 대제는 313년 기독교를 공인하는 밀라노 칙령을 반포했다. 로마제국 내에서 기독교를 인정하고, 투옥된 모든 기독교 신자를 석방하는 동시에 빼앗은 교회 재산을 반환한다는 것이 골자였다.

이어 325년에 기독교 역사상 주요 교리가 확정되는 니케아 종교회의가 열렸고, 326년경 헬레나는 노령에도 불구하고 팔레스타인으로 순례를 떠났다. 당시 예루살렘의 주교였던 마카리오스는 헬레나에게 오래전부터 골고다에 대해 전해오던 이야기를 보고했다. 헬레나는 "정확한 골고다 언덕이 어디인지 찾으라"는 명령을 내렸고, 부하들과 성직자들은 예루살렘에서 아프로디테 신전이 세워졌던 장소를 주목했다.

시대를 거슬러 보면, 로마 식민지였던 이스라엘은 AD 66년부터 독립을 위한 결사 항쟁을 시작했다. 이에 맞서 로마는 70년 타이투스 장군을 파견하여 대대적인 진압 작전을 벌였다. 로마는 수십만 명의 유대인을 죽이고 남은 사람들을 전 세계로 끌고 갔는데, 이때부터 유대인들은 2000년간 나라 없는 민족이 되었다. 유대인들이 절대적으로 여기던 성전(Temple)도 다 부서지고 말았다. 그런 상황에 골고다 언덕은 예수를 따르는 신도들의 기도처가 되어갔다. 이를 못마땅하게 여긴 하드리아누스 황제는 135년 유대인 바르 코르바가 최후의 반란을 일으키자, 이를 완전 진압하면서 예루살렘의 명칭을 이방 이름인 '알리아 캐피톨리나'로 바꾸는 동시에 골고다에 아프로디테 신전을 세웠다.

이 때문에 헬레나는 아프로디테 신전이 세워진 자리를 역추적하는 방식으로 골고다를 찾았고, 아들의 도움을 받아 예루살렘과 주변에 여러 교회를 세웠다. 성묘교회를 지을 때는 무수히 많은 십자가가 발굴되었다고 한다. 헬레나는 진짜 예수의 십자가를 찾기 위해 한 젊은이의 시체를 모든 십자가 위에 올려놓게 했는데, 그때 한 십자가 위에 올려놓자 그 젊은이가 다시 살아났다는 전설이 있다. 헬레나는 그 십자가를 셋으로 분할해 하나는 콘스탄티노플에 있는 아들 콘스탄티누스 대제에게 보내고, 다른 하나는 예루살렘의 주교인 마카리오스에게 주고, 남은 부분은 로마로 가져왔다고 한다. 그런 이유로 헬레나의 상징은 십자가가 되었으며, 그때부터 십자가가 기독교의 상징으로 본격 등장하게 된다. 헬레나는 330년 8월 18일 세상을 떠났다.

성묘교회는 헬레나가 지은 이후 붕괴와 재건을 반복했다. 614년 사산조 페르시아의 침공 때 교회가 일부 소실되었지만 630년에 복원되었고,

1009년경 이슬람의 파티마 왕조 때 완전히 파괴되었다가 20년 뒤에 재건되는 흥망성쇠를 반복했다. 지금의 성묘교회 건물 형태는 11~13세기 십자군이 예루살렘을 점령했을 때 이루어졌다. 십자군 시대 왕들은 스스로를 '왕'이라고 부르지 않았고, 대신 '성묘교회의 수호자'라고 말했다. 성묘교회는 그 후 이슬람권의 침공에 시달리면서도 명맥을 유지했다.

그런 과정을 거치며 기독교 여러 종파가 조금씩 성묘교회 내부에서 예배 장소를 차지하기 시작했다. 각 종파가 서로 소유권을 주장하면서 조용하던 평화는 1852년 깨져 버렸다. 당시 예루살렘을 지배하던 오스만제국은 종파별로 성묘교회의 구역을 나누어 맡게 했다. 오래전부터 터를 잡고 있던 그리스 정교회, 아르메니아 정교회, 로마 가톨릭은 보다 넓고 중요한 장소를 차지한 반면, 뒤늦게 예배를 드리던 시리아 정교회, 이집트 콥틱교회, 에티오피아 정교회는 작은 구역을 관리하게 됐다.

이렇게 6개 종파가 나누어 차지하다 보니 할거주의(割據主義)가 심해졌다. 미리 정해둔 예배시간을 어긴다거나 청소 공간을 조금이라도 침범하면 갈등이 벌어졌다. 2008년에는 그리스 정교회와 아르메니아 정교회 사제들이 예배시간과 관련해 물리적 충돌을 일으켰다. 종파 갈등으로 교회 수리도 늦어졌다. 가령 대문, 창문, 창문 난간을 책임지는 종파가 서로 다르다 보니 전체적인 수리 작업이 힘들었다. 다행히 2017년 대대적인 보수 공사를 마쳐 예전보다는 조금 나아졌다.

보수 공사를 하는 과정에 예수의 빈 무덤을 수 세기 만에 다시 열었다. 먼저 십자군 시대에 안치된 위 덮개 석판이 발견되었고, 그 아래의 석판은 연대를 측정한 결과 4세기 콘스탄티누스 시절의 것임이 밝혀지기도 했다.

특이하게도 성묘교회의 열쇠는 십자군 이후 이슬람 측에서 관리하고 있다. 십자군 세력에 점령된 예루살렘을 1187년 아이유브 왕조의 살라흐 앗 딘(살라딘)이 탈환했을 때부터다. 살라흐 앗 딘은 자기와 가까운 무슬림인 조우데흐 가문에 성묘교회의 열쇠지기를, 누세이베흐 가문에는 성묘교회의 문지기 역할을 맡겼다. 이미 누세이베흐 가문은 638년 오마르 칼리프의 통치 때부터 성묘교회의 관리인 보직을 맡고 있었다. 지금도 이들 두 가문이 성묘교회 관리를 맡고 있는데, 하루 두 번 조우데흐 가문 사람이 열쇠를 문으로 가져오면 누세이베흐 가문 사람이 한 번은 문을 잠그고 한 번은 문을 연다.

이슬람 입장에서는 성전산 위에 자리 잡은 바위 돔이 서쪽으로 500m 정도 떨어져 있는 성묘교회를 제압하기를 원했다. 2개의 짙은 회색 돔을 갖고 있는 성묘교회에 사람들의 눈길이 가지 않도록 하기 위해 바위 돔에는 화려한 금박을 입혔고, 오늘날 예루살렘의 포토 스팟이 되고 있다.

하지만 진짜 골고다가 어디인가는 여전히 기독교 내에서도 논란이다. 가톨릭은 성묘교회만이 진짜 골고다라고 주장하고 있다. 그러나 오늘날 성지순례를 가면 성묘교회 이외에, 또 다른 골고다라고 주장되는 정원무덤(The Garden Tomb)에 데려가는 여행 가이드도 있다. 로마 가톨릭 측은 성묘교회만 인정하는 반면, 개신교 측은 성묘교회를 인정하면서도 정원무덤도 꽤 선호하고 있다.

1883년 당시 오스만제국을 몰아내기 위해 예루살렘에 왔던 영국의 찰스 조지 고든 장군은 성 밖을 거닐다가 우연히 해골 모양의 바위와 아름답게 가꾸진 정원을 발견했다. 특별한 영감을 느낀 그는 발굴 작업을 했고, 거대한 빈 무덤이 내부에 드러났다. 그 모습이 신약성경 누가복음 23

장 33절과 요한복음 19장 38~42절의 묘사와 일치한다고 그는 확신했다. 고든 장군은 "레위기 1장 11절을 보아도 예수님이 묻혔던 곳은 성전산 북쪽인 정원무덤이며, 성묘교회는 성전산 서쪽에 있으므로 골고다가 아니다"라고 주장했다.

영국 성공회는 이런 주장을 대체로 받아들였다. 정원무덤은 예루살렘성 북쪽에 있는 다마스쿠스문(門)에서 나와 시외버스정류장을 지나 300m 거리에 있으며, 영국정원무덤협회가 관리하고 있다. 아름답게 가꿔진 정원수 사이에 동굴무덤, 지하 물 저장소, 포도주 틀 등이 있다. 동굴무덤 내부는 폭 4.3m, 길이 2.3m, 높이 3m이며 예수의 시신을 눕혔던 곳으로 추정되는 자리가 남아 있다. 고든 장군은 "골고다 언덕은 예루살렘성 밖에 있었다고 성경에 기록되어 있다"면서 "성 안에 있는 성묘교회가 아니라 성 밖에 있는 정원무덤이 진짜 골고다"라고 주장했다.

이에 대해 성묘교회가 골고다라고 주장하는 지지자들은 "예수님 당시의 예루살렘성 경계는 2000년간 수많은 전쟁을 통해 계속 바뀌었다. 1538년 오스만제국의 술탄 술레이만 1세가 지금의 예루살렘성, 즉 사방 1km의 약간 기울어진 정사각형 모양의 성을 건설하면서 성묘교회를 성 내부로 포함시켰으며 예수님 당시에는 성 바깥에 있었다"라고 반박하고 있다. 반면 정원무덤은 역사적인 골고다와 거리가 멀고, 그저 분위기 좋은 정원일 뿐이라고 주장한다. 고고학자들이나 신학자들도 '정원무덤=골고다'란 주장에 대해 부정적이다. 동굴무덤의 양식이 로마시대 이전의 것이라는 반론도 제시하고 있다.

다만 지금의 정원무덤은 영화에서 보는 예수 그리스도 당시의 이스라엘 정경과 흡사하다. 그래서 진짜 골고다 여부에 상관없이 꽤 많은 순례객이 찾고 있다. 해마다 부활절이 되면 성묘교회 못지않게 정원무덤에서도 새벽부터 영어·스페인어·독일어·프랑스어 등의 순서로 수많은 신도가 참석한 가운데 개신교 예배가 진행된다.

사실 예수 그리스도가 십자가를 지고 올라간 '비아 돌로로사'를 직접 가보면 팔레스타인 식육점과 야채상, 기념품 가게로 가득 채워진 데다 온갖 냄새와 호객 행위로 거룩함을 느끼기가 어렵다. 그렇게 해서 겨우 당도한 성묘교회 역시 개신교인에겐 생소하고 부담스러운 미사 의식과 기념 장식이 펼쳐져 있다. 빈 무덤을 구경하려고 30분 이상 줄을 서서 기다리다 보면 지치기도 한다. 그래서 성묘교회를 우선적으로 방문하되, 조경이 화사하고 기도와 묵상을 하기에 적합한 정원무덤도 함께 방문하면 좋다는 의견도 있다.

결론적으로, 일반적인 기독교인이라면 골고다의 위치를 따지는 일은 신앙과 아무런 상관이 없다. 성전의 서쪽 벽 잔재인 '통곡의 벽'과 성전이 세워졌던 '성전산'을 절대적으로 여기는 유대교, 사우디아라비아 메카를 최고의 성지로 만들어 일생에 한 번은 꼭 방문하도록 하는 이슬람과 달리, 기독교는 물리적 장소에 집착하지 않는다. 하늘의 예루살렘을 소망하고 영혼의 골고다를 중시하기 때문이다. 골고다는 서울 합정동에도 있고 우크라이나 키이우에도 있다. 다만 신학자들과 고고학자들이라면 입장이 다르다. 이들이 어떤 추가 발굴을 할지, 새로운 사실을 내놓을지 주목된다.

사우디 라우즈산이
모세가 십계명을 받은 시나이산일까?

　모세가 이집트에서 이스라엘 민족을 데리고 탈출한 뒤 건넜다는 홍해, 그리고 하나님으로부터 십계명을 받았다는 시나이산(호렙산이라고도 불림). 이 두 곳의 위치를 놓고 전통적인 견해와 새로운 견해가 뜨겁게 맞서고 있다. 바다가 갈라졌던 홍해의 위치는 수에즈만(灣)에 있고, 시나이산은 지금의 시나이반도에 위치한 해발 2,258m 자발무사(Jabal Musa·모세의 산이라는 뜻)라는 것이 전통적인 견해다. 물론 전통적인 견해도 세부적으로 따져 보면 수십 개로 나뉜다. 이에 비해 1980년대부터 등장한 새로운 견해가 있다. 바다가 갈라졌던 홍해의 위치는 수에즈만이 아닌 아카바만에 있고, 시나이산은 사우디아라비아 북서쪽 미디안 지역에 있는 해발 2,580m의 라우즈산(Jabal al-Lawz)이라는 것이다.

　새로운 견해가 나오자 기존 성서고고학계에서는 냉소를 보냈지만, 관련 유적·유물이 꾸준히 발굴되는 데다 전반적인 지형이 설득력을 얻으면서 이를 지지하는 학자들이 꽤 늘어났다. 전통적인 시나이산으로 여겨져온 자발무사 주변에는 유적·유물이 전혀 발굴되지 않는 점도 라우즈산 쪽에 힘이 실리게 하는 요소다. 물론 시나이산이 여기 있든 저기 있

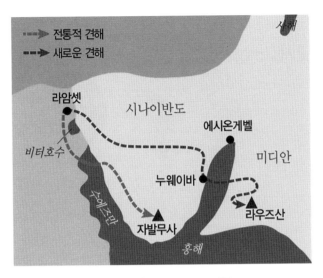

모세의 출애굽(이집트 탈출) 경로

든 무슨 상관이냐고 반문할 수 있다. 그런데 최근 사우디아라비아의 무함마드 빈 살만 왕세자가 석유 일변도 경제를 탈피하기 위해 야심적으로 추진하는 초대형 미래 신도시 네옴시티 프로젝트가 의도치 않게 이 논쟁 속으로 뛰어들었다.

네옴시티 프로젝트에는 크게 3가지 콘텐츠가 있다. 그중 하나인 트로제나(미래형 산악관광) 프로젝트는 바로 라우즈산 일대를 포함하고 있다. 라우즈산은 네옴시티의 중심 도시인 타북과도 멀지 않다. 2029년 동계 아시안게임이 트로제나에서 열릴 전망이고, 최근에는 라우즈산 주변에 아스팔트 도로가 놓이고 있다. 따라서 라우즈산과 시나이산 이슈는 네옴시티 개발에 맞춰 계속 제기될 가능성이 높다. 실제 국내 모 방송사는 라우즈산 취재를 마치고 특집방송을 내보내는 등 라우즈산을 향한 언론 취재나 성지순례도 급증하고 있다.

구약성경의 이집트 탈출기인 출애굽기(Exodus)와 민수기(Numbers)를 보자. 지금부터 3500년 전 모세는 이집트에서 430년간 종살이를 하던 이스라엘 민족을 이끌고 나와 약속의 땅인 가나안을 향해 대장정을 시작했다. 남자만 60만 명이라고 기록되었으니, 여성과 어린이를 포함하면 200만 명에 가까운 인구를 이끌고 척박한 광야를 하나님의 인도에 따라 40년간 이동했다.

성경에 나와 있는 이스라엘 민족의 이집트 탈출 경로를 보면 대략 '라암셋 → 숙곳 → 비하히롯 → 홍해 → 수르광야 → 마라 → 엘림 → 신(Sin)광야 → 르비딤 → 시나이산 → 다베라 → 기브롯 → 에시온게벨 → 가데스바네아 → 신(Zin)광야 → 바란광야 → 모압 → 느보산 → 가나안'의 순서로 이어졌다. 시기로는 BC 15세기에서 BC 13세기 사이에 이뤄진 일로 학자들은 보고 있다. 그 여정 중에서도 홍해와 시나이산에 대한 관심이 가장 높다. 이스라엘 민족은 시나이산 앞 광야에서 11개월 5일간 머물면서 하나님으로부터 십계명과 율법을 받았기 때문에 민족사에서 매우 중요한 장소이다.

원래 모세는 히브리(이스라엘 민족) 노예의 자식이었다. 하지만 당시 히브리 노예 숫자가 늘어나는 걸 경계하던 이집트 왕 파라오는 히브리 민족의 남자 신생아를 모두 죽이라는 명령을 내렸다. 모세의 어머니 요게벳은 태어난 아기를 갈대상자에 몰래 담아 나일강에 실어 보냈는데, 때마침 목욕하러 나왔던 이집트 공주가 갈대상자를 발견하고 아기가 들어 있음을 보고 건졌다. 그래서 모세는 왕실에서 왕족으로 성장하게 되었다. 하지만 모세가 40세가 되었을 때 동족을 학대하는 이집트 사람을 죽인 사건 때문에 오늘날 사우디아라비아의 북서쪽에 있는 미디안 땅으로 도망가게 되었다. 거기에서 이드로라는 족장을 만났고, 딸인 십보라와 결혼하면서 80세까지 머물렀다.

모세는 어느 날 근처에 있는 시나이산의 떨기나무에서 하나님을 만났다. 하나님의 이름이 '스스로 존재하는 자(I am that I am)'라는 사실도 들었다. 우리나라에서는 하나님의 이름을 "여호와" 또는 "야훼"라고 쉽게 부르지만, 유대인들은 너무도 거룩하기에 발음을 거의 하지 않았고 지금은 누구도 히브리어 표기(הוה י)의 정확한 발음을 모른다. 모세는 하나님으로부터 노예생활에서 신음하는 이스라엘 민족을 데리고 가나안 땅으로 들어가라는 지시를 받았다.

이윽고 모세는 이집트 왕 파라오를 찾아가 10가지 재앙으로 압박했고, 결국 파라오는 노예로 삼던 히브리 민족을 내보내 주었다. 하지만 파라오는 며칠 뒤 후회했다. 600대의 병거를 포함한 정예 군대를 보내 저 멀리 앞서 행진하고 있는 이스라엘 민족을 섬멸하기로 작정했다. 모세 입장에서 앞은 바다요, 뒤는 이집트 군대가 쫓아오는 상황에서 하나님께 간구했고 결국 홍해가 갈라졌다는 스토리다.

그런데 지금까지 알려진 홍해와 시나이산의 위치는 모두 지금의 이집트 영토 안에 있다. 기적이 벌어진 홍해의 경우 이집트 고센 지방의 라암셋을 출발한 뒤 얼마 가지 않으면 나오는 비터(Bitter) 호수이거나 아니면 수에즈만의 초입 부분으로 여겨져 왔다. 홍해는 영어로 'Red Sea'이지만 성경 히브리어 원문으로는 '얌 쑤프', 즉 갈대바다라는 뜻이다. 단어의 진정한 의미를 두고 학자들 사이에 논란이 많다.

논란이 많은 홍해에 비해 시나이산의 위치는 보다 분명한 것으로 여겨져 왔다. 바로 시나이반도에 자리 잡은 자발무사로 카이로에서

400km 정도 떨어져 있다. 보통 이집트·이스라엘 성지순례를 가면 카이로에서 버스를 타고 자발무사까지 이동해 새벽 2시쯤 일어나 서너 시간 자발무사를 등정한 뒤 정상에서 장엄한 일출을 본다. 정상에는 모세기념교회가 자리 잡고 있다.

'자발무사=시나이산'으로 통용되는 데는 로마 콘스탄티누스 대제(재위 306~337)의 어머니 헬레나가 큰 역할을 했다. 그녀는 독실한 기독교 신자로 로마에서 예루살렘으로 직접 순례를 왔는데, 오래전 로마의 박해를 피해 수많은 수도사가 머물던 자발무사 지역에 AD 337년 작은 교회를 세웠다고 한다. 그 후 527년 동로마 황제 유스티니아누스 1세(재위 527~565)는 알렉산드리아의 순교자 캐더린를 기념하여 수도원을 건설하였고, 뒤쪽에 솟아 있는 자발무사를 성경에 나오는 시나이산이라고 공표하기에 이르렀다.

그 후 홍해와 시나이산의 위치를 둘러싼 논란은 간헐적으로 지속되다가, 미국의 탐험가 론 와이어트가 1980년대부터 사우디아라비아의 북서쪽에 있는 미디안 지역을 탐사하면서 큰 변화를 맞았다. 당시만 해도 사우디 정부가 엄격한 군사보호구역으로 지정한 곳이라 론 와이어트의 탐사는 쉽지 않았다. 하지만 그가 찍은 라우즈산 일대의 비디오테이프가 외부에 공개되면서 "라우즈산이 바로 성경에 나오는 시나이산"이라는 주장이 본격적으로 대두되었다. 특히 사우디아라비아에서 16년간 왕실한방 주치의 등으로 일했던 김승학 엑소아크선교회 이사장은 2001년부터 지금까지 현장을 19회 방문하고 〈떨기나무〉와 〈떨기나무2〉란 책을 펴내면서 라우즈산에 대한 세간의 관심은 급속도로 높아졌다. 홍해와 시나이산에 대한 새로운 견해는 전통적인 견해를 여러 가지로 반박하고 있다. 대표적인 주장을 살펴보면 이러하다.

△홍해를 건넌 장소는 이집트를 출발하자마자 코앞에 있었던 것이 아니다. 지금의 시나이반도 중심부를 가로로 횡단한 뒤 바닷가에 위치한 비하히롯(현재 이집트 누웨이바)까지 가서 바다를 건넜다. 좁은 산골 길을 지나 누웨이바에 도착하면 200만 명이 거뜬히 들어갈 수 있는 가로 9km, 세로 6km의 넓은 해안 평지가 확 터져 나온다. 여의도 면적의 4배 정도 되는 크기이니 200만 명을 수용할 수 있다. △ 이집트에서 '누웨이바'라는 지명의 뜻이 '바다가 갈라진 곳'이라는 의견도 있다. △누웨이바에서 사우디 쪽 바알스본으로 건너가는 아카바만의 바다 밑에는 당시 이스라엘 민족을 추격하던 이집트 전차의 수레바퀴가 오랜 세월 부식되거나 산호가 붙은 모습으로 발견되었다. 이집트 18왕조 시대(BC 15~13세기)에 주로 사용됐던 8바퀴살도 발견되었다. △출애굽기 17장에 나오는 르비딤 광야 스토리의 경우 라우즈산 앞이 적격이다. 이스라엘 백성은 광야에서 물을 마시지 못하고 지냈기에 모세에게 물을 달라고 아우성쳤다. 그때 하나님은 모세가 큰 바위를 쳐서 물이 콸콸 솟아 나오도록 했는데, 그 당시의 바위가 22m 높이로 현지에 있다. 그 반석은 둘로 갈라져 있고, 그 틈으로 한 사람이 지나갈 정도다. △라우즈산의 여러 봉우리 중에도 진짜 시나이산으로 추정되는 자발마클라(Jabal Maqla)는 정상 부분이 불에 그을린 듯 시커멓게 변해 멀리서도 뚜렷하게 보이는데, 이는 하나님이 불꽃과 번개 속에 직접 강림하셨다는 성경 기록의 방증이다. △라우즈산 앞쪽으로는 200만 명 넘는 이스라엘 백성이 11개월 5일 동안 장막을 치고 거할 수 있는 넓은 평지가 있으나, 자발무사 근처에는 그런 장소가 없다. △평지 곳곳에는 맷돌 모양의 돌이 쉽게 눈에 띄는데, 바로 이스라엘 백성이 광야에서 하나님이 내려주신 양식인 만나를 갈아 먹었던 도구일 것이다. △송아지 모습의 그림들이 여럿 새겨진 바위들이 있는

데, 모세가 십계명을 받기 위해 40일간 시나이산에 올라가 있는 동안 이스라엘 사람들이 기다림을 참지 못해 모세의 형인 아론을 충동질하여 금송아지 우상을 만들어 제사를 지냈던 흔적이다. 산에서 내려오다가 이 장면을 목격하고 분노한 모세가 "우상을 불살라 가루를 만들고 물에 뿌려 백성들이 마시라"고 명령했는데, 당시 냇가의 흔적도 있다. △라우즈산 정상에서 살짝 내려오면, BC 9세기 북(北)이스라엘에서 활동했던 엘리야 선지자가 아합 왕의 부인 이세벨의 복수를 피해 500km 이상을 40일간 도망쳐서 도착한 뒤 기도했다는 '엘리야의 동굴'도 있다. △1세기에 살았던 사도 바울은 신약성경 갈라디아서 4장 25절에서 "아라비아에 있는 시나이산"이라고 했다. 바울은 아라비아에서 3년 가까이 지내기도 했으므로 정확한 시나이산 위치를 알았을 것이다. △라우즈산 부근의 많은 암각화들은 사우디 고고학자들과 미국 스미스소니언 국립자연사박물관 팀이 고증과 검증을 거친 결과, 출애굽 시대와 같은 3500년 전 고대 글자들이라고 발표했다.

김승학 이사장은 "지금 이집트에 있는 시나이산은 로마교황청이 시나이산을 순례하고자 하는 기독교인들의 성화에 못 이겨 AD 527년 유스티니아누스 황제 때 자발무사의 북서쪽 언덕에 캐더린 성당을 세운 뒤에 아무런 근거도 없이 시나이산으로 명명하여 공포해 버린 것"이라며 "5세기 이전에는 자발무사를 시나이산이라 부르거나 기록한 적이 없으며, 오히려 요세푸스(1세기에 살았던 유대인 역사학자)는 아라비아의 미디안 땅에 시나이산이 있다고 주장했다"고 말했다. 그리고 "이스라엘이 1967년 6일 전쟁을 통해 시나이반도를 점령하여 1982년 4월까지 조상들의 흔적을 열심히 찾았다. 시나이반도를 고고학자와 지질학자들이 바둑판 쪼개듯 면밀히 뒤졌으나 광야 생활 40년의 흔적은 하나도 발견하지 못했다.

그들은 지금의 자발무사가 시나이산이 아니라고 단정지었다. 만약 이스라엘이 조상의 흔적을 찾아내고 시나이반도에 시나이산이 있었다면 시나이반도를 이집트에 쉽게 돌려주지 않았을 것"이라고 덧붙였다. 이집트를 탈출할 당시 시나이반도가 과연 이집트의 영토였는지를 확인하면 결론이 쉽게 난다는 것이 그의 설명이다. 이집트를 탈출했다면서 이집트 영토에서 그렇게 오래 머물렀다는 것이 말이 안 되며, 따라서 당연히 미디안으로 이동했다는 말이다.

현재 라우즈산을 진짜 시나이산으로 보는 학자들이 늘어나고 있다. 하버드대학교의 프랭크 무어 크로스 주니어 구약학 교수, 스웨덴 케롤린스카대학의 레너드 몰러 교수, 그리고 한국인으로는 하버드대학교에서 고대근동학을 전공한 윤사무엘 박사 등이 대표적이다. 성서고고학 전문가인 윤사무엘 미국 겟세마네신학교 총장은 최근 라우즈산 일대를 다녀왔다. 그는 "1986년 하버드대학교 수업시간에 프랭크 무어 크로스 주니어 교수가 충격적인 발언을 했다. 진짜 시나이산은 아라비아에 있다고 말이다. 그때부터 관심을 갖고 연구했다. 당시는 라우즈산을 마음대로 갈 수 없었다. 대신 시나이반도에 있는 자발무사만 서른 차례 다녀왔다. 하지만 구체적인 출애굽 흔적을 찾을 수 없었다. 그러나 코로나19 기간 중에 사우디아라비아가 네옴시티 프로젝트를 추진하면서 개방한 라우즈산을 이번에 가보았다. 탐사 결과 이곳이 시나이산이 맞다는 결론을 얻었다. 엘리야 동굴, 모세의 제단, 르비딤 반석, 이드로(모세의 장인)의 집, 이스라엘 민족이 모세를 기다리다가 우상으로 섬기기 위해 만들었던 금송아지 제단 등 시나이산에서 벌어졌던 일에 대한 성경의 기록을 확인했다"고 말했다.

하지만 '라우즈산＝시나이산'이라는 주장에 대한 반대 의견도 많다. 우선 모세 스토리 자체를 하나의 신화로 보는 시각이 있다. 그리고 성서 고고학계 내부에서도 반론이 많다. 가령 사도 바울이 "아라비아에 시나이산이 있다"고 말했지만, 그 당시의 아라비아는 지금과 달리 요르단 남부, 이집트 시나이반도, 사우디아라비아 미디안 등을 총괄하는 표현이라는 것이다. 라우즈산에서 발견된 암소 그림 암각화도 출애굽 당시 만든 것이 아니라 비잔틴 시대나 이슬람 도래 이후 생긴 것으로 추정된다고 한다.

강후구 서울장신대 교수는 "라우즈산 일대의 유물과 유적 중에 출애굽 당시와 직접적으로 연결할 수 있는 고고학적 증거는 없다"고 주장했다. 확증편향적인 시각에서만 바라본다면 라우즈산이 그럴 듯해 보일 수 있지만, 하나하나 고증을 해보면 문제투성이라는 지적이다. 이미숙 장로회신학대 교수는 "이스라엘은 시나이반도 혹은 아라비아반도에서 40여 년을 거주했지만 광야의 특성상 물과 식량을 찾아 유랑하며 살았다. 거주 흔적을 거의 남기지 않은 유목민의 습성에 따른 공간적 제한, 그리고 오랜 시간이 경과한 데 따른 시간적 제약이 있다"고 연구의 어려움을 설명했다.

전통적인 견해와 새로운 견해 중에 어느 쪽이 맞는지, 아니면 제3의 장소가 있는지는 하나님과 모세 정도만이 아는 일이다. 다만 사우디아라비아 정부가 미디안 땅에 네옴시티를 개발하고 있어 라우즈산에 대해 긍정적이든 부정적이든 영향을 미칠 것으로 보인다. 유대교·기독교와는 다른 스토리를 가지고 있지만, 이슬람교에서도 모세는 '무사'라는 이름으로 선지자로 통한다. 어쨌든 네옴시티 개발로 인해 라우즈산과 시나이산에 대한 관심과 연구가 활성화될 것은 분명해 보인다. 여기에 2019년 9월 27일부터 사우디아라비아는 외국 관광객들에게 문호를 개방하는 조치를 단행했고, 이에 따라 전 세계 49개국 사람들이 도착비자 등의 형태로 입국할 수 있게 됐다. 더 깊은 연구가 가능해질 전망이다.

왜 라마단에는
당뇨병 환자가 늘어날까?

2025년에는 대체로 2월 말부터 3월 말까지 이슬람권에서 라마단 (Ramadan) 금식이 진행되었다. 아라비아의 달력에는 각각 그 달에 해당하는 이름이 있는데, 9번째 달의 이름이 바로 라마단이다. 아랍어로는 '매우 더운 날'이라는 의미를 지니고 있다. 마호메트가 610년 알라로부터 코란을 처음 계시받은 거룩한 달로 여긴다. 이를 기념하여 라마단 한 달 동안 금식·금욕·금연을 실천한다. 그래서 라마단을 금식성월(禁食聖月)이라고 부른다.

보통 라마단은 초승달이 보일 때 시작하여 다음 초승달이 보일 때 끝난다. 나라마다 라마단의 시작이 조금씩 다른데, 국가마다 권위 있는 종교기관이나 종교인이 직접 초승달을 육안으로 확인해야 하기 때문이다. 가령 2024년의 경우 사우디아라비아는 3월 10일 저녁 메카에서 초승달이 관측됐다면서 3월 11일부터 라마단 시작을 알렸다. 수니파 이슬람권은 보통 사우디아라비아의 발표를 기준으로 라마단을 지킨다. 하지만 인도네시아·말레이시아·브루나이 등 아시아 국가는 3월 10일 저녁 초승달 관측에 실패해 3월 12일이 라마단의 첫날이 되었다. 이란을 비롯한 시아파 국가는 수니파보다 하루 늦게 시작하는 경향이 있다. 이슬람 달력은 윤일이나 윤달이 없는 순태음력(純太陰曆)으로, 태양력과 오차가 계속 발생하기 때문에 라마단 날짜는 매년 10~12일 정도가 빨라진다. 따라서 라마단은 대략 33년이면 봄·여름·가을·겨울을 모두 거친다. 외신에서 어느 해는 봄에 라마단이라고 했다가 또 다른 해는 겨울에 라마단이라고 보도해서 헷갈린 기억이 있을 것이다. 당연히 낮이 긴 여름의 라마단 금식이 가장 힘들게 보인다.

사실 모든 무슬림은 일생 동안 △신앙고백(shahada) △성지순례(hajj) △구제(zakat) △하루 다섯 번 기도(salat) △금식(sawm) 등 5가지 기둥(柱)을 지켜야 한다. 라마단 때 금식하는 것은 무슬림의 의무다. 라마단 금식의 뿌리를 유대교의 속죄일, 즉 '욤키푸르'에서 찾는 시각도 있다. 하지만 유대인들은 욤키푸르 당일에만 금식한다는 점이 라마단과 다르다.

라마단 금식에 대해서는 코란 2장 183~188절이 지침을 제공한다. "하얀 실이 검은 실과 구별되는 아침 새벽까지 먹고 마시라. 그런 다음 밤이 올 때까지 단식을 지키고 그녀들과 잠자리를 같이 하지 말 것이며 사원에서 경건한 신앙생활을 할 것이라. 이것이 알라께서 제한한 것이니"(코란 2장 187절)라는 구절이다. 라마단 때는 원칙적으로 물, 담배, 껌, 양치질, 향수, 성관계 모두 안 된다. 어떤 음식이나 액체도 목으로 넘겨서는 안 된다. 침을 삼키거나 껌을 씹는 것도 안 된다. 2005년 10월 파키스탄에서 벌어진 대지진으로 7만여 명이 사망했을 때 부상을 당하고도 라마단을 지키느라 약을 먹지 않는 환자들이 나오기도 했다.

그리고 남에 대한 험담이나 분노, 이성 친구와의 교제, 특정한 영화를 보는 것 등 도덕적으로 문제가 될 행동도 자제한다. 라마단의 금식 취지가 바로 가난한 사람의 고통을 직접 느껴 보고 스스로 인내심을 키우면서 신앙심을 굳건히 하자는 데 있기 때문이다. 다만 여행하는 사람, 환자, 어린아이, 임산부, 생리 중인 여성 등은 금식 규정을 적용받지 않는데 대부분 나중에 '보충 수업'을 통해 채워야 한다.

모든 공공기관은 업무 일정이 조정된다. 보통 출근이 2시간 정도 늦춰지고, 퇴근은 1시간 정도 빨라진다. 학교 수업은 물론, 공장이나 공사현장도 단축 근무가 실시된다. 라마단 기간에 사람들은 저녁부터 새벽까지 가족이나 지인과 식사와 대화를 이어 가기도 한다. 그런데 그런 상태로 출근한다면 제대로 업무를 보기는 힘들 것이다. 이슬람 국가에 사는 비(非)무슬림은 고충이 많다. 낮에는 대부분 식당이 문을 닫으므로 도시락을 준비해야 하고, 금식 중인 무슬림을 자극하지 않기 위해 몰래 식사를 해결해야 한다.

저녁에 먹을 음식을 낮부터 준비하는 무슬림 여성들도 힘들다. 사우디아라비아 국립 킹파하드석유광물대학교(KFUPM) 신승민 교수는 "초저녁이 되면 지인들을 집으로 초대해 식사를 하는데 전통적으로 식사 담당은 오롯이 여성이다 보니, 집안 여성들이 금식으로 인한 갈증과 허기를 부여잡고 가장 참기 힘든 시간에 저녁 식사를 준비하게 된다. 대부분 두세 가정이 모이기 때문에 대가족을 이루고 사는 사우디의 경우 보통 10인분 이상은 가볍게 넘어간다. 금식시간이기에 음식물의 간을 볼 수도 없고, 평소보다도 훨씬 많은 양을 만들어야 한다. 3~4일이면 끝나는 한국 명절과 달리 라마단 30일 동안 식사를 준비하는 일을 반복해야 한다"고 설명했다.

라마단 기간의 해뜨기 전 식사는 '수후르(suhoor)'라고 불리는데 소화가 잘되는 삶은 달걀, 오트밀, 과일, 야채 등을 먹는다. 그리고 낮 동안의 금식을 끝내는 저녁 식사를 '이프타르(iftar)'라고 부른다. 식당에서는 이프타르 30분 전이 되면 음식을 주문한 손님들로 가득 차게 된다. 라마단 기간에는 조금이라도 유명한 식당에 예약하지 않으면 2~3시간 줄을 서는 게 다반사다. 손님들은 테이블 위에 놓인 음식을 바라보며 일몰을 알리는 모스크의 아잔(이슬람교에서 신도에게 예배시간을 알리는 소리)만을 기다린다. 드디어 저녁이 되면 서로 '즐거운 라마단이 되기를'이란 뜻의 아랍어 "라마단 카림(Ramadan Kareem)"이라고 말하며 예쁘게 포장된 음식물을 나눠준다. 모스크에서는 라마단 기간 내내 무료로 저녁 식사를 제공한다.

보통 라마단이라고 하면 금식을 하므로 일상 소비가 줄 것 같은데, 반대로 소비량이 평소보다 껑충 뛴다. 해가 진 뒤에 폭식을 하는 데다 금식한다고 수고했다며 여러 형태로 주고받는 선물이 많기 때문이다. 이런 라마단 특수가 연간 매출의 3분의 1에 육박한다고 한다. 신승민 교수는 "상점들은 라마단 2~3주 전부터 화려한 장식을 하고 특별세일을 실시한다"면서 "금식을 하는 기간임에도 모든 상점마다 식품을 산처럼 쌓아 놓은 모습이 경이롭다"고 덧붙였다.

해가 지고 나서 먹는 저녁 식사는 푸짐하다. 먼저 달달한 대추야자나 부드러운 수프를 먹는다. 대추야자는 영양가가 높고 섬유질이 풍부해 소화하기 쉽다. 단식한 몸에 당분을 충분히 제공한다. 음식에는 칼로리가 높고 갈증을 부르는 향신료를 많이 사용하지 않는다. 식사가 끝나면 둘러앉아 차를 마시면서 이런저런 이야기를 밤 깊을 때까지 나눈다.

라마단 기간에는 가장 특별한 날이 있다. 이슬람을 창시한 마호메트는 40세가 되던 AD 610년 어느 날 메카 부근에 있는 히라산 동굴에서 어떤 영적인 존재를 만났다. 코란 96장 등에 따르면, 마호메트는 시끄러운 종소리와 같은 환청을 경험하고 한 영을 보았다. 그는 바닥에 쓰러져 진땀을 흘리며 낙타새끼같이 부르짖었고 두려움과 떨림으로 집에 돌아와 15살이나 더 많은 아내 카디자에게 사실을 얘기했다고 한다. 흔히 가브리엘 천사를 만났다고 하지만 초기 코란에는 그런 기록이 없다. 즉 610년부터 622년까지 메카에서 받은 계시에는 등장하지 않던 '가브리엘'이란 천사 이름이 622년 메카에서 메디나로 옮긴 뒤에 작성된 코란에는 몇 번 등장한다. 마호메트의 언급에 비추어 보면 그 영적 존재와 처음 만난 날은 라마단의 마지막 열흘 중에서 홀숫날 저녁에 일어난 것으로 추정된다. 다소 이견이 있지만, 그래서 라마단의 27일째 밤을 그 날로 여겨 '권능의 밤'이라고 부른다.

이렇게 한 달의 금식이 끝나면 보통 사흘 정도 '이드 알 피트르(Id al-Fitr)'라는 축제가 곧장 이어진다. '이드'는 아랍어로 잔치를, '피트르'는 금식의 끝을 가리킨다. 한자로는 파재절(破齋節)이라고 부른다. 이때는 하얀 새 옷을 입고 선물을 교환하며 잔치를 벌인다. 상대방 집을 방문할 때 "깨끗하고 거룩하게 된 날, 알라의 이름으로 축복한다"라고 인사한다. 마치 우리나라 추석이나 설날에 친척이나 이웃집을 방문하는 것과 비슷한 공동체 행사다.

라마단 금식은 이렇게 긍정적인 취지가 많지만, 부작용이나 그림자도 만만치 않다. 현대의 라마단은 상업화되어 취지가 퇴색되고 있다는 자성의 목소리가 많다. 원래 라마단 금식은 가난한 이들의 굶주림을 체험하면서 알라에 대한 믿음을 시험하고 저녁에는 그들과 음식을 나눈다는 취지였으나, 요즘은 낮에 꾹 참고 있다가 저녁에는 신나게 먹고 마시는 잔치판이 되는 경우가 많다. 그래서 음식물 쓰레기가 평소보다 더 많이 배출되고 있다. 말레이시아의 경우 지난해 라마단 기간에 육류와 닭고기 소비량은 평소보다 50% 늘어났고, 전국적으로 배출되는 음식물 쓰레기도 15~20% 증가했다. 압둘라 국왕까지 나서 "라마단 기간에 음식을 낭비하는 행위는 절제를 강조하는 라마단의 의미를 온전히 지키지 않는 행위"라고 호소했을 정도다.

걸프만의 부유한 이슬람 국가들과 달리, 상당수 이슬람 국가에서는 서민들이 경제난으로 라마단 식단을 차리는 데 어려움을 겪고 있다. KIEP(대외경제정책연구원) 조사에 따르면, 라마단이 시작된 2023년 3월 파키스탄의 연간 인플레이션은 35.4%를 기록했는데 이는 50년 만에 최고치였다. 특히 현지 구호단체로부터 밀가루 10kg과 현금 5,000원 정도를 받기 위해 공장 외부에서 줄을 서 있던 사람들이 충돌하여 11명의 여성과 어린이가 사망하기도 했다. 방글라데시는 3월과 4월에 농업 용수를 확보하기 위한 펌프 사용이 늘어나고 라마단 기간의 전력 수요가 급증하는 바람에 수백만 명이 정전을 겪었다.

KIEP는 "라마단에도 불구하고 탈레반의 여성 탄압은 멈추지 않았다"고 지적했다. 탈레반은 북동부 지역에서 여성들이 운영하는 라디오 방송국인 사다이 바노완(여성의 목소리라는 뜻)에 대해 "라마단 기간에 음악을 송출했다"면서 폐쇄했다. AP통신은 "2021년 8월 탈레반이 아프가니스탄을 장악한 이후 많은 언론인이 직업을 잃고 언론 매체가 폐쇄되었다"고 전했다. 극단주의자는 어디에서나 존재한다. 과거 테러단체인 IS는 라마단 금식을 어긴 10대 2명을 교수형에 처하기도 했다.

라마단은 한 달 내내 금식과 폭식을 주기적으로 반복하다 보니 인체는 큰 타격을 입는다. 소화기관은 물론이고 혈당 조절 기능도 현저하게 떨어진다. 실제 이슬람 국가에 비만이나 당뇨병 환자가 많은데, 라마단 기간의 금식·폭식과 무관하지 않다는 지적이다. 스펙테이터 인덱스(The Spectator Index)에 따르면 파키스탄은 당뇨병 환자가 30.8%를 기록했다. 다음으로 쿠웨이트 24.9%, 이집트 20.9%, 카타르 19.5%, 말레이시아 19%, 사우디아라비아 18.7% 순으로 이슬람 국가들이 상위권을 휩쓸었다. 참고로 미국은 10.7%, 한국은 6.8%다. 당뇨병 환자는 규칙적인 식사가 중요한데, 단식 이후 이어지는 폭식은 위험하다. 공복 상태에서 갑자기 폭식하면 인체는 다음 공복 상태에 대비해 영양을 비축해두므로 아무래도 피하지방이 늘어나기 쉽다. 몰아치기로 먹으면 한꺼번에 많은 인슐린이 필요하므로 췌장에 부담이 간다. 인슐린 저항성이 확 나빠진다. 당뇨병 환자는 한 차례 폭식만으로도 몸에 나쁜 영향을 받을 수 있다고 전문가들은 말한다.

특히 중동에서 즐겨 먹는 대추야자가 당뇨병 환자에게는 위험하다. 말린 대추야자는 70%가 당분으로 이루어져 엄청나게 달다. 금식이 끝나자마자 대추야자를 먹게 되면 혈당이 급속도로 높아지는 혈당 스파이크 현상을 일으키게 된다. 게다가 라마단이 끝나면 곧장 시작되는 명절인 '이드 알 피트르' 때에도 고열량의 달콤한 음식을 폭식하기 쉬우니 당뇨병 환자에게는 치명적이다.

당뇨병 말고 소화기관에도 부정적이라는 지적도 있다. 2021년 '금식과 건강 저널'에 게재된 논문(Ramadan Fasting Dietary Patterns and Gastrointestinal Discomforts)은 라마단 기간 무슬림 100명의 신체 변화를 조사했다. 결과를 보면, 라마단 기간 동안 소화불량은 다소 줄어들었지만 설사·메스꺼움·복통과 같은 증상의 호소 비율은 증가했다.

그럼 실제로 모든 무슬림은 라마단을 엄격하게 지킬까. 이슬람 종주국인 사우디아라비아의 경우 95% 이상이 지킨다고 보지만, 인근 UAE(아랍에미리트)는 70~80% 정도인 것으로 현지 교민들은 추측했다. 중앙아시아에 거주하는 교민 김모 씨는 "카자흐스탄, 우즈베키스탄, 키르기스스탄 등 이른바 세속 이슬람 국가의 경우 라마단을 엄격하게 지키는 비율은 50~60% 정도로 보인다"면서 "중·고교와 대학에서 학생들을 자주 만나는데 대부분 지키지 않는 것으로 보인다"고 말했다.

군인이나 금융·통신사처럼 정시 출퇴근을 하는 직장인들의 경우 지키지 않는 비율이 높고, 일주일 내내 금식하기보다는 주 2회 또는 주 3회 식으로 타협하는 비율도 꽤 높다고 한다. 식사는 하지 않더라도 물·차·담배는 눈에 띄지 않는 곳에서 조용히 즐기는 사람도 많다고 한다.

사우디아라비아에서 16년간 왕실 한방 주치의 등으로 일했던 김승학 엑소아크선교회 이사장의 경험담이다. "제다에서 리야드로 가는 비행기를 탔는데, 이륙 직전에 해가 지면서 음식을 먹어도 된다는 아잔 방송이 나왔다. 하루 종일 굶은 승객들에게는 가장 기쁜 소리였다. 기내식이 바로 나와서 거의 폭풍 흡입을 했다. 그런데 비행기가 이륙하여 높이 올라가니 해가 아직 서편에 떠 있었다. 그러자 웅성거리는 소리와 함께 입안의 음식을 다시 뱉어내는 진풍경이 연출되었다."

원래 형식과 내용, 명분과 실질은 늘 묘한 긴장관계에 있다. 본능을 채우는 폭식에 관심을 둘 것이 아니라, 금식을 통해 불우이웃에 대한 관심을 기울이는 라마단이 되었으면 좋겠다.

검은 옷 입은 초정통파 유대교인의
독특한 삶

    만일 당신이 이스라엘의 최고지도자라면 초정통파(Ultra-Orthodox) 유대교 신자를 가리키는 하레디(Haredi) 집단을 어떻게 할 것인가. 현재 이스라엘에서 하레디는 128만 명 정도로 전체 국민의 13.5%를 차지하지만, 대부분 세금 한 푼 내지 않는다. 수시로 전쟁하는 나라이지만 대다수 하레디는 군대를 가지 않는다. 2023년 10월 7일에 시작된 하마스 전쟁이 장기화되면서 병역 면제를 받는 하레디에 대한 징집 불평등이 이스라엘 국민의 분노를 일으키기도 했다.

    하레디란 히브리어로 두려움 또는 경외(敬畏)를 뜻하는 '하레드'라는 단어에서 나왔고, 복수형은 '하레딤'이다. 미국 뉴욕이나 유럽 대도시를 가보면 검은 양복에 검은 모자를 쓴 하레디를 가끔 볼 수 있다. 의사나 변호사 등 전문직 하레디가 많다는 점에서 빈곤층 하레디가 많은 이스라엘과 차이가 난다. 현재 이스라엘에서 하레디가 집단 거주하는 대표적 지역은 두 곳이다. 동(東)예루살렘으로 불리는 예루살렘 구시가지에서 서북쪽으로 10분 정도 걸어가면 나오는 메아셰아림과 텔아비브 동쪽에 자리잡은 브네이브락이 대표적이다. 마을 입구에는 히브리어와 영어로 '정숙하지 않은 옷을 입고 출입하지 마시오'라는 글자가 적혀 있다. 만일 노동이 금지된 안식일에 그 지역을 차로 지나가거나 복장이 단정하지 못할 경우에 돌을 던지는 하레디를 심심찮게 볼 수 있다.

하레디는 세속 법률보다는 유대교 종교법을 뜻하는 할라카를 철저히 따른다. 아이들은 보통 13세가 되면 종교학교인 '예시바'에 들어가 토라(창세기·출애굽기·레위기·민수기·신명기 등 모세 5경)와 탈무드를 공부한다. 이들은 토라에 있는 613개('하라' 248개, '하지 말라' 365개) 계명을 지키려고 힘쓴다. 그러다 보니 이런 일도 벌어진다. 안식일이 시작되었는데 "제발 우리 집에 들어와 가스레인지 좀 꺼주세요"라고 부탁하는 하레디를 현지에서 만날 수 있다. 안식일에는 율법에 따라 아무런 일을 하지 못하는데, 불 끄는 것도 엄연한 '일'인지라 안식일이 시작되는 걸 놓친 하레디의 애타는 하소연이다. 하지만 613개 계명 중에는 삶의 지혜가 번득이는 내용도 많다. 하레디는 대체로 인터넷·TV·신문 없이 살며 벽보와 랍비를 통해 세상 소식을 접한다. 휴대폰에 탑재된 첨단 기능들의 해악이 크다고 판단해 통화만 가능한 '코서 휴대폰'을 들고 다니는 하레디도 많다.

히브리대 정치학 박사인 이강근 목사는 "유대인들은 탈무드 안에 수학도 경제도 과학도 들어있다고 말한다"면서 "그래서 탈무드 하나만 가지면 평생을 살아갈 수 있는 지혜와 배움을 얻는다고 생각한다"고 말했다. 예시바에서는 2명씩 짝을 지어 논쟁하는 하브루타 공부법을 활용하고 있어 교실에 들어가면 시끄러워 귀를 막을 정도다. '토라 연구가 그의 직업(Torato Umanuto)'이라는 모토에 따라 하레디의 절반 이상은 성인이 되어서도 일하지 않고 평생 토라와 탈무드만 연구하고 기도한다. 세상 학문은 기초 상식 정도만 배운다. 구구단을 모르는 경우가 많은 등 실용

지식 부족으로 일반 직업을 갖기 힘든 경우가 많으며, 피임을 하지 않아 출산율은 일반 국민의 2배를 웃돌고 있다. 그래도 국가보조금은 나오고 있다. 적지 않은 하레디 가정은 아내가 벌어오는 소득과 정부 보조금, 기부금을 받아 생계를 이어간다. 당연히 빈곤층이 많다. 이스라엘에서 하레디가 모여 사는 지역은 $1km^2$당 인구밀도가 세계 1위인 필리핀 마닐라와 비슷한 4만2천 명이다. 코로나19가 유행할 때는 백신 접종을 거부하면서 집단 감염의 온상이 되었다. 메아셰아림의 예시바 학생인 하임 골드베르는 경전 공부방 1개, 침실 1개인 집에서 부모님과 남매 18명이 함께 지내지만 집안에 대화와 기쁨이 넘친다고 한다. 넷플릭스 드라마 〈슈티셀가 사람들〉을 보면 메아셰아림에 사는 하레디의 생활이 리얼하게 묘사되어 있다.

하레디에게 의복은 세상과 구분 짓는 매우 중요한 도구다. 통상 구약성경에 나오는 선조들의 드레스코드를 기본으로 한다. 분파에 따라 차이가 있지만, 남성은 40℃가 육박하는 날씨에도 검은 양복에 키파(작고 테두리 없는 모자)나 중절모를 쓰며, 수염과 옆머리를 기른다. 검은 양복을 입는 이유에 대해서는 여러 가지 설명이 있다. 중세 어느 교황이 하레디를 불러 "너희는 예수님을 십자가에 못 박은 죄인들이니 늘 상복(喪服)을 입고 속죄하라"고 해서 검은 옷을 입었다는 얘기가 있는가 하면, 18세기 폴란드 귀족들이 입었던 양복 스타일에다 당시 유대인이 튀는 색깔을 입으면 탄압을 받을까 우려하여 검은색을 입었다는 주장이 있다. 또는 AD 70년 로마로부터 예루살렘 성전을 지키지 못한 죄책감과 슬픔 때문에 입었다는 스토리도 있다.

하레디 사회에서 여성의 지위는 매우 낮다. 여성은 살을 드러내지 않도록 팔과 목을 덮는 상의와 긴 치마를 입는다. 기혼 여성은 결혼과 동시에 머리를 밀고 가발과 두건을 쓰는 경우가 많은데, 머리카락을 보이는 것은 음모를 보이는 것과 마찬가지의 음란한 행동으로 여기기 때문이다. 하레디 여성들은 대부분 조혼과 출산을 강요당한다. 육아는 물론 돈까지 벌어야 한다. 하레디는 많은 상황에서 남녀유별을 강요한다. 대표적 성지인 '통곡의 벽'만 해도 남성과 여성의 공간이 나뉘어 있다. 하레디 중에도 '경건'을 강조하는 하시딕 공동체의 경우 더 보수적이고 폐쇄적이다. 여성은 정규교육 대신 탈무드 아카데미에서 일정 기간 생활한 뒤 바로 중매결혼을 한다. 여성이란 존재는 홀로코스트(히틀러의 유대인 대학살) 등으로 인해 줄어든 유대인 인구의 회복을 위해 출산하는 소명을 갖고 있을 뿐이라는 인식을 갖고 있다.

얼마 전 뉴욕타임스는 "이전까지 징집에 반발해온 하레디 중 상당수가 가자전쟁 이후 병역을 지지하는 쪽으로 돌아서는 등 주류 이스라엘 사회와의 연대가 강해지고 있다"고 보도했다. 하지만 이는 전체 하레디의 10% 정도에 불과한 '현대적 하레디' 스토리다. 자신의 삶에 만족하는 하레디도 있지만, 억압으로 여겨 탈출하는 하레디도 많다. 다만 하레디의 인구가 늘어나는 만큼 이스라엘 사회에 미치는 영향력은 커질 전망이다. 히브리대 정치학박사인 이강근 목사는 "하레디들은 '우리는 다른 식으로 국가를 위해서 기여를 하고 있기 때문에 국방의 의무를 질 필요는 없다'라고 얘기하고 있다"고 말했다. 분명한 것은 하레디가 현실 정치에 미치는 영향력이 커질수록 이스라엘의 대외정책도 강경 모드로 나가기 쉽다는 점을 지금까지 사례에서 알 수 있다.

19세기 말 유럽에서 시온주의(Zionism)가 확산될 무렵, 적지 않은 하레디는 시온주의자들의 국가 건설을 반대했다. 하레디 중 일부는 1948년 독립한 국가 이스라엘에 대해 "무신론자 시온주의자들이 세웠으므로 인정할 수 없다"는 입장이며, 언젠가 메시아가 오면 진정한 신정(神政)국가 이스라엘이 건설된다고 주장했다. 최용환 전(前) 이스라엘 대사는 "극히 일부이긴 하지만 히틀러가 수많은 유대인을 학살한 홀로코스트가 하늘이 유대인에게 내린 벌이라고 믿는 하레디도 있다"면서 "그러나 유럽에서 반(反)유대주의가 심해지자 대다수 하레디는 시온주의와 타협하고 지금의 이스라엘 땅에 들어오게 되었다"고 설명했다.

하레디는 현실적인 위상 확보를 위해 종교 정당을 결성해 총선에 참여하고, 연립정부에서 각료직을 맡고 있다. 1개 정당이 과반수를 차지할 수 없어 연립정권을 택할 수밖에 없는 이스라엘의 정치구조상 하레디를 대표하는 정당은 총리의 정치적 수명에 결정적 영향을 미친다. 2022년 11월 총선 결과를 보면 전체 120석인 크네세트(이스라엘 의회)에서 하레디는 18석을 차지했다. 11석을 가진 샤스(SHAS·유대인의 수호자라는 뜻의 히브리어 머리글자를 모은 이름)와 7석을 갖고 있는 UTJ(토라유대교연합)인데, 둘 다 친(親)네타냐후 정당이다.

현재 중동평화를 위협하는 요인들은 여러 가지가 있지만, 이스라엘 내부를 들여다보면 하레디가 큰 위험 요소라고 할 수 있다. 대체로 하레디는 팔레스타인이나 하마스 문제에 대해 강경하고, 가자지구와 요르단강 서안지구 등에서 유대인 정착촌을 늘려야 한다고 주장하며, 예루살렘은 꼭 사수해야 한다는 생각이다. 성전산(Temple Mount)에 있는 이슬람사원을 허물고 유대교 제3성전을 짓자는 극렬주의자도 있다. 자신들은 하나님의 선민(選民)이라고 믿기에 이슬람교를 배척하는 것은 물론이고,

기독교에 대해서는 유럽에서 2000년간 자신들을 핍박했다는 이유로 강력하게 증오하고 있다. '예수 그리스도가 하나님의 아들'이라고 하는 기독교 신앙을 우상숭배라고 보고 있다. 필자가 이스라엘 페타티크바에서 만난 한 IT 벤처업체 사장은 "검은 옷을 입은 하레디를 보면 '까마귀'라고 부른다"면서 "하레디가 이스라엘 국가에 도움되는 존재인지 해가 되는 존재인지 모르겠다"고 말했다.

그런데 사법개혁, 개인 비리, 하마스 전쟁 등을 겪으면서 인기가 급등락하고 있는 베냐민 네타냐후 이스라엘 총리 입장에서는 하레디를 기반으로 한 정당들의 지지가 없으면 정권을 유지할 수 없는 입장이다. 그런 상황에서 최근 하레디의 병역 문제를 놓고 계속 이슈가 터지고 있어 네타냐후로서는 무척 곤혹스럽다. 중앙은행인 이스라엘은행(Bank of Israel)은 '2023년 연례 보고서'에서 "2023년 10월 7일 시작된 이스라엘과 하마스의 전쟁으로 군(軍)의 인력 수요가 늘어났고 복무 일수가 급증해 경제에 부담을 가중시켰다"며 "군인의 범위를 하레디로 확대하면 증가하는 국방 수요에 대응하면서 경제에 미치는 영향을 최소화할 수 있다"고 지적했다. 여성까지 징집되는 이스라엘에서 연 4%씩 인구가 증가하는 하레디가 군대를 가지 않으면 국가적 손실이 막대한 상황이라는 것이다. 그러나 이스라엘 정부는 2024년 2월 남성의 의무 복무기간을 기존 32개월에서 36개월로 연장했는데, 여기서 하레디는 또 빠져 있었다.

사실 하레디가 군대도 가지 않고 일도 하지 않는다는 논란이 점차 커지자 이스라엘 대법원은 2017년 하레디에 대한 군 면제가 위헌이라고 판결한 바 있다. 하지만 샤스 등 극우 정당들의 거센 반발로 관련 법 개정은 지연됐다. 위헌으로 판결이 났으니 법 조항을 수정해 하레디를 군대로 징집하면 될 터였는데 말이다. 이스라엘 대법원은 2024년 3월 29일에는 병역 의무를 거부하는 하레디 학생들이 다니는 종교학교에 대한 자금 지원을 중단하는 동시에, 현 제도가 차별적이므로 6월 30일까지 새로운 병역 제도를 구상하라고 정부에 지시했다. 이스라엘 주요 도시에서 전쟁 시작 이후 최대 규모의 반정부 시위가 잇따랐지만, 네타냐후 총리는 하레디 병역 문제에 대한 뚜렷한 변화를 주저하는 모습이었다.

수시로 전쟁이나 전투를 치르고 테러 위협에 시달리는 이스라엘에서는 병역기피나 병역 면제가 심각한 이슈다. 이스라엘군 자료에 따르면, 2020년의 경우 입대 대상 남성의 병역 면제 비율은 32.9%로 3명 중 1명 꼴로 군대에 가지 않았다. 이스라엘 건국 초기에 하레디에게 '28세까지 율법 공부에 전념하면 병역을 면제해 준다'라고 배려한 이유는 유대교라는 민족 정통성을 유지하는 소수(당시 징집 대상 400명 정도)를 인간문화재처럼 보호하기 위한 차원이었다. 하지만 그 숫자가 지금같이 늘어나리라곤 미처 예측하지 못했다. 하레디를 군대에 보내라는 시위가 이어지자, 이번에는 하레디들이 극렬한 반대 시위를 벌이고 있다. 네타냐후 입장에서는 곤혹스러운 상황이다. 하레디의 항의 시위에서 이스라엘 국기를 불태우는 충격적인 모습도 나타났다.

물론 지금까지 하레디가 전혀 군대를 가지 않는 것은 아니다. 하마스 전쟁 이후 2천여 명이 자발적으로 입대하기도 했다. 이들이 입대하면 따로 부대 편성을 한다. 여느 군인들과 비교하면 이질적인 요소가 많기 때문이다. 그 부대가 간혹 말썽을 일으켰다. 하레디 출신 어느 군인은 2022년 1월 당시 80세였던 팔레스타인계 미국인 오마르 아사드를 검문소에서 체포한 뒤 수갑과 재갈을 채워 추운 바닥에 방치했고, 몇 시간 뒤에 아사드는 숨진 채 발견됐다.

사실 이스라엘 사회는 1948년에 건국한 신생 이민국가답게 꽤 복잡하다. 출신지를 기준으로 분류하자면 독일이나 동유럽 등에서 온 아시케나지, 스페인과 아프리카 출신인 세파르디, 아랍이나 남아시아 출신인 미즈라흐 등으로 나뉜다. 대체로 아시케나지가 이스라엘의 주류 세력이며, 하레디도 대부분 아시케나지에 속한다. 종교적으로 분류하자면 초정통파 유대교인 하레디, 유대교에 충실하지만 하레디와는 달리 시온주의를 지지하며 근대화된 성향을 지닌 다티, 전통 가치를 따르지만 현대식 생활방식을 추구하는 마소르티, 그리고 종교는 관심 없고 완전히 세속적인 힐로니 등으로 나누기도 한다. 여기에 최근 예수 그리스도를 메시아로 믿는 '메시아닉 주(Messianic Jew)'가 1만여 명 생겨났지만, 강성 하레디는 이들을 발견하면 물리적 폭력도 불사하며 증오감을 표출한다. 마치 신약성경에서 예수 그리스도와 적대적이었던 율법학자 바리새인

종교적 구분

정통 율법

하레디	유대율법에 가장 충실한 초정통파 그룹
다티	근대화된 성향의 종교적 시오니스트 그룹
마소르티	전통적 가치를 따르면서도 현대식 생활방식을 추구하는 그룹
힐로니(세큘라)	종교적 가르침을 지키지 않는 세속적 성향의 그룹

들의 모습을 보는 것 같다.

하레디가 공격하는 기독교인은 다양하다. 1차 공격 대상은, 이스라엘 내부에서 극소수이긴 하지만 예수 그리스도를 메시아로 받아들인 메시아닉 주다. 이들을 이스라엘에서 격리시키고 예수 그리스도를 언급하지 못하도록 압박을 가하는 것이 주목적이다. 2009년 3월 20일 이스라엘의 명절인 부림절(Purim) 오후 2시 30분에 요르단강 서안지구 아리엘에 살고 있는 메시아닉 주인 데이비드 오르티즈의 가정에 정체불명의 선물이 배달되었다. 16살 아들 아미 오르티즈가 선물 바구니를 들고 집안으로 들어와 개봉하는 순간 폭탄이 터지고 말았다. 아들은 눈과 목, 폐에 심각한 화상을 입었고, 집 밖에 주차되어 있던 자동차에까지 파편이 튀었다. 김종철 브래드TV 감독이 2010년에 만든 다큐멘터리 영화 〈회복〉(제5회 모나코국제영화제 다큐멘터리 부문 대상 수상)에는 하레딤의 위협을 받으며 어렵게 신앙생활을 하는 메시아닉 주의 실상이 잘 나타나 있다.

이들의 2차 공격 대상은, 이스라엘에 거주하는 가톨릭·그리스정교회·아르메니아정교회·시리아정교회·콥트교·에티오피아정교회·개신교 등 각종 기독교 성직자와 선교사다. 이들 중에는 눈에 띄는 성직자 복장을 입고 십자가 목걸이를 하는 경우가 많아 공격을 받기가 쉽다. 3차 공격 대상은, 이스라엘에 여행이나 성지순례를 위해 온 해외 기독교인들이다. 예루살렘에 있는 성지순례 하이라이트 '비아 돌로로사(Via Dolorosa)'는 예수 그리스도가 빌라도 법정에서 출발하여 십자가를 지고 골고다까지 올라간 길이다. 2023년 10월 2일 하레디 일행이 때마침 십자가를 지고 가는 동양인 성지순례자 행렬과 골목길에서 마주쳤다. 하레디 중 한 명이 기독교 순례자를 향해 침을 뱉자, 뒤따라 오던 어린이 하레디도 줄

줄이 침을 뱉었다. 그 모습이 동영상으로 고스란히 찍혀 언론에 보도되었다.

예루살렘 시온산에 있는 기독교인 공동묘지에는 묘비가 훼손되는 일이 벌어지고, 성지에 있는 예수상이 부서진 사례도 발견되고 있다. 그런가 하면 예루살렘의 가톨릭·그리스정교회·아르메니아교회의 벽과 문에는 "기독교 신자들은 지옥에나 가라", "이단종교인 기독교에 죽음을" 같은 문구가 발견되기도 한다.

베냐민 네타냐후 총리는 기독교인을 괴롭히는 사태에 대해 "용납할 수 없는 일"이라며 강경 대응을 지시했다. 네타냐후는 평소 "예루살렘과 베들레헴과 갈릴리에는 예수님의 유적이 많으니 전 세계 기독교 친구들이 많이 방문해 달라"면서 기독교에 유화적이다. 아키바 토르 전(前) 주한 이스라엘 대사는 기독교 선교 채널인 극동방송에서 2년 반 동안 성경 강의를 하는 등 기독교인과 우호적인 만남을 갖기도 했다. 이스라엘 인구의 절반을 차지하는 세속적 유대인들도 기독교를 공격하지는 않는다. 물론 유대인이라면 2000년 동안 유럽에서 교회의 이름으로 벌어졌던 억압의 역사를 알고 있다. 하지만 그렇다고 하여 지금 기독교에 대해 모두가 폭력적으로 대응하지는 않는다. 결국 이런 짓은 일부 하레디가 저지른다.

유대교·기독교·이슬람교의 우호적 관계를 위해 설립된 로싱교육대화센터(Rossing Center for Education and Dialogue)는 '2023년 이스라엘과 동(東)예루살렘에서 기독교인에 대한 공격'이란 보고서를 발표했다. 이 보고서에 따르면, 이스라엘에서 기독교에 대한 적대감은 최근 더욱 심각해졌다. 1년 동안 32건의 교회 재산 훼손, 7건의 물리적 폭력, 11건의 언어적 괴롭힘, 30건의 침 뱉는 사례, 1건의 묘지 모독 등이 적발되었다. 이스라엘에서 침을 뱉는 행위는 형법 378조에 따라 중범죄 폭행에 해당한다. 특히 인종이나 종교적인 이유로 침을 뱉을 경우에는 처벌이 2배로 늘어나거나, 최대 징역 10년형을 받기도 한다. 예전에는 침 뱉기가 은밀한 장소에서 벌어졌으나 요즘은 대낮에, 군중 앞에서, CCTV가 있는 곳에서 이루어지고 있다.

하지만 어쩌다 이스라엘을 방문한 해외 기독교인들은 이런 법을 알지 못해 신고하지 않는 경우가 대부분이고, 설혹 신고한다 해도 경찰은 "비폭력적이다"라며 일축하는 경향이 있다. 이 보고서는 "특히 동양에서 온 기독교인들은 그런 모욕적인 행동을 오히려 겸손하게 받아들이는 경우가 많다"며 "침을 뱉는 유대인들에게 미소와 축복으로 대응하는 것이 일반적"이라고 덧붙였다. 로싱교육대화센터 측은 "흔히 이스라엘에서는 선교 활동이 불법이라고 오해받는 경우가 많지만 사실은 그렇지 않다"면서 "유일한 제한 규정은 부모의 동의 없이 18세 미만의 사람을 전도하거나, 전도 과정에서 잠재적인 개종자에게 물질적 이익을 제공하는 것을 불법으로 규정한다는 점"이라고 밝혔다.

그럼 하레디는 왜 기독교인을 공격하는 것일까. 첫째는, 역사적인 배경이다. 유대인들은 서기 1세기 기독교가 처음 형성되던 시절에 '신생아'인 초대교회를 일방적으로 핍박하고 탄압했다. 신약성경의 사도행전이나 바울서신에는 유대인들의 다양한 핍박 사례가 나온다. 하지만 기독교가 로마로 전파되고 391년 국교로 공인받으면서 전세가 역전되었다. 유럽에서 끝까지 개종하지 않는 유대인은 예수를 십자가에 못 박은 범인으로 취급되어 온갖 감시와 차별을 당했다. 특히 11세기 십자군은 예루살렘으로 와서 유대인 수십만 명을 닥치는 대로 죽였고, 이후 유대인 탄압 사례인 제정(帝政)러시아의 포그롬이나 히틀러의 홀로코스트를 거치면서 기독교와는 완연한 적대적 관계를 형성했다. 지금도 이스라엘의 기독교 혐오는 세계 최고 수준이다. 십자가가 연상된다는 이유로 적십자 로고 대신 '붉은 다윗의 별'을 사용하는가 하면, 사거리도 잘 안 만든다. 수학 교과서에도 십자가가 떠오른다는 이유로 '+' 기호 대신 'ㅗ'를 사용하는 세계 유일 국가가 되었다. 물론 역사적으로 음악가 멘델스존을 비롯하여 기독교로 전향한 유대인이 적지 않았지만, 전반적인 분위기는 기독교 혐오다.

둘째는, 교리적인 이유다. 하레디는 "기독교의 삼위일체(三位一體) 교리는 유대교의 유일신 개념과는 완전히 다른 일종의 우상숭배"라며 "메시아는 유대 민족을 강력하게 이끌어 가는 존재인데, 하나님의 아들이 인간으로 태어나 인류의 죄를 위해 십자가에 못 박혀 죽었다는 기독교의 메시아 개념은 이단"이라고 주장한다. 유대인들의 책자에는 예수 그리스도에 대한 저주가 많다. 오히려 교리적으로는 유대교가 이슬람과 더 가깝다고 이스라엘의 수많은 랍비나 하레디는 보고 있다. 실제로 미국 일간지 워싱턴포스트의 조사 결과, 이스라엘 유대인의 73%가 이슬람에 동질감을 느낀 반면 기독교에 동질감을 느끼는 사람은 18%에 불과했다. 물론 그렇다고 유대인들이 이슬람에 호감을 갖고 있다는 의미는 아니고, 기독교와 이슬람을 굳이 비교하자면 그렇다는 말이다.

이런 가운데 하레디는 앞으로도 이스라엘에서 영향력을 키워 나갈 전망이다. 현재 하레디는 이스라엘 인구의 13% 정도인데, 높은 출산율로 인해 2050년이 되면 전체 인구의 25%, 2065년에는 33%가 될 전망이다. 문제는 이들이 요르단강 서안지구나 가자지구에 대한 강경책을 계속 주문하고 있는 데다 기독교인들에 대해서는 지속적인 거부감을 표출하면서 이스라엘 당국을 곤혹스럽게 만들고 있다는 점이다. 1천만 명도 안 믿으면서 오직 유대인의 영광만을 추구하는 유대교가 전 세계에 수십억 명의 신자를 두고서 모든 인간의 차별 없는 구원을 외치는 기독교를 향해 "이단"이라고 부르는 모습은 어색하다. 예수 그리스도는 2000년 전 율법을 들먹이면서 거룩한 척 자랑하던 바리새인, 즉 오늘날의 하레디와 유사한 존재를 가리켜 "회 칠한 무덤이자 위선자"라고 혹독하게 꾸짖었다. 오늘날 예수 그리스도가 다시 온다고 해도 하레딤에 대한 평가는 우호적이지 않을 것 같다.

수천 년간 유대인들은
어떻게 절기를 지켜왔나?

매년 초막절(草幕節·2025년의 경우 10월 7일부터) 기간에 일주일 정도 이스라엘을 방문하는 외국인은 문화적 충격을 받는다. 대다수 주택은 물론, 관공서나 호텔에 크고 작은 초막이 세워지기 때문이다. 주로 마당이나 베란다에 초막을 세우는데, 그마저 없다면 옥상에도 설치한다. 여건이 안 되는 사람을 위해서는 시나고그(유대교 회당) 측에서 공동 초막을 세우기도 한다. 유대교의 최대 성지인 '통곡의 벽'에도 대형 초막이 등장한다.

초막절은 3500여 년 전 모세의 인도로 430년간의 노예 생활을 끝내고 이집트를 탈출한 이스라엘 사람들이 40년간 광야에서 겪은 고난과 하나님의 은혜를 되새기는 데 목적이 있다. 유대인은 초막절 7일간 온 가족이 초막에서 식사를 하거나 잠을 잔다. 초막을 만드는 과정부터 가족 친화적이다. 원래 감람나무, 들감람나무, 화석류나무, 종려나무 등을 재료로 사용했지만 요즘은 베니어판도 이용한다. 나무 틀에 천을 둘러 기본 형태를 만든 뒤 바닥에 널빤지를 깔고 지붕에는 종려나무 가지를 얹는다. 물론 어린이도 동참한다. 다만 만드는 조건이 있는데 밤하늘의 별이 조금은 보일 정도로 열려 있어야 한다. 광야 생활의 분위기를 살짝 맛보라는 뜻이다. 초막절에 종려나무 가지 수요가 늘면서 요즘은 이집트에서 대량 수입도 한다. 초막 내부는 다양한 과일로 장식하고 식탁이나 의자를 가져다 둔다. 외국인이 보면 마치 크리스마스트리 같다. 가족이 둘러앉아 촛불을 켜고 음식을 먹으며 노래를 부르고 대화를 나눈다.

히브리대학교에서 박사학위를 받은 권성달 웨스트민스터신학대학원 교수는 "초막을 만드는 일은 어린이에게 큰 기쁨이 된다"면서 "며칠간 온 가족이 초막을 함께 만들고 지키는 과정을 통해 정겨움과 끈끈함이 깊어진다"고 말했다. 그래서일까 조립식 인스턴트 초막을 파는 곳도 있지만 별로 인기는 없다고 한다. 필자는 수년 전 초막절 때 예루살렘의 마밀라 호텔에 머물렀는데, 식사도 기존 호텔 레스토랑이 아니라 초막처럼 별도로 꾸민 장소에서 했다.

초막절 이틀째는 예루살렘 통곡의 벽 광장에 수만 명이 빽빽하게 모인다. 랍비가 구약성경 민수기 6장에 기록된 '아론의 축복'을 선포하는데, 사람들은 손에 종려나무 가지와 시내버들 등 4가지 식물(아르바미님)을 들고 동서남북으로 흔들며 기도한다. 테러가 벌어질지도 몰라 가끔씩 이스라엘군 헬리콥터가 주변을 맴돌기도 한다. 초막절이 끝나고 제8일은 히브리어로 '심하트 토라(토라의 기쁨)'라고 부른다. 2023년 10월 7일 하마스가 기습 테러 공격한 날이 바로 이 날이다. 토라는 성경 맨 앞에 나오는 모세 5경(창세기·출애굽기·레위기·민수기·신명기)을 뜻하는데, 이날은 신명기의 마지막 장을 읽은 뒤 곧장 창세기의 첫 장을 읽는다. 토라의 영원성을 상징적으로 보여주는 행동이다. 사실 태음력을 사용하던 이스라엘은 태양력과의 조화를 위해 몇 년에 한 번씩 윤년을 둔다. 윤년이 아닐 경우 초막절은 대체로 우리나라의 추석날과 일치한다. 물론 근본적인 의미에서는 차이가 나지만, 추수 감사와 가족 사랑이란 점은 비슷하다.

이스라엘은 현재 세계 최고의 하이테크 국가이면서도, 수천 년 내려온 절기를 비교적 충실하게 지키는 전통의 나라다. 우선 안식일(금요일 일몰부터 토요일 일몰까지)부터 철저하다. 안식일에는 버튼을 누르는 것도 노동이라고 본다. 그래서 안식일이 되면 이스라엘의 주요 건물에 있는 엘리베이터는 각층마다 무조건 선다. 완행 엘리베이터가 된다. 그럼에도 "유대인이 안식일을 지킨 게 아니라 안식일이 유대인을 지켰다"라는 말이 나온다. 절기를 지킨다는 것에 오묘한 의미가 있는 셈이다.

흔히 이스라엘의 7대 절기라고 부르는데, 이것은 구약성경 레위기 23장에 모세가 하나님으로부터 받은 지시에서 시작됐다. 크게 봄의 절기 4개(유월절·무교절·초실절·칠칠절)와 가을의 절기 3개(나팔절·속죄일·초막절)로 구분된다. 그중에서도 유월절, 칠칠절, 초막절이 특별히 중요하다고 하여 3대 절기라고 한다. 오래전부터 이때가 되면 반드시 예루살렘에 와서 절기를 지키도록 했다. 이스라엘 신앙공동체의 결속력을 강화하는 기간이다.

이스라엘의 7대 절기

한국어	영어	히브리어 발음	유대력
유월절(逾越節)	Feast of Passover	페사흐	1월 14일 저녁
무교절(無酵節)	Feast of Unleavened Bread	하그 하마조트	1월 15~21일
초실절(初實節)	Feast of Firstfruits	욤 하비쿠림	무교절 기간 중 안식일이 지난 다음날
칠칠절(七七節)	Feast of Weeks	샤부옷	초실절로부터 7주 뒤 50일째(맥추절 · 오순절)
나팔절(喇叭節)	Feast of Trumpets	로쉬 하샤나	7월 1일
속죄일(贖罪日)	Day of Atonement	욤 키푸르	7월 10일
초막절(草幕節)	Feast of Tabernacles	수콧	7월 15~21일(장막절 · 수장절)

유대인의 3대 절기는 '이집트 탈출'과 '추수 감사'라는 이중적 의미를 지닌다. 유월절은 이집트 탈출, 칠칠절은 이집트에서 나온 뒤 시내산에서 율법을 받은 것, 초막절은 광야 생활 40년 등 모두 이집트 탈출과 관련이 있다. 동시에 유대인들은 1년에 3번 추수하는데 유월절 시기에는 첫 보리, 칠칠절에는 첫 밀, 초막절에는 포도·올리브·대추야자·석류 등 첫 과일로 제사를 드린다. 특히 사회 소외계층도 함께 축제에 참여토록 했다. 7대 절기 중에서 가장 즐거움을 강조하는 초막절에는 더욱 그렇다. 레위기 23장 22절은 "너희 땅의 수확물을 거둘 때 밭의 가장자리까지 거두거나 수확한 후에 남겨진 이삭을 거두려고 밭으로 돌아가지 말라. 가난한 사람들이나 외국사람들을 위해 남겨 두라"고 적혀 있다. 신명기 16장 14절도 절기를 지킬 때는 노비와 고아와 과부도 함께 즐거워하도록 해야 한다고 명령했다. 이렇게 이웃과 함께하는 것은 절기의 주요 정신이다.

7대 절기 중에서 가장 성대한 유월절(逾越節)은 유대력으로 1월(니산) 14일 저녁이다. 한자와 영어를 보면 이해가 쉽다. '넘을 유(逾)'에 '넘을 월(越)'을 적고, 영어로는 'Passover'라고 한다. 모세가 강력하게 요청했음에도 불구하고 이스라엘 백성을 풀어주지 않고 고집 피우는 이집트 파라오에게 하나님이 내린 10번째 재앙은 사람이든 짐승이든 모든 장자를 죽이는 것이었다. 하지만 문설주에 양의 피를 바른 집은 죽음의 천사가 넘어(over) 지나갔다(pass).

유월절 다음날부터 일주일간 진행되는 무교절(無酵節)은 이집트를 탈출할 당시 무교병(Matzah·누룩을 넣지 않고 구운 빵이나 과자) 먹은 것을 기념한다. 신속한 탈출을 위해 빵을 발효시킬 시간적 여유가 없었기에 무교병을 먹었다. 또 쓴 나물을 무교병과 함께 먹는데, 이는 이집트에서 보낸 고난을 상기시키기 위해서다. 무교절 기간에는 곳곳에서 누룩을 없애기 위해 대청소를 한다. 이스라엘 전역의 상점에서는 누룩이 든 모든 과자와 빵, 국수 등을 흰 종이로 덮어 버린다. 책꽂이의 책도 모두 끄집어내어 한 페이지씩 먼지떨이로 털어내기도 한다. 이런 청결한 습관 덕에 유대인은 유럽에서 전염병에 잘 감염되지 않았는데, 오히려 이 때문에 마녀사냥을 당하기도 했다.

초실절(初實節)은 무교절 기간 중에 들어 있다. 안식일이 지난 다음 날, 즉 일요일이 된다. 보리의 첫 한 단을 제사 드리는 절기다.

그리고 칠칠절(七七節)은 모세가 시내산에서 십계명과 율법을 받은 것을 기념한다. 초실절로부터 7주가 지난 다음 날, 곧 50일째 되는 날이다. '다섯 오(五)'와 '열흘 순(旬)'을 이어(5×10=50) 오순절이라고도 부른다. 신약성경 사도행전에는 "오순절에 성령이 강림했다"고 기록되어 있는데 칠칠절이 곧 오순절이다. 칠칠절은 밀의 첫 수확을 드리는 최대 농경제다. 국내에서는 맥추절이라고도 하는데, 대맥인 보리가 아니라 소맥인 밀을 가리킨다. 대부분 영어 성경은 'Wheat harvest(밀 수확)'라고 분명히 표기하고 있다. 칠칠절에는 밤샘 공부하는 전통이 있는데 치즈케이크 등을 먹으면서 구약성경 룻기를 읽는다.

가을 절기로 유대력 7월(티슈리)의 첫날인 나팔절(喇叭節)은 '로쉬 하샤나'라고 불리는 이스라엘의 설날이다. 나팔 소리로 새해를 알리고 사과를 꿀에다 찍어 먹으며 "샤나 토바(좋은 새해 되세요)"라고 서로 인사한다. 유월절이 있는 유대력 1월(니산)을 새해로 보는 견해도 있지만, 나팔절 쪽을 더 유력하게 본다. 태양력으로 2025년은 유대력으로 5785년이다. 유대인 학자들은 아담의 창조가 BC 3760년에 벌어진 것으로 보기에 5785(=3760+2025)년이 된 것이다.

나팔절부터 열흘이 지나면 대(大)속죄일인 '욤키푸르(Yom Kippur)'다. 과거 대제사장이 성전의 지성소(Holy of holies)에 연중 한 번 들어가는 날이었고, 거국적으로 금식하며 회개하는 날이다. 현재 이스라엘 인구의 절반 정도는 세속적 유대인인데, 이들도 속죄일이 되면 평소 잘 안 가던 회당에 가기도 한다. '욤키푸르'란 말은 국제정치에서도 유명해졌다. 1973년 10월 6일 속죄일에 아랍 연합군이 이스라엘을 침공하면서 벌어진 제4차 중동전쟁을 가리킨다. "설마 이런 날에"라고 하면서 방심하던 이스라엘군은 초반에 큰 타격을 입었다. 북쪽에선 시리아가 골란고원을, 남쪽에선 이집트가 시나이반도를 공격했다. 이스라엘은 초반에 큰 타격을 입었으나 나중에 반격하면서 무승부를 기록했다. 이후 중동의 판도는 많이 바뀌었다. 결국 1979년 캠프데이비드 협정을 통해 이스라엘은 이집트와 평화조약을 맺는 쪽으로 진행이 되었다.

속죄일이 끝나고 닷새간 열심히 준비하면서 맞는 절기가 마지막 초막절이다. 물론 현재 이스라엘에서 지키는 7대 절기의 세부 내용은 토라보다는 구전(口傳) 전승에 따라 토라를 해석한 '미쉬나'와 이를 쉽게 풀이한 '탈무드'에 더 의존하는 편이다. 그래서 구약성경과 일치하지 않는 부분도 적지 않다.

7대 절기는 아니지만, 부림절(Purim)과 수전절(Hanukkah)은 오늘날 이스라엘에서 인기 높은 명절이다. 부림절은 페르시아에 유배된 동족 유대인들을 구하려고 왕비 에스더와 그녀의 사촌오빠 모르드개가 당시 유대인 말살 계획을 갖고 있던 하만의 계략을 물리친 스토리다. 지금도 부림절이 되면 에스더를 추억하듯 알록달록 예쁜 복장이 등장한다. 수전절은 BC 165년 시리아 왕조의 안티오쿠스 에피파네스 4세에 의해 더럽혀졌던 예루살렘 성전을 되찾아 정화한 것을 기념하는 날로, 당시 성전 촛대에 기름이 거의 없었는데도 8일간 기적적으로 불이 켜졌다는 스토리다. 부림절과 수전절은 이스라엘은 물론, 미국에서도 큰 축제로 열린다.

그러면 유대교를 뿌리로 하는 기독교는 이런 절기를 어떻게 바라볼까. 기본적으로 예수 그리스도가 구약성경의 모든 언약과 제사를 완성했고 더 이상 율법이 아닌 은혜의 시대에 있으므로 과거의 절기는 상관없다는 입장이다. 다만 절기의 의미를 배우자는 움직임은 있다. 가령 유월절은 예수의 죽음, 초실절은 예수의 부활, 오순절은 성령의 강림, 나팔절이나 초막절은 예수의 재림을 각각 지칭하거나 상징한다고 보는 견해도 있다. 한발 더 나아가 국가 이스라엘의 번영을 중시하는 '기독교 시온주의자'나 '세대주의 신봉자'들은 "예수님은 요한복음 7장에 나타나듯 초막절을 지키는 등 절기를 준수했다"면서 "가능하면 기독교인들도 지키는 것이 좋다"고 파격적인 주장을 한다.

필자는 이스라엘의 절기를 보면서, 우리나라는 어떤가 생각한다. 과거 민족사의 아픔을 생생하게 되새기고 오늘에 승화시키자고 다짐하는 날이 있었다. 하지만 지금은 각종 공휴일이 그저 노는 날로 여겨지고 있고, 대체휴일까지 생기면서 그 의미는 더욱 퇴색하고 있다.

자주 겹치는 유대교의 하누카와
기독교의 크리스마스

매년 12월이 되면 예수 그리스도의 탄생을 기념하는 크리스마스(Christmas)와 흔히 '유대인 크리스마스'로 오해받는 하누카(Hanukkah) 시즌이 펼쳐진다. 성탄절인 크리스마스는 12월 25일이지만, 유대력에 따라 변하는 하누카의 경우에도 2024년 12월 25일부터 8일간이었다. 두 명절이 겹쳤다. 도대체 둘은 경쟁관계인가 협력관계인가.

1970년대까지만 해도 크리스마스가 되면 집집마다 찾아가 캐럴이나 찬송가를 부르는 새벽송이란 게 있었다. 집주인이 나와 선물을 주곤 했다. 음반 가게에서는 캐럴을 크게 틀고 분위기를 돋우었다. 곳곳에 크리스마스트리가 요란하게 빛을 발하기도 했다. 하지만 근래 들어 크리스마스 분위기는 사뭇 다르다. 종교 편향이나 저작권 침해 등의 이유로 예전 같은 장식이나 음악은 오래전에 사라졌다.

예수 그리스도의 고향이지만 이스라엘은 전통적으로 크리스마스가 썰렁하다. 유대인들은 반(反)유대주의에 대해서는 흥분하고 비난하지만, 자신들의 반(反)기독교주의에 대해서는 별반 언급이 없다. 이스라엘 명문 대학인 테크니온에서 학생회가 교내에 성탄 트리를 세우자 랍비가 이를 금지시킨 적이 있다. 한 학생이 "교내 소수 기독교인들이 하누카에 반대하지 않는 것처럼 유대인들도 성탄을 기념하는데 개입하지 말라"고 맞섰으나 효과는 없었다.

다만 예수가 태어난 베들레헴은 요르단강 서안지구 내 팔레스타인 자치지구에 속해 있어 축하 분위기가 살아 있다. 베들레헴이란 빵집(베이트는 집, 레헴은 빵)이란 뜻이다. 베들레헴 당국은 2022년 11월 말 팔레스타인자치정부(PA)가 라말라에서 크리스마스 축제 기자회견을 여는 데 반발해 이를 무산시켰다. 여행 가이드인 베이트 잘라는 "예수는 라말라가 아닌 베들레헴에서 태어났고, PA의 결정은 베들레헴과 모든 기독교인에 대한 모독"이라고 흥분했다. 그 정도로 베들레헴 당국의 자부심은 대단하다. 매년 12월 초가 되면 예수탄생교회 앞 광장에서 대형 트리 점등식이 열린다. 예수탄생교회는 고개를 숙여야만 들어갈 정도로 입구가 작다. 누구나 그분 앞에서 겸손해야 한다는 의미라고 한다. 십자군 시대에 말을 타고 들어가려는 무뢰한들을 막기 위해 일부러 그렇게 만들었다는 얘기도 있다.

예수 그리스도가 자라났던 북부 나사렛도 아랍계 기독교인이 많이 살기에 크리스마스 분위기가 뜨겁다. 마리아가 천사로부터 예수의 잉태 소식을 전달받았다는 수태고지교회를 중심으로 곳곳에서 크리스마스 느낌을 물씬 풍긴다.

예수 그리스도는 AD(Anno Domini·우리 주님의 해)와 BC(Before Christ·그리스도 이전)를 구분하는 주인공이니, 신앙 여부에 상관없이 인류 역사에 가장 큰 영향을 미친 인물이다. 크리스마스는 크라이스트(Christ)와 미사(mass)의 합성어다. 크라이스트, 즉 그리스도는 '기름 부음 받은 사람'이라는 뜻의 히브리어 메시아를 헬라어로 번역한 말이다. 그리스도를 한자로 음차한 기리사독(基利斯督)에서 기독교란 말이 나왔다.

미국에서 트럼프 대통령이 다시 당선되면서 분위기가 달라지고는 있지만, 크리스마스는 최근 여러모로 압박받고 있다. 우선 크리스마스의 주인공 자리는 산타클로스와 루돌프 사슴이 진작 차지했다. 산타클로스는 튀르키예 지방에 살던 성(聖)니콜라우스 정교회 주교였다고 한다. 비(非)신자 입장에서는 '예수'를 언급해야 하는 종교적 부담없이 '산타클로스'만으로 크리스마스를 즐길 수 있다. 그래서 기독교계에서는 우려하고 있다. 인류를 죄에서 구원하려는 예수의 탄생 목적이 산타클로스와 선물 보따리 뒤로 가려진다는 점이다. 실제로 1931년 코카콜라가 하얀 수염에 빨간 옷을 입은 산타클로스를 광고에 등장시킨 이후 크리스마스는 세속화와 상업화의 속도가 빨라졌다.

또 다른 시빗거리는 날짜다. 서방 교회는 그레고리력에 따라 12월 25일로 크리스마스를 지키지만, 율리우스력을 따르는 동방 정교회는 1월 7일로 지킨다. 다만 러시아의 침공 여파로 우크라이나 정교회는 2022년 크리스마스를 1월 7일에서 12월 25일로 옮기는 것을 허용했다. 러시아 정부를 지지하는 러시아 정교회와 거리를 두려는 조치다.

하지만 정확하게 말하면 크리스마스는 예수의 탄생일이 아니라 탄생을 기념하는 날이다. 성경에는 예수가 태어난 날짜가 기록되어 있지 않다. 예수가 태어나던 밤에 목자들이 들판에서 양떼를 지켰다는 성경 구절을 감안하면 이스라엘의 12월 25일은 거리가 멀어 보인다. 우기인 데다 기온이 꽤 내려가기 때문이다. 이런 견해도 있다. 예수가 세례 요한보다 6개월 늦게 태어났고 세례 요한의 아버지인 제사장의 근무 시스템을 추적하면 예수는 초막절(Sukkot) 무렵인 9~10월에 태어났다는 것이다.

그런데 로마가 12월 25일을 크리스마스로 정한 배경은 설(說)이 다양하다. 가령 기독교 공인 이전인 AD 274년 로마 아우렐리아누스 황제가 '무적의 태양신(Sol Invictus)'이란 신전을 지으면서 12월 25일을 태양절로 제정했는데, 로마에서 기독교의 입지가 상승하면서 그 날을 예수 탄생일로 바꾸었다는 것이다.

비슷한 맥락의 다른 주장도 있다. 로마인들은 동지(冬至) 일주일 전부터 한 달간 농경신인 사투르누스와 태양신 미트라를 숭배했는데, 미트라의 생일이 바로 12월 25일이었다고 한다. 4세기 콘스탄티누스 황제는 태양신 미트라에 대한 헌신적 추종자였다. 로마에서 기독교가 융성해지자 예수를 예배하는 날도 숭고한 태양의 날인 'Sunday'로 정하고 생일도 똑같이 정했다는 것이다.

또 다른 스토리도 있다. 12월 21일 동지는 해가 가장 짧아 태양신 니므롯이 그 날에 죽었고 12월 24일 해가 길어지며 살아났는데, 죽은 니므롯이 아들인 담무스로 12월 25일에 환생했다는 것이다. 그 날을 태양신 생일로 숭배하는 전통을 로마 가톨릭에서 예수 탄생일로 둔갑시켰다는 얘기다.

이렇게 다양한 배경 속에 350년 교황 율리우스 1세 또는 354년 리베리우스 교황 때 12월 25일을 공식적인 성탄절로 제정했다는 것이다. 로마 가톨릭 입장에서는 이교도의 풍습이나 축제를 막는 것이 불가능하다면 차라리 이를 받아들여 기독교화하는 전략을 택한 셈이다. 켈트족의 삼하인 축제를 수용하여 핼러윈으로 변형한 것과 비슷하다.

영국 청교도들은 이런 배경 때문에 크리스마스로 12월 25일을 지키는 것을 반대했고, 미국으로 건너간 뒤에는 더 강력한 반대 운동을 펼쳤다. 청교도들은 "신약성경에는 예수님 탄생일을 기념했다거나 중시했다는 기록이 전혀 없으므로 우리도 상관하지 않겠다"고 주장했다. 게다가 크리스마스는 풍습이 문란하고 인간의 영혼에 해를 끼친다고 생각했다. 그래서 1659~1681년 미국 매사추세츠주(州)는 공식적으로 크리스마스를 금지하기도 했다. 하지만 크리스마스에 대한 대중의 기대감이 커지면서 1870년 율리시스 그랜트 대통령은 크리스마스를 공식적인 미국 연방 공휴일로 인정했다.

필자가 보기에 포인트는 다른 데 있다. 기독교에서는 특정한 장소와 날짜나 물건에 집착하는 것은 잘못이다. 구원의 메시지 자체가 중요할 따름이다. 그러니 12월 25일이면 어떻고 8월 1일이면 또 어떤가. 지금 와서 바꿀 것인가. 그저 그 날을 맞아 예수의 구원을 되새기면 충분하지 않겠는가.

크리스마스의 또 다른 논쟁거리는 인사말이다. 미국은 점점 다문화되고 유대인의 파워가 커지면서 '메리 크리스마스'라는 인사를 부담스러워한다. 크리스마스와 하누카의 시기가 비슷한 점도 크게 작용했다. 그래서 여러 종교를 뭉뚱그린 '해피 홀리데이'라는 인사가 득세하고 있다. 유럽연합(EU)에서도 최근 '포용적 소통을 위한 가이드라인'에서 "'크리스마스' 대신 '홀리데이'를 사용하라"고 권고할 정도가 됐다.

미국에서는 1923년부터 매년 백악관 앞에서 '내셔널 크리스마스트리 점등식'이 열린다. 그런데 버락 오바마 대통령은 '메리 크리스마스'라는 말을 하기 꺼렸고, 2010년대부터 '메리 크리스마스'가 잘 언급되지 않았다. 하지만 도널드 트럼프는 "'해피 홀리데이'란 말은 미국적 가치를 희석

시키고 있다"면서 적극적으로 '메리 크리스마스'를 사용하고 있다.

크리스마스와 시기적으로 경쟁관계인 것이 바로 유대교 명절 하누카다. 하누카란 '봉헌'이란 뜻이며, 영어로도 'Feast of Dedication'이라고 한다. 한자로는 수전절(修殿節)이라고 적는데, 성전을 수리하고 정화한 뒤 하나님께 봉헌했다는 의미다.

하누카의 유래는 이렇다. BC 323년 마케도니아 왕국의 알렉산더 대왕이 33세로 죽으면서 제국은 나눠졌다. 유대는 북쪽 셀레우코스 왕국과 남쪽 톨레미 왕국 사이에 위치하게 되었다. 처음 100년간 유대는 이집트를 기반으로 한 톨레미의 지배를 받았다. 톨레미는 상당한 자치권을 유대에 허락했다. 하지만 톨레미는 셀레우코스 왕국 안티오코스 3세의 침입을 힘겹게 막아 내느라 파워가 급격히 약화되었다. 유대 내부에는 톨레미를 지지하는 이집트파와 셀레우코스를 지지하는 시리아파가 대립했다. 드디어 BC 200년 파네이온 전투에서 톨레미가 패하자 유대는 셀레우코스의 지배에 들어가게 되었다.

셀레우코스 왕국의 헬라화(化) 정책은 안티오코스 4세에 이르러 극에 달했다. 그는 자신을 '에피파네스'라고 명명했는데 이는 '신(神)의 나타나심'이란 뜻으로 자기를 제우스처럼 섬기도록 강요했다. BC 167년 안티오코스 4세는 톨레미 왕국과 싸우던 자신이 죽었다는 소문이 예루살렘에 퍼지자, 이집트에서 돌아오는 길에 예루살렘을 쳐들어가 친(親)톨레미 유대인들을 무차별 살육했다. 이어 예루살렘 성전(Temple)의 보물을 약탈하는 것도 모자라, 유대인의 제사와 안식일과 할례를 금지하며 이를 어기면 사형에 처한다는 칙령을 내렸다. 예루살렘 성전을 헬라 성전으로 바꾸고, 제단에는 유대인들이 금기로 여기는 돼지를 죽여 바쳤다. 유대인들에겐 참을 수 없는 신성모독이었다. 그뿐 아니라 제우스 동상을 성전의 가장 거룩한 장소인 지성소에다 세우고, 모든 유대인들을 제우스에게 절하도록 강요했다.

예루살렘에서 북서쪽으로 25km 떨어진 모디인이라는 작은 마을에서도 안티오코스의 군인들이 사람들을 모아놓고 제우스에게 절하도록 강요했다. 이때 제사장 가문의 마타티아가 제우스에게 절한 유대인은 물론, 달려드는 군인까지 죽인 뒤 산속으로 달아났다. 마타티아에게는 다섯 아들이 있었는데 셋째 아들인 유다가 특히 용맹했다. 그는 망치를 뜻하는 '마카비'라는 별명을 갖고 있었다. 산속으로 들어간 마타티아와 아들들은 시리아 군대에 대항했고, 3년 만인 BC 164년 드디어 성전을 탈환하였다.

성경의 외경(外經)으로 분류되는 마카비서(書)에는 당시 상황이 묘사되어 있다. 성전 탈환 당시 제단은 오염되었고, 곳곳이 방치되어 있었다. 충격을 받은 유다 마카비는 돼지로 더러워진 제단을 허물어 버리고 새로운 돌로 새 제단을 만들었다. 그리고 성전 안에 있는 메노라(일곱 갈래의 촛대로 유대 민족의 상징)를 보니 대제사장의 확인이 있는 올리브 기름은 하루 분량밖에 없었다. 그때 기적이 일어났다. 적은 기름에도 불구하고 성전의 메노라는 8일 동안 꺼지지 않고 빛을 밝혔다. 제사장들은 그 기간에 성전을 다시 정결하게 했다. 유대력으로 BC 164년 키슬레브월(月) 25일에 생긴 일이었다. 3년 전 그 날에 빼앗겼던 성전이 정확하게 3년 후 같은 날에 봉헌된 것이다. 유다 마카비는 키슬레브월 25일부터 8일간을 하누카 명절로 지키도록 했다. 키슬레브월은 양력으로 11~12월에 해당한다.

매년 하누카가 되면 이스라엘에는 크네세트(이스라엘 의회)와 통곡의 벽 등에 거대한 하누키아(하누카+메노라)가 설치된다. 일반 메노라의 촛대가 7개인 반면, 하누키아는 9개다. 그중에서 가운데 한 개는 긴 데, 이를 가리켜 종(從)이란 뜻의 '샤마시'라고 부른다. 하누카가 되면 하루에 하나씩 촛불을 켠다. 가운데 샤마시는 처음부터 켜 놓기에 실제로는 아홉 개의 촛불을 밝히는 셈이다. 뉴욕 등지에서 하누카 저녁이 되면 집집마다 창가에 비치는 촛불이 아름답다.

하누카는 즐거운 명절로 다양한 게임을 즐긴다. 유명한 것은 드라이델이라고 불리는 팽이를 갖고 노는 일이다. 팽이는 사각 형태의 옆면을 갖고 있는데, 거기에는 '위대한 기적이 여기서 일어났다'는 뜻의 히브리어 네 단어의 첫 글자가 적혀 있다. '마오즈 추르(Ma'oz Tzur)'를 비롯한 여러 가지 전통 노래도 부르고, 기름(특히 올리브유)으로 굽거나 튀긴 음식도 즐긴다. 감자부침과 도넛이 인기다.

특이한 것은 크리스마스와 하누카가 만나는 지점이 있다. AD 1세기의 유대 역사가 요세푸스는 하누카를 '빛의 명절'이라고 불렀다. 사실 BC 2세기의 사건인 하누카가 BC 5세기의 스토리까지만 담긴 구약성경에는 등장할 수 없다. 하지만 신약성경에는 딱 한 번 나온다. 바로 요한복음 10장 22절에 "예루살렘에 수전절이 이르니 때는 겨울이라. 예수께서 성전 안 솔로몬 행각에서 거니시니"라는 구절이 있다. 예수가 수전절, 즉 하누카를 지켰다는 의미로 해석이 가능하다. 그래서인지 요한복음은 "나는 세상의 빛이니 나를 따르는 자는 어두움에 다니지 아니하고"(8장 12절) 등 빛에 대해 특히 많이 언급하고 있다. 유대인들이야 관심 없지만, 기독교인들은 크리스마스와 하누카의 접점을 거기에서 찾는다. 일부에서는 하누카 시작이 키슬레브월의 25일이므로 크리스마스의 25일과 연관성을 찾아보려 하지만, 조금 지나친 생각이다.

크리스마스와 하누카를 비교할 때 헨델(J. F. Handel)을 빼놓을 수 없다. 그가 1741년 단 24일 만에 작곡한 오라토리오 '메시아'는 '할렐루야', '우리를 위해 나셨다' 등 수많은 명곡으로 유명하며, 크리스마스에 단골로 연주된다. 유대인들은 '메시아'는 꺼리지만, 헨델이 1746년 작곡한 오라토리오 '유다스 마카베우스'(HWV 63)는 좋아한다. 하누카의 주역인 유다 마카비의 스토리가 담겨 있어서다. 곡 중에서 나중에 삽입된 '보아라 용사가 돌아온다(See, the conqu'ring hero comes)'는 지금도 웅장한 개선곡으로 자주 연주된다. 헨델의 두 명작은 오늘날 크리스마스와 하누카를 대표하는 음악으로 자리매김하고 있다.

이스라엘이
최강 하이테크 국가가 된 비결

　유대교와 기독교의 발상지인 종교국가 이미지에다, 불안한 안보와 빈약한 천연자원으로 경제적 환경이 불투명한데도 불구하고 세계 하이테크와 스타트업의 성지가 되고 있는 묘한 나라가 이스라엘이다.

　2023년 5월 18일 조선일보가 주최한 제14회 아시안리더십콘퍼런스(ALC)에 참석한 나프탈리 베네트 이스라엘 13대 총리(2021~2022 재임)는 한국에서 인상적인 메시지를 많이 남겼다. 베네트 총리는 이스라엘에서 국방장관과 경제장관도 역임했다. 그는 이스라엘 요즈마그룹 주관으로 열린 '한국·이스라엘 콘퍼런스'를 비롯해 각종 강연과 인터뷰를 통해 '기업가정신'이란 키워드로 국방과 경제를 설명했다.

　우선 베네트 총리는 "이스라엘과 한국은 적국과 국경을 맞대고 있고, 적의 로켓이 인구밀집 지역을 겨냥하고 있다는 공통점이 있다"면서 "이스라엘은 다른 나라와 조약을 맺고 있지 않으며, 적으로부터 국가를 보호할 강력한 군사 체제를 갖추고 있다"고 말했다. 그는 "우리를 공격하는 세력이 누군지 정확하게 알아야 한다. 또 그 세력이 누구와 결탁되어 있는지도 알아야 한다. 가령 북한과 이란은 매우 강한 동맹이다. 우리는 홀

룡한 방공(防空) 시스템을 갖고 있지만 동시에 강한 공격력을 갖춰야 한다. 우리를 공격하면 얼마나 큰 대가를 치를지 적이 알도록 해야 한다. 적보다 더 강해야 한다"고 덧붙였다. 핵무기를 가지고 위협하는 북한을 버젓이 코앞에 두고서도 우리 군대의 주적(主敵)이 누구라고 분명하게 대답하지 못하는 괴이한 정권이 한국에 있었기 때문에, 베네트 총리의 말은 더 설득력 있게 들렸다.

그는 자신의 군대 시절 이야기를 꺼냈다. "건물 안에 인질로 잡힌 아군을 구출하는 작전을 수행했다. 적군은 총을 쏘아 댄다. 그런데 문이 잠겨 있다면? 그렇다면 창문을 깨야 한다. 만일 창문으로도 못 들어가면? 천장에 구멍을 뚫어서라도 들어가야 한다. 방법이 무엇이든 반드시 해내는 문화, 이게 첨단 산업에도 도움이 된다." 그런 군대 경험이 기업가정신의 발현과 연결되어 있다는 얘기다. 베네트 총리는 "스타트업이란 과거에 불가능했던 것을 해내는 곳으로, 실제 성공 확률은 1,000대 1쯤 될 것"이라며 "하지만 반드시 성공시키겠다는 의지와 믿음이 중요하다"고 강조했다.

베네트 총리는 유대인 특유의 토론 문화를 배경으로 소개했다. "이스라엘 사람들은 언제나 논쟁한다. 항상 그렇다. 이스라엘의 학교나 스타트업을 방문하면 마치 싸우는 것처럼 보이지만 사실은 토론하는 것이다. 유대인이 중시하는 탈무드도 시대별로 율법에 대한 토론을 빽빽하게 적은 책이다. 논쟁과 토론을 통해 최선의 결과를 얻게 된다."

토론을 하게 되면 서로 주고받는 어휘와 표현이 상대방의 뇌에 있는 전두엽을 강하게 때린다고 한다. 충격을 받은 뇌는 남과 다르게 생각하려고 애쓴다. 혼자서 고민하면 1+1=2라는 결론밖에 내지 못하지만, 토론을 거치면 1+1=10이란 결과도 가능하다. 이스라엘에서는 군대나 회사에서 격렬한 토론을 벌여도 한국식의 '뒤끝'이란 아예 생각할 수 없다는 문화가 조성되어 있다. 자기 생각을 거침없이 밝히고 반박을 겁내지 않는 문화가 바로 이스라엘의 막강한 기업가정신이 되었다.

과거 박근혜 정부 시절에 필독서로 꼽혔던 〈창업국가〉는 이스라엘 기업가정신의 특징으로 '후츠파(Chutzpah)'란 단어를 유행시켰다. 뻔뻔스러운, 대담한, 안 된다는 말에 굴복하지 않는다, 철면피 등 다양한 뜻을 품고 있는 단어다. 그래서 외국인에겐 다소 무례하게 보이기도 한다. 윤종록 전(前) 미래창조과학부 2차관이 쓴 책 〈후츠파로 일어서라〉는 △형식의 파괴(거두절미 곧바로 질문한다) △질문의 권리(유대인은 똑같은 대답을 가장 싫어한다) △상상력과 섞임(학문과 산업의 장벽을 허물어 간섭하고 토론한다) △목표 지향(전혀 다른 관점에서 문제를 바라본다) △끈질김(자원 없는 것이 축복이 되어 절박함으로 첨단기술을 만든다) △실패로부터의 교훈(건설적인 실패는 강력한 도전의식을 준다) △위험의 감수(대담함으로 위험에 맞선다) 등 7가지 정신으로 후츠파란 단어를 정리했다. 이스라엘에서는 '실패'를 하나의 국민 스포츠쯤으로 여기며 모두가 그저 관록이라고 생각한다.

베네트 총리 자신도 2년간 군복무를 마치고 제대한 뒤 처음 회사를 차렸는데 실패한 경험이 있었다. 그는 계속 도전했고, 정계에 입문하기 직전인 1999년에 미국으로 건너가 정보보안 회사인 사이오타를 창업해 2005년에 회사를 1억4,500만 달러에 매각했다. 그리고 2009년부터 2013년까지는 클라우드 컴퓨팅 서비스 스타트업인 솔루토의 CEO도 맡았다. "이스라엘은 스타트업으로 만들어진 나라다. 젊은이들이 자기 능력을 군대에서 발휘한 뒤 사회로 나가 다양한 스타트업을 창업한다. 스타트업 천국이 된 비결은 똑똑해서가 아니다. 때로 미친 짓으로 보여도 일단 시도해보는 무모함, 도전정신 덕분이다."

이스라엘은 학교에서 후츠파 마인드와 기업가정신을 가르친다. 명문 공과대학인 테크니온은 창업과 기업가정신을 가르치는데, 학생이나 연구원은 지도교수의 창업 케이스를 직접 보고 듣는다. 〈비즈니스 성공을 위한 유대인 지혜〉를 쓴 레비 블래크먼은 "유대인들은 기존 학설이나 이론을 가르치는 걸 교육이라고 부르지 않는다"면서 "어떻게 하면 기존 이론에다 새로운 것을 보탤지 가르치는 걸 교육이라고 생각한다"고 말했다. 남보다 나은 것이 아니라 남과 다른 것을 더 중시한다. 그래서 질문은 언제나 "How?"가 아니라 "Why?"다.

1948년 건국한 이스라엘은 끊임없는 전쟁과 테러 속에서 '창업국가' 또는 '작지만 강한 나라'라는 패러다임을 통해 지금까지 50배 이상의 경제성장을 달성했다. 석유를 비롯한 천연자원이 부족한 탓에 첨단 산업을 중심으로 한 인력 개발에 주력했다. 근로자 1만 명당 과학기술자가 140명으로 미국(85명)과 일본(83명)을 웃돈다. 2022년의 경우 GDP(국내총생산) 대비 R&D(연구개발) 지출 비율이 4.8%로 세계 1위다. 특히 사이버보안 분야는 세계에서 가장 으뜸이라고 해도 지나치지 않다. 세계 100대 IT 기업의 75%가 이스라엘에 연구개발 센터를 두고 있다. 지금도 매년 800~1,000개의 기술 분야 창업이 이뤄지고 있고, 누적 스타트업 수는 9,500여 개에 이른다. 여기에서 만들어진 탁월한 신기술 때문에 전 세계 기업들이 투자·인수·업무제휴 등을 위해 이스라엘로 몰려든다.

미국의 그래픽 반도체 기업 엔비디아는 생성형 AI(인공지능) 수요가 늘어나자 수억 달러를 들여 이스라엘에 현존 최강의 슈퍼컴퓨터 '이스

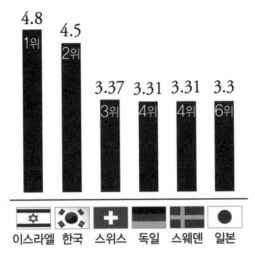

GDP 대비 R&D 지출 비율 국가 순위(단위: %)

자료: 스태티스타(2022년 기준)

라엘-1'을 구축하고 가동에 들어갔다. '이스라엘-1'은 최대 8엑사플롭 (exaFLOPS·1초당 100경 회 연산) 수준의 처리능력을 제공하는데, 이것은 바로 엔비디아가 2019년 68억 달러에 인수한 이스라엘 반도체 기업 멜라녹스가 개발한 작품이다.

그런가 하면 퀄컴은 이스라엘의 차량용 반도체 기업 오토톡스를 약 4억 달러에 매입했다. 오토톡스는 2008년 설립된 차량·사물통신(V2X) 분야 반도체 설계기업으로, 차량 간의 충돌을 방지하고 이동성을 개선하는 솔루션을 공급하는 곳이다. 전기자동차와 자율주행차량이 늘어나면서 차량용 반도체 시장은 2021년 530억 달러 규모에서 2025년 1,038억 달러까지 성장할 것으로 전망되고 있다.

한국 기업들도 예외가 아니다. 삼성전자는 이스라엘에서 삼성모바일 어드밴스(SMA) 프로그램을 본격화하고 있다. 중장기적으로 활용할 만한 기술 보유 업체를 선정해 5만 달러의 보조금을 주고 6개월간 해당 기업의 연구개발을 지원한다. SMA 프로그램에는 카메라(광학·알고리즘), 온디바이스 AI(인공지능), 메타버스·증강현실(XR), 웨어러블, 헬스케어, 환경 및 지속가능성(ESG) 등 다양한 분야의 스타트업이 참여할 수 있다.

삼성전자는 이스라엘 반도체 스타트업인 뉴리얼리티에도 투자했다. 이 회사는 CPU(중앙처리장치)와 컴퓨터 통신장치인 NIC(네트워크인터페이스카드)에 대한 의존도를 줄일 수 있도록 AI 서비스형 인프라를 개발하는 회사다. 삼성전자의 투자 전문 자회사인 삼성넥스트는 2022년 2월 이스라엘의 양자(量子)컴퓨터 스타트업인 클래시큐에도 투자했다. 2020년 5월 설립된 클래시큐는 양자컴퓨터 소프트웨어인 '퀀텀 알고리즘 디자인' 플랫폼을 개발한 회사다. 양자 회로에 대한 특허를 보유하고 있으며 20개월 만에 4,800만 달러의 투자를 받았다. 양자컴퓨터는 물리량의 최소 단위인 양자를 활용하는데, 현재 가장 빠른 2진법 기반의 슈퍼컴퓨터보다 이론상 연산속도가 1천만 배 이상 빨라 금융·의료·자동차·항공우주 등 다양한 분야에 쓰일 전망이다.

이재용 삼성전자 회장도 2023년 9월 28일 텔아비브 현지법인을 방문했다. 삼성전자는 현지의 양자컴퓨터, AI 기업들과 협업을 계속 확대하고 있다. 삼성전자의 한 임원은 "이스라엘 스타트업들은 다른 나라에서 관심을 두지 않는 흥미로운 첨단기술을 많이 가지고 있다"며 "기존의 이스라엘 연구소 활동도 대폭 강화하겠다"고 말했다. 사실 삼성전자는 2021년 갤럭시S 시리즈 하드웨어에 있는 보안 결함을 텔아비브대 전기공학 아비샤이 울 교수 연구팀이 미리 파악하자, 2021년 10월에 갤럭시 S8·9·10·20·21 등을 대상으로 보안 업데이트를 실시한 적이 있다. 이스라엘 기술력의 도움을 받지 않았더라면 자칫 해킹이 벌어질 뻔한 사례였다.

그런가 하면 LG전자는 2021년 이스라엘 자동차 사이버 보안 분야의 선도기업인 사이벨럼의 경영권을 인수하며 전장(電裝) 보안기술 확보에 나섰다. LG전자는 사이벨럼의 지분 63.9%를 확보하는 주식매매계약을 체결했다. 2016년 설립된 사이벨럼은 텔아비브에 본사를 두고 있으며 직원 수는 50여 명이다. LG전자 관계자는 "사이벨럼은 다양한 소프트웨어 프로그램을 분석할 수 있는 멀티플랫폼 분석도구를 개발했다"면서 "자동차 사이버 보안 관련 취약점을 점검할 수 있는 독보적인 역량을 갖고 있어 인수했다"고 설명했다.

현대자동차도 이스라엘에 스타트업 인수, 지분 투자 등을 맡아 하는 '현대 크래들 텔아비브'를 운영 중이다. 자율주행의 눈 역할을 하는 센서 기술을 가진 옵시스, AI를 통해 자동차 결함 검사를 하는 유브이아이 등 여러 회사에 투자를 진행하고 있다.

이스라엘의 스타트업들은 텔아비브 해안을 따라 북쪽으로 하이파까지 이어지는 이른바 '실리콘 와디' 지역에 몰려 있다. 이른바 첨단기술 클러스터인 셈이다. 미국의 실리콘밸리에 비할 규모는 아니지만, 하이테크의 응집력은 실리콘밸리에 뒤지지 않는다는 평가다. 텔아비브 도심에는 '시프리아'라는 시영(市營) 창업육성센터가 있다. 임대료가 비싼 텔아비브에서 저렴한 비용으로 사무실을 제공하고, 다른 스타트업들과 교류할 환경도 만들어 준다. 지금까지 시프리아 지원을 받은 스타트업들의 성공률은 70%에 이른다. 이렇게 스타트업을 지원하는 창업육성센터가 텔아비브에만 50개를 넘고, 이스라엘 전역으로는 5천여 곳에 이른다.

이스라엘의 창업지원은 1990년대부터 본격화했다. 경제위기 상황에서 1993년 이스라엘 정부는 '요즈마 펀드'를 설립했다. 요즈마 펀드는 정부와 민간이 4대 6으로 1억 달러를 출자하고, 이후 해외 투자금을 유치해 2억 달러 규모로 운영을 시작했다. 요즈마 펀드는 스타트업을 나스닥에 상장시키거나 글로벌 기업에 매각하는 방식으로 설립 20여 년 만에 40억 달러 규모로 성장했다. 그러면서 정부~대학~기업으로 이어지는 네트워크를 조성하고 민간기술과 군사기술이 서로 통용되도록 하는 스타트업 생태계를 만들었다. 최근의 관심사는 AI(인공지능)다. 이스라엘은 AI 관련 박사급 전문인력 4천여 명이 스타트업에 64%, 글로벌 기업·연구소에 31%, 일반기업·대학에 5% 수준으로 고루 분포되어 있다고 한다.

이스라엘의 대학과 연구소들은 개발한 기술을 시장에 판매하는 회사도 만들었다. 우선 시험적으로 시장에 내놓은 뒤 반응을 보고 본격적인 상용화를 결정한다. 세계 3대 기초과학연구소라는 와이즈만연구소는 기술이전 회사인 예다(YEDA)를 통해 자체 개발한 기술을 외부로 보내고 있다. 예다는 20여 명의 직원이 특허출원부터 자금융자까지 총체적으로 지원하고 있다. 2023년 7월에는 강남세브란스병원이 와이즈만연구소와 공동연구에 대한 업무협약을 체결했다. 와이즈만연구소에서 개발한 첨단 의료기술이 곧바로 한국에 들어올 길을 열었다.

이스라엘에서는 세계 최고 수준의 공대인 테크니온의 T3, 히브리대의 이숨(Yissum) 등도 비슷한 역할을 하는 조직이다. 특히 이숨은 '사람 없이 차량을 운전할 수 없을까'라는 발상에 몰입하여 완전자율주행(FSD)의 전단계인 주행보조장치 핵심기술을 만들어 냈고, 이를 모빌아이란 스타트업으로 상업화했다. 자율주행 핵심장비 글로벌 시장의 70%를 점유하고 있는 모빌아이를 글로벌 대기업들이 그냥 보고 있을 리가 없다. 인텔은 2017년 153억 달러에 모빌아이를 인수했다. 팻 겔싱어 인텔 CEO는 "모빌아이 인수는 대성공이었다"고 평가했다. 사실 이스라엘을 가보면 거리에 현대·기아차가 최고 판매량을 기록할 정도로 자동차 제조업체 하나 없는 나라이지만, 실제 자동차를 구동하는 자율주행·AI·로봇 분야 스타트업들은 즐비하다.

이스라엘의 스타트업들은 '필요는 발명의 어머니'란 속담을 중시한다. 오래된 얘기지만, USB 메모리나 방울토마토도 이스라엘에서 처음 개발되었다. 1990년대 초 히브리대학교의 하임 라비노비치아와 나훔 케달 교수는 이스라엘의 척박한 자연환경에서 물 사용량을 10분의 1로 줄이고 유통기한을 늘릴 수 있는 토마토 개발에 나섰다. 마침내 1995년 결실을 맺게 되는데 그것이 바로 방울토마토다. 지금도 이스라엘은 방울토마토의 종주국이다.

현재 나스닥에 상장된 이스라엘 스타트업은 100여 개로 미국과 중국에 이어 3위다. 세계 100대 하이테크 기업 중 75%가 이스라엘에 연구소나 생산기지를 두고 있다. 국민 1인당 R&D(연구개발) 투자액은 세계 1위다. 좁은 땅과 적은 인구 때문에 제조업이 힘든 대신 첨단기술 개발과 창업 활성화에 주력한 결과다. 현재 이스라엘에는 9,500개의 테크 기업이 활동하며 전 세계의 투자금을 담고 있다. 2022년의 경우 이스라엘 스타트업에는 155억 달러의 투자가 이뤄졌는데, 이는 한국의 3배 수준이다. 전쟁중이지만 2024년에 7개의 유니콘(기업가치 10억 달러 이상 비상장 기업)이 탄생했다.

특히 군대는 스타트업의 기술개발을 뒷받침한다. 탈피오트나 8200

같은 엘리트 부대는 수많은 기술을 개발했고, 여기 출신들이 창업도 많이 한다. 이스라엘은 1973년 10월에 벌어진 제4차 중동전쟁에서 아랍연합국의 기습 공격으로 혼이 난 뒤 보병과 전차 위주로는 미사일 공격 앞에 무용지물이라는 점을 자각하고 정보통신 기술을 통해 적의 공격에 사전 대응하는 체제를 구축했다. 실패에서 혁신이 나온 셈이다. 1952년 창설된 첩보부대를 8200 인터넷 보안부대로 바꾸고, 엘리트 과학기술 전문장교 프로그램인 탈피오트를 1970년 출범시켰다. 8200 출신이 창업한 스타트업이 1천 개가 넘고, 그중 사이버 보안 기업만 400개에 이른다. 인터넷 방화벽 시장 세계 1위인 체크포인트를 만든 길 슈웨드도 8200 출신이다.

오늘날 하마스가 쏜 미사일을 만화처럼 공중에서 격추하는 아이언돔은 탈피오트 사관후보생의 아이디어에서 시작되었다. 팔레스타인 무장단체 하마스가 가자지구에서 무기를 밀수하고 있는 땅굴을 탐지한 기술도 탈피오트에서 만들었다. 히브리어로 '최고 중의 최고'란 뜻을 지닌 탈피오트는 매년 고교를 졸업한 이공계 영재 50여 명을 선발해 부대 훈련과 대학 교육을 함께 시킨다. 군인 신분으로 3년간 히브리대에서 학사를 받고 6년간 군복무를 하는데, 주로 최첨단 군사장비를 개발하거나 사이버전에 투입된다. 하버드나 MIT 출신보다 낫다는 평가를 받고 있다. 우리나라도 탈피오트를 벤치마킹해 2014년부터 과학기술 전문사관 제도를 운용하고 있다.

베네트 총리는 마치 한국 정치인들을 겨냥한 듯 재미있는 충고를 했다. 정치할 사람은 기업부터 운영해보라는 것이다. 그는 "국가의 바탕은 경제이고 경제의 바탕은 기업이므로, 정치인이라면 자신이 하는 행동이

기업에 어떤 영향을 미치는지 반드시 알아야 한다"며 "정치인이 되기 전에 기업 경영을 해보기를 권한다"고 말했다. "정치가 기업의 발목을 잡아서는 절대 안 된다. 정부는 스타트업에 뭘 지원해줄지 생각하기 이전에 '훼방 놓지 않을 방법'부터 고민해야 한다. 규제를 타파하지 않으면 절대 스타트업 강국이 될 수 없다." 학창 시절 운동권에서 배운 관념적인 사회주의·평등주의 이념에 빠져 데모만 하다가 자기 노력으로 땀 흘려 돈 벌어본 경험도 없이 국회의원이 되고 장관된 사람이 너무 많은 대한민국이다. 그런 정치인들이 이런 말을 들을 리도 없겠지만, 그래도 꼭 해주고 싶은 말이었다.

세계 최초로 USB 메모리를 발명해 이스라엘의 벤처 영웅이 된 도브 모란은 "기업가정신과 공산주의는 양립할 수 없는데, 공산주의는 기업가정신과 독창성을 억압하기 때문"이라며 "기업가정신의 골자는 혁신과 창의성이며, 혁신이란 더 새로운 걸 만들고 창의성은 더 다른 걸 만든다는 의미"라고 설명했다. 창의성은 있지만 효율성은 부족한 사람을 사랑하는 조직이 되어야 기업가정신이 온전히 구현되는 조직이라고 그는 덧붙였다.

마지막으로 베네트 총리는 "한국과 이스라엘은 GDP의 4% 이상을 R&D에 투자하는 세계에서 둘 뿐인 국가"라며 "이스라엘과 한국의 기술이 결합하면 시너지 효과를 낼 수 있다"고 결론지었다. 이스라엘 스타트업의 기저 기술인 딥테크(Deep tech)와 한국 거대 IT 기업이 갖고 있는 빅테크(Big tech)가 손잡으면 생각지 못한 시너지를 발휘한다는 제안이다.

이스라엘을 창업국가로 이끈 주역인 이갈 에를리히 요즈마그룹 회장은 2014년 한국사무소를 개설했다. 1991년 소련이 붕괴하고 현지의 유대인 우수인력이 대거 고국으로 돌아오자, 그는 장관급인 OCS(수석과학관실) 수장으로서 스타트업 창업 지원 프로그램을 실시했다. 소련에서 돌아오는 고급인력들의 전문성을 살려 양질의 일자리를 마련해주면서 국가에도 도움되는 전략이었다. 이스라엘 전역에 24개의 기술 인큐베이터를 설립해 될성부른 아이디어에 최소 2년간 80만 달러까지 지원했다. 그는 1993년에 국부펀드인 요즈마 펀드 설립에 참여했고, 1998년 요즈마가 민영화된 뒤에는 회장직을 맡고 있다. 그는 "한국은 세계적 기술이 많지만 국내 시장 위주로 접근하는 데다 이스라엘과 달리 R&D만 하고 사업화가 잘 안 된다"며 "해외 기술 흐름을 이해하고 글로벌 투자회사들과 손잡고 세계시장을 겨냥하면 유니콘(기업가치 1조원 이상인 스타트업)이 나올 수 있다"고 말했다. 특히 그는 "한국은 실패하면 사회적으로 낙인찍히는 데 대한 두려움이 너무 크다"면서 "이것이 기업가정신의 발전을 저해하는 요소"라고 덧붙였다.

사실 우리나라는 이스라엘을 끊임없이 벤치마킹해야 한다. 한국과 이스라엘은 역사적으로 많은 어려움을 극복하고 1948년에 정부를 세우거나 독립했다는 공통점이 있다. 천연자원이 없는 데도 우수한 인적자원을 토대로 세계적 기술 강국으로 성장했다는 점도 닮았다. 전 세계에 흩어진 재외동포, 즉 디아스포라의 역사와 네트워크가 형성됐다는 점도 흡사하다. 안보 불안도 같다. 이스라엘은 건국 이래 4차에 걸친 전면전을 치렀고, 지금도 가자지구의 하마스, 레바논의 헤즈볼라, 요르단강 서안지구 테러조직, 예멘의 후티반군 등과 끝없는 분쟁이 지속되고 있다. 그래서 투자불안 심리가 있는 것이 사실이다.

이스라엘에서 '예비군'이라 함은 우리나라와는 개념이 조금 다르다.

전쟁이 터질 경우 즉각 실전에 대등하게 투입한다는 의미다. 현역과 큰 차이가 없다. 그런데 이스라엘 스타트업 종사자의 15%가 이번 하마스 전쟁에 예비군 소집을 통보받은 것으로 조사됐다. 소집된 인력 36만 명은 이스라엘 인구의 5% 정도에 불과하지만, 연령대가 낮은 스타트업에서 많이 차출되었다. 하마스 전쟁으로 인해 경영에 차질을 빚고 있다는 얘기다. 사실 소규모 스타트업은 1~2명만 빠져도 타격이 있다. 그러자 온라인 등에서는 이스라엘 스타트업의 업무 공백을 메워 주자는 운동도 벌어졌다. 미국에 거주하는 이스라엘 하이테크 출신 인력들이 모국의 스타트업을 지원하기 위해 원격근무로 도와주기도 했다.

이렇게 보면 이스라엘에는 온통 빼어난 스타트업과 하이테크뿐이고, 모두가 성공하는 걸로 착각하기 쉽다. 2016년 통계이긴 하지만 이스라엘 스타트업의 성공률은 4.5%에 불과했다. 절대다수인 95.5%는 실패했다는 말이다. 해외로 도피하는 스타트업도 많았다. 그래서 이스라엘을 '창업 융성국가'이면서 동시에 '창업 실패국가'라고 비아냥거리는 목소리도 있다. 그런 판국에 2023년 10월 7일 하마스 전쟁까지 발발했으니 최악의 여건이었다.

하지만 습작(習作)이 많아야 걸작(傑作)이 나오는 법이다. 인텔의 이스라엘 투자 결정처럼 아무리 전쟁이 벌어지는 곳이라 해도 기술력이 있다면 기업은 계속 몰리게 마련이다. 전체 인구 1천만 명도 안 되는 이스라엘은 휴대폰이나 자동차 같은 완제품을 만드는 나라가 아니다. 하지만 그런 완제품에 들어가는 '없으면 아쉽고 있으면 폭발적 인기를 모으는' 미세 기술들을 곳곳에서 개발하고 있다.

스타트업이란 99번 실패해도 1번 대박을 터트리면 성공이라고 본다.

이스라엘에서는 "실패해도 괜찮아"라는 특유의 도전정신인 후츠파 문화가 여전히 강력하다. USB 메모리를 개발한 이스라엘 벤처 영웅 도브 모란은 "스타트업 경영자는 IQ나 EQ 외에 AQ(역경지수·Adversity Quotient)가 매우 중요하다"고 밝혔다. 위기가 와도 버티고 극복하는 능력이 매우 중요하다는 설명이다. 그래서 전 세계 기업들은 지금도 이스라엘의 스타트업 동향을 주시하고 있다. '농업'과 '첨단기술'의 합성어인 애그테크(AgTech)도 이스라엘의 강점인데, 향후 예상되는 식량전쟁을 감안하면 더욱 주목받는 분야이다.

이스라엘의 대표적 스타트업 육성기관인 '스타트업 네이션 센트럴'의 제레미 클레츠킨 부사장은 "스타트업은 창업 준비단계부터 목표를 협소한 내수시장이 아닌 전 세계로 겨냥해야 하고, 현존하지는 않지만 확장 가능성이 높은 기술이나 솔루션을 시장에 내놓아야 성공한다"고 말했다. 한국의 스타트업이 새겨들어야 할 대목이다.

이스라엘 테크니온이
세계 최고 공과대학이 된 비결

　이스라엘 3대 도시 하이파에는 서쪽으로 지중해를 바라보며 남쪽으로 카르멜산을 끼고 세계 최고 공과대학이라는 평가를 받고 있는 '테크니온 이스라엘 공과대학(Technion - Israel Institute of Technology)'이 자리잡고 있다. 단순히 무슨 기관에서 발표하는 세계 공과대학 종합 랭킹을 보면 테크니온은 그리 위쪽에 나오지 않는다. 심지어 어떤 조사에서는 우리나라의 KAIST나 포스텍보다 뒤지는 것으로 나온다. 하지만 대학의 실질적인 연구개발(R&D) 수준과 제품화·사업화 실적을 고려하면 테크니온은 세계 최정상이라는데 전문가들 의견이 일치한다.

　테크니온의 정문을 지나면 기숙사가 나타나고, 학교 가운데는 키슬락 공원이 있어 가끔씩 록 뮤직 공연이 벌어진다. 원형극장으로 내려가는 계단 한편에는 중동전쟁에 희생된 재학생의 명단이 새겨져 있다. 그렇게 이스라엘은 전쟁 속에 사는 나라다. 테크니온의 건물들은 단조로움 속에서도 제각각 개성이 돋보인다. 테크니온은 무엇보다 내부에서 조용히 진행되지만 빼어난 연구개발 실적 덕분에 세계 하이테크 업계를 뒤흔들고 있다.

특히 인공지능(AI) 시대를 맞아 테크니온이 다시 한번 위력을 발휘하고 있다. 조선일보가 글로벌 채용 플랫폼 링크트인을 통해 분석한 결과, AI 시대를 주도하는 엔비디아의 임직원 출신대학을 보면 테크니온이 1,119명으로 가장 많았다. 두 번째인 미국 스탠퍼드대(671명)보다 훨씬 많다. 엔비디아는 2020년 이스라엘 스타트업인 멜라녹스를 인수했는데, 덕분에 AI 가속기의 데이터 병목현상을 해소할 수 있었다. 테크니온 출신은 마이크로소프트에 697명, 애플에도 817명이나 근무하고 있어 MIT·하버드·스탠퍼드 등에 전혀 밀리지 않는다. 애플에서 차세대 괴물 칩으로 불리는 'M4'를 개발한 조니 스루지 하드웨어 기술담당 수석부사장 역시 테크니온에서 컴퓨터공학을 전공했다.

이원재 이스라엘 요즈마그룹 아시아총괄 대표는 "테크니온은 '이스라엘의 MIT'로 불리는 연구개발 대학이지만 거기에 머무르지 않고 기술사업화를 신속하게 진행하며, 이를 통해 수많은 스타트업이 등장하고 일자리 창출에도 기여한다"면서 "나스닥에 상장된 이스라엘 기업의 대부분은 테크니온에서 개발한 기술을 활용했고, 인텔·마이크로소프트·구글·아마존 등 글로벌 기업들은 일부러 테크니온 인근에 연구개발센터를 두고 있다"고 설명했다. 글로벌 회사들은 필요한 기술을 테크니온과 스타트업들에서 속속 가져다 사용할 수 있고, 측면에는 든든한 벤처캐피탈이 지원하고 있다. 기술적·지리적으로 이상적인 생태계가 구축되어 있는 셈이다. 삼성전자와 현대차도 모두 미래 기술을 위해 테크니온과 협력하고 있다.

특이하게도 테크니온은 이스라엘이 건국(1948)되기도 전에 이미 세워졌다. 팔레스타인 땅을 오스만제국이 지배하던 1912년, 국가재건의 꿈

을 품은 독일 등지의 일부 유대인들은 "나라를 세우려면 과학기술 실력
이 필요하다"는 판단에 따라 테크니쿰(Technikum)이란 학교를 사막 위에
다 세웠다. 1924년에는 정식 개교를 하면서 지금 이름으로 바꾸었다. 유
대인들은 테크니온 이외에도 히브리대학교를 1918년, 기초과학을 연구
하는 와이즈만연구소를 1934년에 각각 설립하는 등 정식 건국 이전에
교육의 기틀부터 세웠다.

테크니온의 개교에는 유대인 과학자인 알베르트 아인슈타인이 깊게
관여했다. 그는 학교의 교육 커리큘럼을 설계하는가 하면 동료와 제자
들을 직접 파견해주기도 했다. 아인슈타인은 1923년 2월 11일 테크니온
을 방문해 지금까지도 남아 있는 야자수를 심었고, '테크니온 소사이어
티'라는 학회·후원회를 만들어 회장을 맡기도 했다. 아인슈타인은 이스
라엘을 상징하는 메노라(일곱 촛대)를 항상 연구실에 두었으며, 이스라엘
의 초대 대통령으로 위촉받기도 했다.

당시 테크니온은 국가 건설에 필요한 도시공학과 건축학의 2개 과목
에 17명의 학생을 받아 가르치기 시작했다. 황량한 땅에 도로·수도·철
도 등의 사회간접자본이 테크니온 교수진이나 졸업생에 의해 속속 조성
되었다. 이후에도 국가에 필요할 것으로 예상되는 미래산업 교육을 적
극 도입했다. 1950년대 초에 선도적으로 항공우주공학부를 개설해 세계
적인 항공우주산업의 토대를 닦았고, 1960년대에는 컴퓨터과학부와 전
기공학부도 만들었다. 2005년에는 나노기술센터(RBNI)를 만들어 나노전
자·나노재료·나노의학 등 나노 기술을 모든 학문 연구에 적용하고 있다.

테크니온은 1924년부터 2023년까지 모두 9만2,517명의 학사, 2만
7,078명의 석사, 6,711명의 박사를 배출했다. 졸업생이 13만 명에 육박

한다. 가령 1999년 세계 최초로 USB 메모리를 개발한 도브 모란도 테크니온 출신이며, 이스라엘이 자랑하는 미사일 방어시스템인 '아이언돔' 역시 테크니온 출신들이 대거 개발에 참여했다. 현재 테크니온은 60개의 다양한 연구센터를 두고 있다. 2024년 현재 학사과정에 1만267명, 석사과정에 2,913명, 박사과정에 1,427명이 각각 재학하고 있으며, 573명의 교수진이 이들을 가르치고 있다.

특히 의대 증원 문제를 놓고 시끄러웠던 우리나라에게 테크니온은 여러 가지 시사점을 준다. 테크니온은 공과대학이면서도 1969년에 의과대학을 만들었다. 하지만 그냥 진료나 조제만 하는 의사나 약사를 배출하지 않는다. 테크니온에서는 의학과 약학을 모두 순수 학문으로 교육하고, 졸업생은 바이오·헬스케어·의료기기 분야 스타트업이나 관련 산업에 뛰어든다. 알약 모양의 내시경, 마비 환자를 서고 걷게 해주는 로봇 등이 그래서 나왔다. 이들이 오늘날 글로벌 톱 수준의 이스라엘 바이오·의료 산업의 개척자가 되었다.

물리학자인 우리 시반 테크니온 총장은 "모든 연구에는 서로 다른 전공자가 참여한다. 퀀텀(양자)센터에도 물리학자만 있는 게 아니라 컴퓨터공학, 화학, 심지어 의학박사까지 함께 참여한다. 다른 분야 학자가 보지 못하고 생각하지 못하는 걸 보고 생각하기 때문이다. 의학과 공학도 긴밀한 융합이 필요하다. 테크니온 의과대학은 다른 의과대학에서 가르치지 않는 과목들을 가르친다. 사람의 몸은 여러 학문이 필요한 곳이다. 의학뿐 아니라 데이터과학과 영상처리 등 수많은 기술이 필요하다. 온갖 이공계 전공이 합쳐야 의료기기를 잘 만들 수 있다. 테크니온은 그런 방향을 지향한다"고 설명했다.

테크니온은 2007년 6월 지름 1mm에 불과한 초소형 로봇을 개발하여 화제를 모았다. 공상영화 〈마이크로 결사대〉에 나오는 것처럼 무선 조종으로 사람의 혈관 속을 기어 다니고, 작은 팔을 사방으로 뻗으면 혈관벽에 단단히 붙어 있을 수도 있었다. 당시 일본 교토대학에서도 비슷한 로봇을 개발했으나 지름은 1cm여서 테크니온과 차이가 났다.

김명자 KAIST 이사장은 "현재 선진국은 기존 의학에다 AI·빅데이터·딥러닝 기술을 융합시켜 성공 가능성이 높은 신약 후보물질을 골라내고, 원격의료 서비스도 상용화한다"면서 "특히 테크니온은 디지털 기술과의 융합으로 각종 치료기술이나 의료기기에서 혁명을 일으키고 있다"고 말했다. 윤종록 전(前) 미래창조과학부 2차관은 "테크니온 의과대학은 의사나 약사 자격증을 위한 공부를 시키지 않으며, 출발부터 100% 연구하는 의사를 양성하는 곳으로 세계에서 가장 활발한 생명과학 혁신·창업의 산실"이라며 "미국이 이스라엘에 비해 의과대학 수가 30배나 많아도, 세계 생명과학 창업은 테크니온이 장악하고 있다는 점을 기억해야 한다"고 말했다.

테크니온은 졸업생의 절반 가까이가 스타트업을 만든다고 한다. 삼성 같은 대기업이 없어서이기도 하지만, 후츠파와 창의력을 중시하는 유대인 특유의 교육을 받고 자라서인지 스타트업을 하는 게 더 자연스럽다. 테크니온에는 교내에서 창업 멘토링이나 스타트업 경연대회가 많다. 특히 본격적인 기술사업화 단계가 되면 오랫동안 이 분야에 몸담아온 전문가 집단으로 구성된 교내의 'T3(Technion·Technology·Transfer)'라는 기관이 기술이전을 체계적으로 지원해준다.

요즘은 글로벌 협력도 활발하다. 홍콩 갑부 리카싱은 전 세계를 조사한 뒤 테크니온을 선택했고, 고향인 광둥성에다 '광둥-테크니온연구소'를 2017년에 오픈했다. 또 뉴욕을 창업과 혁신의 허브로 만들자는 취지에 따라 코넬대학교와 테크니온이 선정되어 '제이콥스 테크니온-코넬연구소'가 세워졌다.

테크니온의 교수와 학생은 기존 틀을 벗어나 상상의 나래를 활짝 펴는 것을 좋아한다는 특징이 있다. 2019년에 12명의 학생이 벌 없이 꿀을 만들어 국제합성생물학대회에서 금메달을 차지했고, 수학에서 사람만이 하던 가설(Conjectures)을 생성하는 알고리즘인 '라마누잔 머신'을 개발한 것이 대표적인 사례다.

최근에는 우주를 대상으로 기발한 아이디어를 추진하고 있다. 가령 지구와 태양 사이에 햇빛을 가리는 거대한 차단막을 띄워 지구 온도를 낮추자는 아이디어를 테크니온이 현실화시키겠다고 나섰다. 요람 로젠 교수가 이끄는 테크니온 연구팀은 우주에 차단막을 띄워서 햇빛을 2%만 줄여도 지구 기온이 1.5℃ 내려간다는 구상을 밝혔다. 테크니온 연구진의 생각은 이렇다. 태양과 지구 사이에는 양쪽의 중력이 서로 균형을 이루는 라그랑주 지점이 있는데, 거기에다 크기 259만km²에 무게 250만t에 달하는 거대한 차단막을 띄워 고정시킨다는 계획이다. 크기가 아르헨티나 면적과 비슷하다. 시제품은 약 9.3m² 면적으로 만들었을 때 1천만~2천만 달러가 들 것으로 예상하고 있다. 테크니온 연구진은 자금이 확보되면 3년 이내에 시제품 제작도 가능하다고 밝혔다.

그런 사고방식으로 테크니온은 지금까지 노벨화학상 수상자 4명을 배출했다. 2004년 아브람 헤르슈코와 아론 치에하노베르, 2011년 단 셰흐트만, 2013년 아리 워셜이 그들이다. 결정과 비정질의 중간에 해당하는 준결정(準結晶·Quasicrystal)을 발견한 공로로 노벨상을 수상한 단 셰흐트만 테크니온 재료과학부 교수는 2022년 7월 19일 포스텍을 방문해 '준결정, 결정학의 패러다임 전환'이란 강연을 했다. 테크니온에서 10년간 학사·석사·박사를 마친 그는 기존 학계에서 수십 년간 믿어온 통설을 무너뜨리는 과정에서 "준(準)과학자"라는 비아냥을 들었으나 결국 승리했다고 밝혔다.

단 셰흐트만 교수는 "한국은 상관의 말에 순종하는 문화이기에 많은 인적자원의 협력으로 다양한 대형 산업을 성공적으로 이룩했다. 반면 이스라엘에서는 상관의 말을 따르지 않는다. 많은 사람이 자기만의 생각을 펼치기 위해 창업했고, 이스라엘은 중동의 실리콘밸리로 성장했다"고 말했다. 그는 "이스라엘에서는 학생들에게 외우라고 가르치지 않는다. 가장 중요한 건 학생들이 이해하는 것이다. 이건 끊임없는 질문을 통해 이룰 수 있다. 무조건 이의를 제기하고 대립해야 한다는 것이 아니라, 잘 이해하지 못했을 때 질문을 통해 문제의 기반과 근거를 들출 수 있어야 한다는 말이다. 상관에게 복종만 하는 자세를 취하게 되면 질문하기가 쉽지 않을 뿐더러 좋은 생각이나 의견을 나누기도 어려워진다"고 덧붙였다. 역시 가장 중요한 것은 혁신과 창의성을 끌어낼 수 있는 조직 문화라는 얘기였다. 마지막으로 그는 "이스라엘의 성공한 창업자들은 조직 구성원이 자기와 약속을 잡고 싶을 때 비서에게 연락하는 것을 이해하지 못한다. 애초에 굳이 다른 사람을 통해 연락할 필요가 없기도 하고, 직접 연락하면 훨씬 쉽게 좋은 생각을 공유하고 발전할 수 있기 때문이다. 교육과 학습에서 누가 더 권위 있고 중요한 인물인지 정하는 것은 무의미하다. 그렇기에 학생들에게 질문할 수 있도록 허락하는 걸 넘어 항상 질문하는 것을 장려하며 가르치는 것, 이것이 본질이라 생각한다"고 강조했다. 아직 한국인들이 즉각 수용하기는 쉽지 않은 발언이지만, 이스라엘 교육의 핵심이 들어있었다.

필자가 몇 년 전 테크니온을 방문했을 때, 학교 관계자들은 기술이전 비즈니스 경험이 많아서인지 한국의 연구개발 환경을 비교적 잘 알고 있었다. 그들은 한결같이 "인구 대비 연구개발 투자는 한국과 이스라엘이 가장 높으나, 두 나라는 결정적인 차이점이 있다"면서 "한국은 국비 지원이 상대적으로 많아서인지 연구개발의 성과를 자꾸 논문이나 특허 같은 지표로 평가하려는 성향이 있는데, 외부에 발표하고 정부에 보고하는 장식용으로는 좋겠지만 실제 기술사업화로 나가는 데는 효과가 없는 반면, 이스라엘은 즉각 사업화가 가능한지를 중시하기 때문에 한국과 같이 형식에 집착하지 않고 창업 생태계도 신속하게 만든다"고 지적했다.

사실 순수기술로만 따지면 우리나라도 상당한 실력을 보유하고 있지만, 더 이상 상업화로 신속하게 뻗어 나가지 못한다는 약점이 있다. 한국전자기술연구원(KETI)은 신희동 원장이 2023년 3월 이스라엘 텔아비브에서 테크니온의 제이콥 루빈스타인 연구부총장과 만나 업무 협약을 체결했다. 양측은 자율주행과 전기차 등 첨단 모빌리티 분야에서 국제 공동 연구개발, 기술사업화, 핵심 정보 공유, 워크숍 개최 등 다각적인 협력 관계를 강화하기로 했다. 이미 KETI는 차량사물통신(V2X) 기술과 객체 인식 등 자율주행 분야 첨단 솔루션 기술을 보유하고 있고, AI 기반의 드론과 로봇 자율순찰 서비스 등 스마트 모빌리티 분야 핵심기술에 연구를 집중하고 있어 테크니온과 심층적인 교류를 희망하고 있다.

테크니온을 비롯한 이스라엘 교육에 대한 관심이 높아지면서 서울대학교는 2024년 6월 18일 사범대학 교육종합연구원 산하에 이스라엘교육연구센터를 출범했다. 이스라엘의 교육을 주제로 공식 연구하는 국내 최초의 연구기관이다. 그간 이스라엘의 교육은 막연하게 "탈무드를 많이 읽었다"라든가 "항상 '왜?'라고 묻고 남과 달라야 한다고 가르친다" 정도만 떠올리는 상황이었다. 초대 센터장을 맡은 박동열 서울대 불어교육과 교수는 "한국과 이스라엘은 천연자원이 부족해 인적자원에 의존해야 하고, 척박한 환경에서도 교육의 힘으로 놀라운 경제 성장을 이뤄내는 등 유사성이 있지만 사실 서로 잘 모르고 있다"고 말했다. 아키바 토르 전(前) 주한 이스라엘 대사는 "거울처럼 닮은 한국과 이스라엘이 서로를 깊이 연구하면서 결국에는 자신에 대해 재발견하게 되길 기원한다"고 말했다.

서울대 이스라엘교육연구센터에서는 유대인 특유의 '하브루타(2명이 짝을 지어 논쟁하며 학습하는 교육 방식)' 토론식 교육을 한국에 적용할 수 있는 모형을 연구하기로 했다. 또 수많은 이스라엘의 노벨상 수상자의 삶과 성장과정, 이스라엘 초·중·고·대학의 창업 교육과 창업지원 시스템도 함께 연구·교육하기로 했다. 이를 위해 이스라엘혁신청(Israel Innovation Authority)의 창업국가 전략 교육, 혁신산업 미래동향 분석 등도 함께 연구하기로 했다.

노벨상의 3분의 1을 꼬박꼬박 가져가는 유대인과 이스라엘, 특히 핵심적인 역할을 하는 테크니온의 방식을 한국이 100% 따르기도 어렵고, 그럴 필요도 없다. 다만 연구개발에 임하는 관점과 자세만은 언제나 벤치마킹해야 할 대상이다.

서양에서 반유대주의가
시작된 이유는?

　1996년 필자는 조선일보 경제부 기자로 이스라엘을 처음 방문하여 상
공부의 한 국장과 얘기를 나눈 적이 있는데, 유대인들이 노벨상을 휩쓰
는 비결에 대해 꼬치꼬치 물었다. 하지만 의외로 반응이 미지근했다. 그
는 "역사적으로 보면 유대인들이 잘 나간다고 할 때 항상 반(反)유대주의
(Anti-Semitism) 바람이 불면서 재앙이 닥쳤다"면서 "사방이 온통 적으로
둘러싸인 이스라엘은 매 순간 생존의 위협을 느낀다"고 말했다.

　테슬라의 최고경영자이자 소셜미디어 X(옛 트위터)의 소유주이며 트럼
프 2기 행정부에서 최측근으로 일하는 일론 머스크는 반유대주의 논란
때문에 곤욕을 치렀다. 머스크는 2023년 11월 17일 '유대인 공동체는 자
신들에 대한 증오를 멈춰야 한다고 주장하면서 백인들에 대해서는 그런
증오를 부추기고 있다'는 X의 글을 보고 나서 "당신은 실체적 진실을 말
했다"는 글을 올렸다. 난리가 났다. 머스크의 글에 대해 유대인 공동체
는 물론이고 바이든 대통령의 백악관에 이르기까지 반발이 거셌고, 수
많은 기업들이 광고를 중단하거나 보류했다. 사태가 심각하게 돌아가자
머스크는 곧장 이스라엘로 날아갔다. 자존심이 상할 수도 있었겠지만

자신이 반유대주의자가 아님을 분명히 할 필요가 있어서다. 그는 베냐민 네타냐후 이스라엘 총리와 함께 하마스의 기습 테러 공격을 받은 키부츠들을 둘러보았다. 네타냐후가 "하마스는 반드시 제거돼야 한다"고 하자, 머스크는 "선택의 여지가 없으며 나도 돕고 싶다"고 응답했다. 그렇게 사태는 겨우 진정이 되었다.

2023년 10월 7일 하마스의 침공으로 시작된 전쟁이 계속되면서 덩달아 세계 곳곳에 반유대주의 관련 에피소드도 많아지고 있다. 미국과 유럽에서는 친(親)이스라엘과 친팔레스타인 시위가 번갈아 열렸는데, 특히 런던에서는 2023년 11월 26일 87년 만에 최대 규모인 5만여 명이 참가한 가운데 '반유대주의자에게는 관용을 베풀면 안 된다'는 요지의 반유대주의 규탄 시위가 열렸다. 독일 알렌스바흐 여론조사연구소가 2023년 프랑크푸르터알게마이네차이퉁(FAZ) 의뢰로 실시한 여론조사 결과, 독일 내 반유대주의가 큰 문제라고 답한 응답자는 45%로 2019년 조사

전 세계 반유대주의 성향 설문조사(단위: %)

설문 내용	가자지구 &서안지구 (2014년)	이란 (2015년)	중국 (2014년)	독일 (2023년)	미국 (2015년)
가슴에 반유대주의 태도를 품고 있는 국민 비율	93	60	20	12	10
1. 유대인들은 자신들이 살고 있는 나라보다 이스라엘에 더 충성한다	83	66	41	44	33
2. 유대인들은 비즈니스 세계에서 지나치게 많은 힘을 갖고 있다	91	52	33	17	16
3. 유대인들은 국제금융시장에서 지나치게 많은 힘을 갖고 있다	89	60	33	21	16
4. 유대인들은 홀로코스트 때 벌어진 일을 지나치게 많이 얘기하고 있다	64	30	31	33	20
5. 유대인들은 자기 세계를 제외한 다른 누군가에게 벌어지는 일에는 관심을 기울이지 않는다	84	54	32	16	13
6. 유대인들은 국제 문제에 대해 지나치게 많은 영향력을 갖고 있다	88	52	29	11	10
7. 유대인들은 미국 정부에 지나치게 많은 영향력을 갖고 있다	85	70	15	16	12
8. 유대인들은 자신들이 다른 민족보다 낫다고 생각한다	72	49	42	10	14
9. 유대인들은 글로벌 미디어에 지나치게 많은 영향력을 갖고 있다	88	61	23	13	12
10. 유대인들은 전 세계 대부분의 전쟁에 책임이 있다	78	54	18	4	5
11. 사람들은 유대인들이 행동하는 방식 때문에 유대인들을 싫어한다	87	68	33	30	14

출처: ADL(Anti-Defamation League·반명예훼손연맹)

(21%)에 비해 2배 이상 증가했다.

보통 반유대주의라고 하면 유대인을 향한 증오와 차별, 더 나아가 유대인을 배척하고 절멸하려는 사상을 가리킨다. 유대인 정치사상가인 한나 아렌트는 첫 번째 저서에서 홀로코스트를 일으킨 전체주의의 기원을 반유대주의에서 찾았다. 영어로 반유대주의를 표기할 때 'Anti-Zionism(시온주의)', 'Anti-Jew(유대인)', 'Anti-Judaism(유대교)' 같은 표현보다는 'Anti-Semitism(셈족)'을 더 많이 사용한다. 왜 셈족일까. 거기에 대해서는 19세기 근대 반유대주의의 시조라고 불리는 독일 빌헬름 마르가 '게르만족과 반대되는 셈족 인종으로서의 유대인을 배격한다'는 의미에서 처음 사용했다는 설이 있다. 예전의 종교·경제·문화적인 이유와 달리 인종주의적 반유대주의라는 점에서 훗날 홀로코스트(Holocaust·나치 독일의 유대인 대학살)의 배경이 되었다고 볼 수 있다.

실제 한국인들은 유대인들과 접촉해본 경험과 역사가 적어 '반유대주의'라는 용어가 서구에서 얼마나 심각한 이슈인지 제대로 느끼지 못한다. 보통 유대인 하면 노벨상을 휩쓴 민족, 하나님의 선민(選民), 첨단 IT와 BT 산업의 나라, 미국의 요직을 장악한 민족 등 비교적 긍정적인 평가가 한국에서는 많았다. 다만 이스라엘과 팔레스타인 분쟁이 확산되면서 국내에서도 반미(反美)·반이스라엘 성향의 좌파를 중심으로 반유대주의 움직임이 포착되고 있다.

하마스 전쟁이 한창일 때 서울에 있는 주한 이스라엘대사관 앞에는 'BRING BACK HITLER THE ULTIMATE PROBLEM SOLVER(궁극적 문제해결사인 히틀러를 다시 불러오라)'라고 적힌 시위판이 등장했다. 히틀러가 다시 와서 유대인들을 싹 없애면 좋겠다는 오싹하고 기가 막힌 내용이었다. 미국이나 유럽이라면 엄청난 사회적 반향을 불러일으킬 정도로 충격적인 일이겠지만, 한국에서는 경찰이나 지나가는 사람이나 모두 무덤덤했다. 사실 누구나 유대인이든 이스라엘이든 비판할 수 있다. 그것 자체는 반유대주의가 아니다. 하지만 히틀러까지 언급할 지경이라면 너무도 심각한 반유대주의 행동이고, 배후에 비열한 의도가 깔려 있다고 판단할 수밖에 없다.

유대인들은 그들의 조상 아브라함이 갈대아 우르를 떠나 가나안 땅에 정착한 이래 줄곧 고난 속에서 살았다. BC 1000년경 다윗과 솔로몬 시대에는 그런대로 잘 살았다. 하지만 나라가 남북으로 분열되면서 각각 앗시리아와 바빌론에 망했다. 힘겹게 고향으로 되돌아왔지만 BC 63년부터 로마의 식민지가 되었고, AD 70년 로마에 항거하다 전 세계로 뿔뿔이 흩어져 디아스포라(diaspora)로 살아갔다.

서구 역사에서 유대인들은 '하나님의 아들이자 구세주인 예수 그리스도를 십자가에 못 박은 민족'이란 이유로 저주와 핍박의 대상이 되었다. 초대 교부(敎父)들은 지구상에서 이스라엘이라는 나라가 없어지자 성경에 나오는 이스라엘을 어떻게 해석할지 고민했고, 대안을 반유대주의적인 메시지에서 찾았다. 2세기 기독교 변증가였던 저스틴 마르터는 "하나님이 유대인들과 맺은 계약은 더 이상 효력이 없고, 이방인들이 하나님의 구원 계획에서 유대인들을 대신한다"고 주장했다. 역시 2세기의 오리겐은 "유대인들이 예수를 죽이는 흉악한 죄를 범했기에 징벌을 받는 것은 당연하며 교회가 이스라엘을 대신하는 '참 이스라엘'이다"라고 말했으며, 4세기의 크리소스톰은 "유대인들의 회당은 들짐승들의 거처이고 악마와 마귀의 요새"라고 언급했다. 이런 편견은 유대인들을 악마의 모습으로 묘사한 중세 그림에 그대로 반영되었다. 상당수 유대인들이 기독교로 개종하기를 거부하면서 반유대주의 움직임은 더욱 커졌다.

6세기 비잔틴제국의 유스티니아누스 황제는 유대인들이 땅을 소유하지 못하도록 했고, 상업 활동도 제약했다. 유대인들은 정상적인 경제활동에서 배제되는 바람에 할 수 없이 기독교인들이 기피했던 대부업에 종사했고, 수시로 추방을 당하는 탓에 집이나 땅 같은 부동산보다는 휴대하기 쉬운 보석 등을 선호했다. 그러면서 유대인들에게는 고리대금업자나 수전노란 이미지가 씌워졌고, 셰익스피어의 〈베니스의 상인〉에 등장하는 샤일록이 대표적 사례가 되었다.

유대인들이 희생양이 되었던 주요 사건을 보면 중세의 십자군 전쟁과 흑사병, 그리고 20세기의 포그롬(제정러시아 시대의 유대인 학살)과 홀로코스트가 대표적이다. 유대인은 소수민족으로서 늘 공동체의 주변부에 머물렀는데, 전쟁이나 폭력이 난무하는 사회 변동기가 되면 쉽게 표적과 희생양이 되었다. 가령 11세기에 십자군 전쟁이 발발하자 유대인들은 희생양이 되었다. 십자군은 예루살렘을 향한 진군 중에 마그데부르크·보름스 등지에서 유대인들을 학살했다. 라인강 근처를 지나던 십자군은 유대인 마을을 약탈하고 회당을 불태웠는데, 이때 3천여 명의 유대인이 학살당했다. 십자군은 무슬림을 공격하기 전에 반기독교 세력인 유대인들을 먼저 치는 게 낫다는 변명으로 자신들을 합리화했다. 1099년 예루살렘을 탈환한 뒤에는 무슬림과 내통했다는 누명을 씌워 유대인들을 대거 학살하거나 노예로 팔아넘겼다. 십자군 전쟁의 명분은 이슬람화된 성지 예루살렘의 회복이었지만, 그 과정에서 무고한 유대인들이 억울하게 희생당했다. 1347년에는 유럽에 흑사병(페스트)이 번지면서 인구의 3

분의 1이 목숨을 잃게 되었는데, 유대인들이 우물이나 샘의 근원에 독을 탔다는 소문이 퍼졌다. 흑사병 비극에 대한 책임을 모두 유대인에게로 돌려 희생양으로 만들었다.

전진성 부산교대 사회교육과 교수는 유럽에서 유대인을 증오하는 이유를 이렇게 설명했다. "유대인들은 선민의식이 굉장히 강하고, 유대교를 바탕으로 종족적 정체성을 유지해왔기에 유럽에서도 현지인들과 섞이지 못하고 따로 모여 살았다. 너무 가까우면서도 너무 먼 존재가 되어, 유대인들에 대한 주기적인 학살이 자행되었다. 전 유럽에 걸쳐 흑사병, 전쟁, 기근 때마다 유대인들은 항상 희생양이 되었다."

유대인들은 중세 유럽에서 뛰어난 언어 능력과 사업 수완으로 경제적인 영향력을 높여 나갔는데, 이것이 오히려 유대인들을 시기하고 배척하는 요인으로 작용했다. 유럽의 봉건제도는 귀족 기사단, 성직자, 농노 등의 3계층으로 이루어졌다. 유대인들은 이들 사이에서 완충 역할을 하면서 상업이나 금융업을 담당했다. 왕은 유대인들에게 정착지를 제공하면서 보호해 주었고, 유대인들은 그에 따른 상당한 세금을 냈다. 하지만 왕과 영주들의 보호 아래 있던 일부 유대인들에 대한 반감은 전체 유대인들에 대한 부정적인 이미지로 확산되었다. 고리대금을 통해 부당이득을 취한다는 비난이 난무했다. 로마 교황청은 1179년 교서를 통해 대금업을 '지옥에 영혼을 파는 것'으로 여겨 금지시킬 정도였다.

또 유대인들은 유일신 신앙, 안식일 준수 전통, 코셔(Kosher)라는 까다롭고 청결한 음식문화, 타민족과 결혼금지 등 독특한 생활방식으로 다른 민족의 반감을 불러일으켰다. 중세 유럽에서 유대인에게는 시민권이 부여되지 않았는데, 이노센트 3세가 소집한 1215년 제4차 라테란 공의회에서는 모든 유대인들이 유대인 표지(標識)를 착용하도록 규정했다. 나중에는 게토(ghetto)로 격리 수용되거나 해외로 대거 추방되기도 했다.

16세기 종교개혁자 마르틴 루터도 빼놓을 수가 없다. 루터는 처음에는 유대인들에게 호의적이었는데 예수 그리스도가 유대인이었기 때문이다. 유대인들이 개종하지 않는 것도 유대인들 잘못이 아니라 교회가 악하게 핍박했기 때문이라고 보았다. 가령 1523년 '예수는 유대인으로 나셨다'란 논문에서는 기독교인들의 사악함을 비판했다. 하지만 루터가 유대인들에게 실제 전도를 해보니 의외로 강경한 반대에 부딪혔다. 호의를 베풀었으나 돌아온 것은 배신이었다. 크게 실망한 루터는 180도 돌아섰다. 루터는 1543년 '유대인과 그들의 거짓말에 관하여'라는 역사적인 글을 발표했다. 그는 "유대인 회당은 불태우고, 집들은 무너뜨리고, 기도책과 탈무드는 몰수해야 한다. 랍비는 더 이상 가르치지 못하도록 하고, 어길 때는 처형해야 한다"고 주장했다. 루터의 이런 메시지는 한동안 묻혀 있다가, 19세기 반유대주의가 기승을 부리던 독일에서 기독사회당 대표인 아돌프 슈퇴커에 의해 널리 퍼졌다. 물론 루터의 1543년 글이 후대에 조작되었다는 주장도 있긴 하다.

1894년에는 프랑스에서 유대인 포병 대위 알프레드 드레퓌스가 독일에 군사기밀을 넘겼다는 누명을 쓰고 남미 기아나에 있는 악마섬에 유배당하는 일이 벌어졌다. 그가 결백하다는 증거들이 있었지만, 유대인이라는 이유로 증거들은 무시되고 유죄가 선고되었다. 드레퓌스의 무죄를 변호하려고 작가 에밀 졸라는 1898년 1월 13일 로로르 신문에다 '대통령에게 보내는 편지, 나는 고발한다'란 글을 쓰기도 했다. 1906년 드레퓌스는 무죄 선고를 받기는 했지만, 이 사건으로 프랑스 사회는 분열되었다.

이런 움직임은 곧 오스트리아의 언론인이자 유대인인 테오도르 헤르츨로 하여금 시온주의를 주창하게 만드는 계기가 되었고, 결국 1948년 이스라엘 독립으로 이어졌다.

20세기 들어 히틀러의 독일 나치는 유대인을 집단 학살의 타깃으로 삼았다. 600만 명을 죽인 홀로코스트는 우생학적 인종주의와 생물학적 결정론을 근거로 유대인 전체를 몰살하려 했다는 점에서 인간의 폭력성과 광기를 극단적으로 보여주었다. 물론 여기에는 제1차 세계대전에 패전하면서 유대인들에게 많은 부채를 진 독일 정부가 이를 해소하고자 했던 속사정도 부차적으로 작용하기는 했다. 어쨌든 홀로코스트의 충격으로 유럽과 미국에서 반유대주의는 크게 자취를 감추었다. 다만 1948년 이스라엘 독립으로 팔레스타인 난민 문제가 불거지면서 이슬람권을 중심으로 반유대주의가 다시 퍼져 나갔다. 지금도 팔레스타인 지역에 가면 유대인들을 조롱하려고 '히틀러'라는 이름의 가게들이 많다. 독일 역사가 볼프강 벤츠는 저서 〈유대인 이미지의 역사〉에서 "인종 학살이라는 끔찍한 폭력으로 발전한 유대인 혐오가 실은 별생각 없이 받아들인 사회적 소수자에 대한 편견에서 비롯되었음을 보여준다"고 말했다.

원래 반유대주의 성향은 극우주의자들에게 두드러졌으나, 지금은 진영에 상관없이 나타나고 있다. 우파 반유대주의자들이 "칼 마르크스를 비롯한 유대인들이 공산주의를 만들어 냈다"고 비난하면, 좌파 반유대주의자들은 "탐욕스러운 서구 자본주의의 중심에 유대인들이 있다"고 비판한다. 최근에는 이슬람과 좌파의 연대가 눈에 띈다. 유일신 알라를 믿는 이슬람과 무신론자·유물론자가 많은 좌파가 2023년 10월 7일에 시작된 하마스 전쟁을 맞아 반유대주의 연대를 하는 셈이다. 여성들과 성(性)소수자들의 인권 옹호를 주요 가치로 여기는 좌파가, 그런 이슈에는 소극적이거나 반대하는 입장인 이슬람권과 연대한다는 사실이 흥미롭다.

미국 의회는 2023년에 '결의안 845'를 통해, 소셜미디어에다 '강에서 바다까지(from the river to the sea)'란 표현을 사용한 팔레스타인계 라시다 틀라입 민주당 하원의원을 견책(censure)했다. 요르단강(강)에서 지중해(바다)까지 이스라엘과 유대인들을 없애고 팔레스타인 국가로 대체하겠다는 심각한 증오 표현이자 반유대주의 슬로건이었기 때문이라고 한다. 2023년 11월 11일 이슬람협력기구(OIC) 특별 정상회의에서 이란의 라이시 대통령이 이 표현을 사용했고, 하마스 헌장에도 적혀 있다. 국내 좌파에서도 즐겨 사용하고 있다.

김영한 숭실대 명예교수는 "서방 좌파들은 '약자에 대한 옹호'라는 PC(정치적 올바름)주의를 바탕으로 하마스 공격을 옹호한다. 실제 이스라엘은 그간 '강함'을 활용해 팔레스타인에 지나친 압박을 가해왔다. 앞선 수차례의 전쟁에서도 이스라엘은 과한 보복으로 또 다른 저항의 씨앗을 키워 왔다. 이는 바람직하지 않으나 이스라엘로서는 생존의 몸부림이다. 하버드대학교의 진보 학생단체는 하마스를 옹호하고 있으나 이는 지나친 PC주의다. 팔레스타인 속에 숨어 있는 하마스는 더 이상 약자가 아니다"라고 밝혔다.

제3차 중동전쟁은
어떻게 6일 만에 끝났을까?

　지금부터 반세기도 더 이전인 1967년 6월 5일부터 10일까지 중동에 서는 만화와 같은 역대급 전쟁이 벌어졌다. 전대미문(前代未聞)·파죽지세 (破竹之勢)·신출귀몰(神出鬼沒)·전광석화(電光石火) 같은 사자성어가 어울리 는 이 전쟁에서 이스라엘은 이집트·요르단·시리아를 동시에 상대하면 서 압도적인 승리를 거두었다. 바로 '6일 전쟁'이라고도 불리는 제3차 중 동전쟁이다.

　당시 모세 다얀(1915~1981) 국방장관과 이츠하크 라빈(1922~1995) 참모 총장이 지휘한 이스라엘은 6월 5일 전투기로 이집트를 기습 공격하면서 전쟁을 개시했다. 이스라엘은 단 6일 만에 이집트로부터 시나이반도와 가자지구, 요르단으로부터는 요르단강 서안지구와 3대 종교 성지인 동 (東)예루살렘, 시리아로부터는 골란고원을 각각 빼앗았다. 이로 인해 이 스라엘의 영토는 2만700km²에서 순식간에 3배에 가까운 6만8,600km² 로 늘어났다.

　그럼 6일 전쟁은 왜 벌어졌는가. 여기에는 당시 아랍 세계의 종주국을 자처하는 이집트 가말 압델 나세르(1918~1970) 대통령의 야망과 허풍이

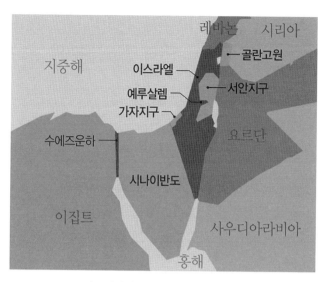

1967년 6일전쟁으로 이스라엘이 점령한 영토

크게 작용했다. 사실 아랍 세계는 제1차 중동전쟁(1948)과 제2차 중동전쟁(1956)에서 이스라엘에 패한 뒤 복수의 칼날을 갈고 있었다. 이집트는 나세르 대통령이 취임하면서 시리아·요르단·이라크 등과 방위조약을 체결했다. 나세르는 한때 이집트와 시리아의 합병을 추진하여 나라 이름을 '아랍연합공화국'이라고 부르는 등 자신의 정치적 입지를 강화해 나갔다. 1964년에는 이집트 카이로에서 팔레스타인해방기구(PLO)가 창설되고 게릴라 활동이 시작되면서 이스라엘을 향한 압박은 더욱 커졌다.

당시 시리아와 이스라엘은 골란고원을 둘러싸고 긴장이 고조되었다. 시리아는 두 차례의 중동전쟁에서 패배하자, 이스라엘의 최대 약점인 물 문제를 붙들고 괴롭히기로 했다. 시리아는 1964년 이스라엘의 물 공급원인 갈릴리호수로 유입되는 요르단강 상부 수원(水源)의 물 흐름을 바꾸는 공사를 개시했다. 그 계획이 성공한다면 이스라엘의 수자원은 35%로 확 줄어든다. 이스라엘을 바짝 말려 죽일 수 있게 되었다. 따라서 이스라엘은 여러 차례 공습을 통해 그 건설공사를 막는 동시에, 제1차 중동전쟁의 정전협정 당시 비무장지대로 설정된 골란고원 일대에서 농작물을 경작한다는 조치를 1967년 4월 발표했다. 당연히 양측의 대립은 격화되었다. 시리아와 요르단은 이집트의 개입을 요청했고, 나세르는 "이스라엘이 시리아를 공격한다면 이집트는 이스라엘을 공격할 것"이라고 천명했다.

이런 가운데 1967년 5월 이집트는 당시 소련으로부터 '이스라엘이 시리아와의 국경지대에 병력을 배치했다'는 허위정보를 제공받았다. 소련이 일부러 허위정보를 제공한 이유는 중동지역에 긴장을 조성하여 무기를 판매하고 패권을 장악하기 위한 의도였다. 아랍국가들이 소련과 친하기는 했지만 완전히 신뢰할 만한 사이는 아니라고 서로가 보았다는 얘기다. 드디어 이집트는 동맹국인 시리아를 방어한다는 명목으로 이전 10년간 비무장지대로 남아 있던 시나이반도에 무장병력을 전진 배치하고 그곳에 주둔하고 있던 유엔평화유지군을 강제로 철수시켰다. 그 날이 특히 이스라엘의 건국기념일인 5월 14일이라 중동의 긴장감은 더욱 높아졌다. 나세르는 또 이스라엘의 최남단 에일랏 항구를 마비시키기 위해 5월 22일 아카바만(灣)과 홍해를 잇는 티란해협을 봉쇄해 버렸다. 이스라엘의 중요한 해상무역로를 막은 것이다. 나세르는 "이스라엘과 전쟁이 벌어지면 승리를 확신한다"고 떠들면서 전쟁 분위기를 돋우었다. 5월 30일 요르단의 후세인 왕은 군복 차림에 357매그넘 권총을 두른 채 카이로로 날아와 나세르를 만났다. 후세인은 이집트군에다 상당수 요르단군 병력의 지휘를 맡긴다고 했고, 나세르는 더욱 기세등등했다.

하지만 나세르가 정작 원한 것은 전쟁이라기보다는 정치적 승리였다. 그는 반(反)이스라엘 행보를 통해 아랍민족주의를 자극한 뒤에 이집트 주도하에 아랍 세계를 통일하려는 목적을 갖고 있었다. 반면 이스라엘의 입장은 달랐다. 진짜로 전쟁이 눈앞에 닥쳤다고 판단했다. 당시 이스라엘의 이츠하크 라빈 참모총장은 "이집트의 그런 위협 때문에 전쟁이 불가피하다면 상대가 공격하기 전에 먼저 공격할 수밖에 없었다"고 밝혔다. 이른바 '예방전쟁' 개념이었다.

아랍 동맹국은 이스라엘에 비해 영토는 8.2배, 인구는 18.3배, 경제력과 군사력은 2~3배의 우위를 점하고 있었다. 그런데도 아랍 동맹국은 왜 이스라엘에 패배했을까.

이스라엘은 6월 1일 거국일치내각을 구성하고, 모세 다얀 국방장관 지휘로 기습작전 훈련을 거듭했다. 관건은 제공권이었다. 드디어 6월 5일 월요일 오전 7시 45분 나일강의 안개가 막 걷히는 시간에 이집트 조종사 교대시간을 이용하여 번개 같은 공습을 시작했다. 미라주Ⅲ를 주축으로 하는 이스라엘 전투기들은 이집트의 23개 레이더망에 탐지되지 않도록 지중해를 우회하거나 해상 50m 위를 나는 초저공 비행으로 이집트 공군기지들로 날아가 활주로에 있던 이집트 전투기들을 잿더미로 만들었다. 이집트 전투기들은 별다른 가림 장치도 없이 활주로에 일렬로 정렬돼 있어 공습의 피해는 상상을 초월했다. 세 차례에 걸친 대규모 공습으로 이집트 공군은 보유하고 있던 전투기 총 419대 중에 미그21 90여 대 등 304대를 잃었다. 한 국가의 '공군'이 3시간도 안 돼 궤멸되고 말았다. 전쟁의 승패는 사실상 첫날에 결정되었다.

하지만 이집트 라디오 방송은 "이집트 군대가 161대의 이스라엘 전투기를 격추시키고 지금 텔아비브를 향해 진군하고 있다"는 허위방송을 내보냈다. 이 때문에 요르단과 시리아 등은 이집트 혼자서도 잘 싸우는 줄 알고 느긋해졌다. 당시 이집트의 라디오 아나운서는 2018년 93세로 세상을 떠났는데, 그는 방송 당시 진실을 몰랐던 것으로 알려졌다. 이스라엘은 곧이어 요르단과 시리아 등에 대해서도 공습을 감행해 100여 대의 전투기를 파괴했다. 6일 전쟁을 통틀어 총 469대의 아랍권 전투기가 손실된 반면, 이스라엘 전투기의 손실은 36대에 불과했다.

　제공권을 장악한 이스라엘은 곧장 지상군이 이집트·요르단·시리아로 진격했다. 공군의 지원을 받으니 지상전에서도 압승을 거두었다. 시나이반도의 경우 8만여 명의 이집트군이 탱크 1천 대를 거느리고 주둔하고 있었으나, 800대의 탱크를 앞세운 3만여 명의 이스라엘 육군이 공군의 엄호 아래 물밀듯이 쳐들어가자 이집트군은 패퇴를 거듭했다. 이스라엘은 6월 9일 시나이반도 전역을 차지하고 수에즈운하 동안(東岸)에 이스라엘 국기인 '다윗의 별'을 꽂았다. 요르단은 M59 155mm 평사포와 6천 발의 박격포를 텔아비브와 예루살렘 신시가지에 퍼부었고, 시리아는 골란고원에 전투부대를 배치했으나 둘 다 이스라엘군의 공습에 밀리면서 지상전도 패배하고 말았다.

　특히 아랍 동맹군은 지상전에서 이스라엘의 새로운 전략에 밀려 곤경을 겪었다. 이스라엘이 보유한 프랑스제 AMX-13 탱크는 이집트가 보유한 소련제 탱크보다 성능이 뒤떨어졌으나, 이스라엘은 훈련으로 기계적 약점을 극복했으며 운용과 정비기술에서도 탁월했다. 보통 탱크가 갈 때 보병이 옆에서 따라 걷거나 아니면 트럭을 타고 같이 이동한다. 그런데 6일 전쟁에서 이스라엘은 이를 무시하고 탱크 하나하나가 마치 각개 전투하는 보병처럼 적을 쳐부수는 독특한 전법을 썼다. 김경원 세종대 석좌교수는 "탱크끼리 서로 협조하며 기동하고 장거리 포격을 하면서 보병이 없이도 싸울 수 있는 이른바 '올 탱크 어택(All Tank Attack)'이란 듣지도 보지도 못한 전법에 당황한 아랍 동맹군은 패주했다"고 지적했다. 전쟁 과정에서 이집트군이 얼마나 속절없이 털렸는지 수백 대의 이집트군 T-55 탱크들이 상태가 온전한 채로 이스라엘군에 노획될 정도였다.

특히 이스라엘은 요르단이 장악하고 있던 동예루살렘, 즉 예루살렘 구(舊)시가지로 밀고 들어갔다. 성경을 보면 솔로몬 성전과 헤롯 성전이 세워졌던 성전산(Temple Mount)을 이스라엘은 최정예 지상군과 낙하산 부대를 동원하여 장악했다. 다만 모세 다얀 국방장관은 아랍 세계와의 직접적인 충돌을 우려해 성전산에 대한 치안 권한만 갖고, 관리 권한은 요르단에 있는 이슬람재단 와크프(Waqf)가 맡도록 하는 동시에 유대인들이 성전산에서 기도하지 못하도록 했다. 이 때문에 지금도 이스라엘 일부에서는 당시 모세 다얀의 결정에 불만을 제기하고 있다. 어쨌든 점령 이후 유대교 성지인 '통곡의 벽' 앞에 따닥따닥 붙어 있던 아랍 가옥들은 모두 철거되고 지금과 같은 넓은 광장이 조성되었다. 이스라엘은 예루살렘 구시가지를 회복한 날을 매년 '예루살렘의 날(욤 예루샬라임)'로 지키고 있다.

아랍 동맹군은 전투에서 계속 밀리다가 결국 6월 10일 오후 휴전협정에 동의할 수밖에 없었다. 이스라엘의 압도적인 승리였다. 반면 이집트가 다른 아랍국들과 맺은 방위조약은 제 기능을 발휘하지 못했다. 이집트가 군사력을 통합 운용하도록 되어 있었지만, 제대로 된 통합 작전계획도 없었다. 이스라엘은 그저 아랍국가들을 각개격파하면 되었다. 6일 전쟁에서 이스라엘군은 고작 800명만이 전사한 데 반해, 아랍국가들은 무려 2만1천여 명이 사망했다.

BBC 중동 통신원이었던 제러미 보엔은 자신의 저서 〈6일 전쟁〉에서 "이스라엘은 공군의 지원을 받는 유연하고 빠른 지상 기갑부대를 동원해 아랍 영토 내에서 전투를 벌여 전략적 불리함을 극복했다"면서 "이스라엘 공군은 (요즘 같은 정밀 유도장치 없이) 오직 지도와 컴퍼스에 의존해 이집트 비행장 등을 공습했는데, 이스라엘은 공군이나 육군이 모두 지나치다 싶을 정도로 훈련을 한 덕에 병사들은 이미 시나이에 와본 것 같았다고 했다"고 설명했다.

6일 전쟁의 일등공신은 모세 다얀이었다. 벗겨진 앞이마를 가로질러 왼쪽 눈을 가린 새까만 안대가 그의 트레이드마크였다. 우크라이나계 유대인으로 1915년 갈릴리 근방 유대인 집단농장에서 태어난 그는 처음 게릴라 전사로 시작해 줄곧 현장에서 전투 경험을 쌓았다. 1941년 6월 쌍안경으로 적정(敵情)을 살피고 있는데, 적진에서 날아온 총탄이 쌍안경을 치면서 깨진 파편이 왼쪽 눈을 뚫고 들어갔다. 그래서 애꾸눈이 된 것이다. 다얀은 1953년 참모총장으로 영전했고, 모든 이스라엘 군대는 그의 개성을 닮아 갔다. 다얀은 1981년 텔아비브에서 66세로 세상을 떠났다. 그의 탁월한 지도력은 대부분 야전의 생생한 실전 경험을 통해 터득한 것이었다. 이재전 전(前) 육군 중장은 생전에 남긴 글에서 "이스라엘은 '국민을 위한 군대'가 아니라 '국민이 곧 군대'라는 개념에 따라 국민총동원제도를 유지·발전시켰다"라며 "모세 다얀 장군은 4년 여의 참모총장 재임 기간에 새로운 장비로 무장토록 하고, 모든 장교에게 공수·특수훈련을 받게 해 전투 위주 근무체제로 전환하는 등 군을 탈바꿈시키면서 6일 전쟁의 승리를 이끌어냈다"고 말했다.

이스라엘은 모사드를 필두로 하는 정보전과 외교전에서도 이겼다. 가령 이집트를 공습하기 전에 모사드는 이미 이집트 공군 조종사들의 가족 사항, 레이더 요원들의 근무 습관, 주요 지휘관들의 출근상황 등을 세밀하게 분석했다. 제러미 보엔은 "이집트는 라디오를 이용해 자국의 승리를 선전했다. 반면 이스라엘은 전쟁에 대해 아무런 정보도 발설하지 않았다. 이스라엘의 비밀스러운 태도와 이집트의 거짓 선전은 요르단을 전쟁에 끌어들이고, 유엔 주재 외교관들이 그릇된 판단을 하게 만들었다"고 지적했다.

특히 모사드 최고의 스파이라는 엘리 코헨(1924~1965)은 지금도 6일 전쟁 이야기가 나오면 가장 먼저 거론되는 인물이다. 이집트에서 태어난 유대인인 엘리 코헨은 중남미 무역상으로 위장하고 시리아에 들어가 군부와 정계로 인맥을 넓혀 대통령의 전적인 신임을 바탕으로 권력서열 5위인 국방차관에 내정되었다. 엘리 코헨은 골란고원의 부대 배치, 소련이 제공한 군사장비 현황 등의 기밀을 이스라엘에 전송해 왔다. 베일에 싸여 있던 골란고원의 시리아군 진지에 대해서도 군사시설 엄폐를 한다는 명목으로 유칼립투스 나무를 심도록 했고, 결과적으로 이스라엘은 그 나무들이 있는 곳만 쉽게 폭격하면 되었다. 하지만 너무 꼬리가 길었는지 엘리 코헨은 결국 발각되었다. 그의 스파이 행위에 큰 충격을 받은 시리아 당국은 1965년 5월 18일 그를 다마스쿠스 마르제 광장에서 교수형에 처한 뒤 며칠간 시신을 그냥 걸어두기도 했다.

아랍 동맹국이 이스라엘에 패한 이유에 대해 국방부 국방홍보원은 이렇게 분석을 했다. 첫째, 이집트 지도부는 내부 분열되었고, 군 내부에 파벌이 형성돼 전투준비를 등한시했다. 특히 나세르 대통령과 아메르 부통령(참모총장 겸직) 간의 경쟁으로 군을 포함해 사회 전반이 분열됐다. 그래서 수뇌부는 이스라엘의 기습 가능성을 놓고 서로 다른 판단을 내리고 대립했다.

둘째, 이집트군은 전투준비보다는 파벌 간 상호 감시와 견제에 더 많은 노력을 기울였다. 1960년대 중반의 경우 보병부대에 할당된 탄약의 26%, 기갑부대는 15%, 포병부대는 18%, 방공부대는 14%만을 훈련에 사용했다. 이집트는 최신예 소련제 무기를 꽤 보유하고 있었으나 훈련 부족으로 무기를 효과적으로 사용하지 못했다.

셋째, 아랍동맹 국가의 군대와 국민은 이스라엘에 비해 충성심, 필사의 정신, 희생정신에서 절대적으로 모자랐다. 강력한 의지와 희생정신보다는 개인의 안위를 더 우선시해 조기에 전쟁 의지를 상실하고 말았다.

넷째, 아랍동맹 국가는 상호 협력이 제대로 되지 않아 동맹의 기능이 발휘되지 못했다. 통합전쟁 계획도 없는 상황에서 이스라엘의 기습을 받았고, 결과적으로 이스라엘에 각개격파 당했다. 반면 이스라엘 첩보 기관인 모사드는 아랍동맹 국가 내부에 엘리 코헨과 같은 스파이를 많이 침투시켜 중요한 군사기밀을 입수했다.

6일 전쟁이 미친 영향은 다양하다. 우선 아랍민족주의는 큰 타격을 받았고, 절치부심한 아랍국가들은 6년 뒤인 1973년 기습 공격으로 제4차 중동전쟁(욤키푸르 전쟁)을 일으키면서 약간의 보복을 했다. 그리고 미국의 캠프데이비드 협정을 통해 이집트는 1979년 시나이반도를 돌려받았으나, 요르단은 서안지구를 빼앗기고 이집트는 가자지구를 넘겨주면서 결국 이스라엘과 팔레스타인의 분쟁은 갈수록 심화되었다. 사실 요르단과 이집트는 겉으로는 '팔레스타인 지지'를 외치지만, 속으로는 애물단지 취급하면서 괜히 자기 나라에 문제를 일으킬까 경계하는 모습을 보여왔다. 유엔 난민구호의 대표였던 랠프 갤러웨이는 "아랍국가들은 팔레스타인 난민 문제를 해결하길 원치 않는다. 그들은 상처를 그대로 방치한 채 국제사회에 내보이며 이스라엘에 대항하는 무기로 사용하길 원한다. 아랍국가 지도자들은 팔레스타인 난민들이 사는지 죽는지에 대해서는 관심이 없다"고 지적했다.

6일 전쟁이 끝난 뒤 아랍 전역에서는 분풀이를 위해 아무런 상관도 없는 아랍 유대인들을 닥치는 대로 죽이고 투옥하는 일이 벌어졌다. 이집트 유대인 4천여 명 중 알렉산드리아·카이로의 랍비 수장들을 비롯해 800명이 투옥되었고, 시리아와 이라크도 랍비들을 투옥했다. 리비아와 튀니지에서도 유대인 학살이 이어졌고, 수천 명이 재산을 몰수당하고 국외 추방을 당했다.

신학계에서도 6일 전쟁은 화제가 되었다. 유대인들은 AD 70년 로마에 의해 전 세계로 사로잡혀 갔는데, 이번 전쟁을 통해 1897년 만에 예루살렘이 유대인의 손에 다시 들어가면서 '성경 예언의 성취'라는 신학적 관심을 모았다. 누가복음 21장 24절(유대인들이 칼날에 죽임을 당하며 모든 이방에 사로잡혀 가겠고 예루살렘은 이방인의 때가 차기까지 이방인에게 밟힐 것이다)의 예수 그리스도 예언이 실현된 것으로 평가받았다.

6일 전쟁의 결과 미국은 이스라엘을 높이 재평가하면서 이후 외교정책에서 확실하게 이스라엘을 지지하게 되었다. 다만 유엔안전보장이사회는 1967년 11월 '결의안 242호'를 채택해 이스라엘이 6일 전쟁 때 점령한 영토에서 철수할 것을 촉구했다. 아랍·이슬람 세계에서도 지속적으로 요구하고 있다. 이스라엘은 6일 만에 세계 전사(戰史)에 길이 남을 눈부신 전과를 거두었으나, 그만큼 후유증은 만만찮다.

한편 6일 전쟁이 워낙 전설 같은 전쟁이다 보니 실제로 수많은 전설이 내려오고 있다. 가령 이런 스토리다. 6월 5일부터 이틀 동안 동예루살렘에서 이스라엘군과 요르단군은 맹렬한 전투를 벌였다. 그런데 6월 7일 아침에는 요르단군의 총소리가 들리지 않았다. 전투를 지휘하던 우지 나르키스 장군은 동예루살렘이 텅 비었다는 보고를 받았다. 전날 밤에 요르단군이 무기와 군수품을 버려둔 채 떠났다는 것이다. 이스라엘군은 총 한 방 쏘지 않고 성전산과 통곡의 벽에 도착하였다. 동서로 분단되었던 예루살렘은 그렇게 합쳐졌다.

이런 얘기도 있다. 이스라엘군이 골란고원에서 시리아군과 맹렬하게 탱크전을 치르고 있었다. 이스라엘군은 현무암에다 돌출된 바위가 많은 골란고원 전투에서 사상자가 많았다. 그런데 6월 10일 아침 8시 시리아 국영방송이 수수께끼 같은 속보를 전했다. 이집트 국영방송은 전쟁에 지고 있는데도 승리하고 있다고 허위방송을 했는데, 반대로 시리아 국영방송은 골란고원 전 지역이 이스라엘에 의해 점령되었으며, 쿠네이트라가 함락되었고 수도인 다마스쿠스로 이스라엘군이 몰려오고 있다며 다급한 소식을 전했다. 시리아 병사들은 이 방송을 듣자마자 앞다투어 도망쳐 버렸다.

그런가 하면 어느 이스라엘 병사는 홀로 떨어져 있다가 시나이반도에서 수천 명의 이집트 부대를 만났다. 그런데 이집트 군인들은 그 병사를 보자 갑자기 손을 들고 항복을 했다. 이스라엘 병사는 자신의 눈을 믿을 수 없었지만 자기 부대로 그들을 데리고 갔다. 깜짝 놀란 이스라엘군은 이집트 장교들에게 "왜 단 한 명의 이스라엘 병사에게 투항을 했는가?"라고 심문했다. 그랬더니 이집트 장교들은 "그는 혼자가 아니었으며 그의 뒤에 수천 명의 천사들이 우리를 공격할 준비를 하고 있었다. 너무 놀라서 항복할 수밖에 없었다"고 대답했다 한다. 어느 전투에서는 하늘에서 UFO 같은 존재가 나타나 아랍 진영을 향해 강력한 공격을 했다는 전설도 들린다. 그렇게 6일 전쟁은 세계 전쟁사에서 지금까지도 가장 극적이고 특이한 전쟁으로 자리매김하고 있다.

이스라엘이 1973년
욤키푸르 전쟁에서 크게 혼난 사연

1973년 10월 6일 한국인에게는 이름도 생소한 '욤키푸르(Yom Kippur)' 전쟁이 터졌다. 바로 이집트와 시리아가 이스라엘을 침공한 제4차 중동 전쟁이었다. 욤키푸르는 구약성경 레위기 23장에 나오는 이스라엘의 대(大)속죄일이자 거국적인 공휴일이기도 하다. 유대력으로 따지기 때문에 양력으로는 매년 달라진다. 이날은 어떠한 노동도 허용되지 않고, 금식과 종교적 행사가 주를 이룬다. 당연히 운전도 안 된다. 지금도 대속죄일에 이스라엘을 방문하는 외국인은 대중교통이 끊기고 식당이 문을 닫아 당황하게 된다. 당시 이스라엘군의 카할리니 중령은 "욤키푸르 당일 전쟁이 터졌다는 소식을 듣고 급하게 부대로 차를 몰고 가는데 길가의 소년들이 '욤키푸르에 뭐하는 짓이냐'며 욕을 하고 돌멩이를 던지려 했다"고 회고했을 정도다.

이집트의 안와르 사다트 대통령은 일부러 그런 날을 골랐다. 마치 북한의 김일성이 일요일에 맞추어 6·25 남침을 한 것과 비슷하다. 욤키푸르 전쟁이 유명해진 것은 막강한 군사력과 정보력을 자랑하던 이스라엘을 이집트가 이른바 '양치기 소년' 작전으로 농락했기 때문이다. 실제 전쟁 초기에 이스라엘은 파멸 직전까지 갔다. 개전 48시간 만에 17개 여단이 전멸될 정도였다. 물론 19일이라는 전체 전쟁 기간을 보면 이스라엘이 전열을 가다듬고 반격에 나서 군사적으로는 승리했다고 평가할 수도 있다. 하지만 중동에서 최강 전력을 자랑하던 이스라엘이 기습 공격에 무방비로 당했고, 무엇보다 정보전에서 완패한 것은 수치스러운 역사로 남아 있다. 이스라엘군은 2,656명이 숨지고 7,250명이 부상을 당했다. 또 400여 대의 탱크가 파괴되고 102대의 전투기가 격추당했다. 물론 아랍 쪽의 피해는 훨씬 더 컸지만, 이스라엘로서는 부끄럽기 그지없는 숫자다.

1973년은 필자가 초등학교를 다닐 때였다. 당시 라디오로 뉴스를 듣던 시절이었는데 라디오 긴급뉴스로 욤키푸르 전쟁 소식이 흘러나왔다. 우리나라가 관심을 기울이는 이유가 있었다. 당시 이집트와 시리아를 지원하던 사우디아라비아가 "누구든 이스라엘을 지지하면 석유를 팔지 않겠다"는 석유 무기화 방침을 밝혔기 때문이다. 기름 한 방울 나지 않는 우리나라로선 초미의 관심사였고, 실제 세계적인 제1차 오일쇼크가 벌어졌다. 필자는 어린 마음에도 '1967년만 해도 6일 만에 시나이반도와 골란고원을 빼앗았던 이스라엘이 저렇게 초반부터 당하다니 무언가 크게 방심했구나'라는 느낌이 들었다.

당시 조선일보의 신용석 파리특파원은 "이라크, 요르단, 모로코, 리비아, 사우디까지 (이집트에) 지원군을 보냈고 이스라엘 군인 대부분은 휴가를 떠나서 아랍 연합군의 동시다발적 기습으로 방어선이 붕괴되는 위기에 처했다. 자칫 하다가는 제3차 세계대전으로 이어질 듯한 상황을 지켜보았다"고 회고했다. 그는 우여곡절 끝에 이스라엘로 날아갔고 다행히 취재 최전방에 서는 풀(Pool) 기자로 선정되었다. 신 특파원은 "수에즈운하를 건너간 이스라엘군과 함께 시나이반도의 치열했던 전쟁터를 가까이서 볼 수 있었고 포로가 된 이집트 군인들의 천진난만한 모습, 그리고 모셰 다얀 이스라엘 국방장관을 전선에서 만나 대화를 나누고 소련제 샘 6 미사일을 직접 보고 촬영할 수도 있었다"고 덧붙였다.

1948년 이스라엘 건국 이후 이스라엘과 아랍국가들 사이에는 네 차례 전쟁이 벌어졌다. 1967년 제3차 중동전쟁인 '6일 전쟁'에서는 이스라엘이 이집트로부터 시나이반도와 가자지구, 요르단으로부터 동예루살렘과 요르단강 서안지구, 시리아로부터 골란고원을 각각 빼앗으며 압승을 했다. 당시 이스라엘 공군은 이집트·시리아·이라크·요르단 4개국의 비행장을 동시에 공격했다. 방공 레이더의 근무자들이 교대하는 시간을 노렸다. 450대의 미그기가 지상에서 고스란히 파괴되었다. 지상군은 6일 동안 1,600대의 아랍 전차를 격파한 반면, 이스라엘의 손해는 61대에 그쳤다.

6일 전쟁 때 이스라엘 정보기관 모사드는 이집트군의 레이더 기지 근무자들의 신상정보는 물론, 교대시간과 식사시간까지 파악했다. 특히 이들이 교대시간에는 레이더 화면을 잘 안 본다는 사실까지 알아냈다. 그래서 프로펠러 폭격기에다 최대한 연료를 탑재한 뒤에 각 레이더 기지의 교대시간을 틈타 저공 침투하는 방식으로 이집트군 공군기지를 기습했다. 이집트 입장에서는 6일 전쟁으로 시나이반도를 빼앗기고, 국내총생산(GDP)의 4분의 1을 차지하던 수에즈운하마저 폐쇄되면서 손해가 막심했다. 이스라엘은 시나이반도를 점령한 뒤 수에즈운하를 따라 남북으로 160km, 경사각 45~60도, 높이 18~25m에 이르는 모래 방벽인 '바레브

(이스라엘 참모총장의 이름) 라인'을 구축했다. 이스라엘 기술자들은 "이집트 군이 바레브 방벽을 넘는 데만 24~48시간이 걸릴 것"이라고 장담했다.

6일 전쟁 당시 시리아에 대해서는 이집트계 유대인인 엘리 코헨이 무역상으로 신분을 속여 내부로 은밀히 침투한 뒤 시리아 국방차관까지 올랐다. 베일에 싸여 있던 골란고원의 시리아군 진지에 대한 정보가 죄다 이스라엘로 넘어갔다. 시리아 병사들을 위한 그늘을 제공한다는 명목으로 유칼립투스 나무를 심어 이스라엘군이 시리아군의 주요 벙커 위치를 단번에 파악할 수 있도록 했다.

하지만 6일 전쟁 때의 그런 신출귀몰한 모습은 사라지고, 이스라엘은 욤키푸르 전쟁 때는 초반부터 크게 혼이 났다. 이집트군은 수에즈운하 건너편에 구축된 모래 언덕 '바레브 라인'을 독일산 고압 펌프로 뚫은 뒤 당초 예상과 달리 몇 시간 만에 시나이반도로 진격했다. 이스라엘 군대는 SA-6 지대공 미사일과 새거(Sagger) 대전차 미사일에 직격타를 맞았다. 시리아군 전차병들의 숙련도도 높아져 800m 거리에 있는 이스라엘 군 전차를 정확히 타격했다고 한다. 시리아군은 헬기를 이용한 특수부대의 습격으로 헤르몬산에 있는 이스라엘군 진지를 한 시간 만에 점령하고, 갈릴리호수가 훤히 내려다보이는 지점까지 내려왔을 정도다.

아랍국가, 특히 이집트는 무엇이 달라졌을까. 1970년 9월 28일 가말 압델 나세르 대통령이 심장마비로 급사하자, 뒤를 이은 안와르 사다트 대통령은 나세르와 다른 행보를 보였다. 사다트는 "만만하게 보이지 않으려면 전쟁이 필요하며, 전쟁에서 성과를 내야 미국이나 이스라엘과 협상도 가능하다"고 종종 말했다. 그는 군대 내부부터 개혁했다. 그에 비해 이스라엘 수뇌부는 느긋했다. 지금까지 아랍에 연전연승했으니 언제든 이긴다는 자신감이 과도하게 충만했다.

당시 예루살렘포스트 종군기자로 직접 전쟁을 취재했던 아브라함 라비노비치는 욤키푸르 전쟁을 자세하게 다룬 책을 펴냈다. 그는 욤키푸르 전쟁을 이렇게 설명했다. "전쟁이 터지기 이전부터 전쟁이 임박했다는 정보가 무수히 많았지만, 이스라엘군 수뇌부와 정치 지도자들은 무사안일한 태도로 많은 정보를 무시했고, 전쟁 준비를 하지 않았다. 심지어 전쟁 직전에 이스라엘 참모본부는 당시 36개월인 현역 복무기간을 3개월 줄이는 조치를 준비했을 정도다. 전쟁 발발 하루 전인 10월 5일 군사위성이 촬영해 지상으로 송출한 사진에는 이집트군 5개 사단이 전투 준비를 완전히 마친 상태로 수에즈운하 서안에 배치된 모습이 찍혀 있었고, 골란고원에서 촬영한 사진에는 최고 수준의 전시편제를 갖춘 시리아군 5개 사단이 아주 엷은 이스라엘군 방어선과 마주하고 있는 상황이 담겨 있었다. 하지만 이스라엘 수뇌부는 별다른 반응이 없었다."

이유가 있다. 사다트가 이스라엘을 상대로 금방이라도 전쟁을 일으킬듯한 공갈을 자주 날리는 '양치기 소년' 전술을 썼기 때문이다. 처음에는 이스라엘이 잔뜩 긴장하여 동원령까지 발동했다가 막상 이집트 측이 별다른 군사적 움직임을 보이지 않자 달리 생각했다. 사다트를 위협만 해대는 허풍쟁이로 여겼다. 그런 탓에 사다트가 전쟁 직전에 날린 진짜 협박까지도 "어디서 또 허세를 부려?"라는 반응이었다. 아브라함 라비노비치는 "6일 전쟁의 승리에 도취해 아랍군을 경멸하고 무시하는 사고방식이 이스라엘 사회 전반에 팽배했다"며 "설혹 전쟁이 일어나도 이길 것이라는 자만과 오만이 깔려 있었다"라고 설명했다. 모세 다얀도 "아랍인들은 새처럼 대포소리 한번만 들으면 뿔뿔이 흩어질 것"이라면서 자만했다.

이집트와 시리아는 정보를 꼭꼭 숨겼는데, 심지어 군사적 우방인 소련에도 정확한 정보를 전해주지 않았다. 가령 시리아의 하페즈 알아사드 대통령은 조만간 골란고원을 탈환하고 1967년 이전의 국경선을 회복할 계획이라는 것 자체는 인정했지만 구체적인 시점은 언급하지 않았다. 전쟁 발발 직전까지 전 세계가 눈치채지 못했고, 소련 측조차 자신들의 정보가 틀렸을 가능성을 의심했다고 한다.

그 과정에서 지금까지도 정체가 애매한 인물인 아슈라프 마르완이 주역으로 등장했다. 1944년생인 마르완은 할아버지가 이슬람 율법(샤리아) 재판소장, 아버지는 이집트 혁명수비대장이었다. 그는 나세르 대통령의 딸 모나와 결혼했는데 영국에서 유학하는 동안 호화롭고 방탕한 생활을 하는 것이 드러나 장인으로부터 미움을 받았다. 하지만 나세르가 사망하자 새로운 기회가 찾아왔다. 부통령인 사다트는 대통령이 되자 정당성과 정통성 확보가 필요했다. 사다트는 전임자인 나세르의 측근들을 상당수 숙청했던 반면, 나세르가 미워했던 사위인 마르완은 오히려 중용하고 옆에 두었다. 덕분에 마르완은 고급정보를 접할 수 있었다.

그는 장인 나세르가 죽기 전인 1970년 이미 이스라엘의 모사드에 먼저 연락했다. 모사드로서는 제 발로 찾아온 마르완에 대해 반신반의했다. 그가 왜 이스라엘을 위해 스파이 행각을 벌였는지는 아직도 밝혀지지 않았다. 모사드가 건넸던 큰돈(4년간 2천만 달러 정도)에 혹했을 수도 있고, 결혼을 반대하면서 자신을 무시했던 장인 나세르에 대한 적개심 때문일 수도 있다. 어쨌든 전쟁이 끝나면서 '엔젤'이라는 이름으로 암약한 그의 스파이 행각이 드러났는데, 이집트에서는 그냥 해외 추방으로 끝났다. 그 후 그는 2007년 6월 런던의 고급 아파트 발코니에서 떨어져 죽은 채로 발견되었다. 마르완의 장례식에는 이집트 실세들이 대거 참석했다. 지금도 마르완에 대한 이집트와 이스라엘의 평가를 보면 묘하다. 두 나라 모두 서로 자기들의 영웅이었다고 옹호한다. 그는 과연 이중첩자였을까. 뉴욕타임스는 "마르완은 미국의 뉴스 프로그램에 출연해 어느 쪽을 위해 싸웠는지 말해주기로 약속했다가 세상을 떠났다"고 보도했다.

2018년 개봉한 넷플릭스 영화 〈코드명 엔젤〉에는 마르완과 사다트 대통령 사이의 리얼한 대화가 나온다.

마르완 "이스라엘이 이 전쟁에서 져야만 평화협정을 맺을 기회가 옵니다. 대패하지는 않되 타격을 입어야겠죠. 우리는 급습을 해야만 전쟁에서 이길 수 있고요."

사다트 "불가능한 일이지."

마르완 "'양치기 소년'이라는 동화가 있습니다. 무슨 내용인지 아실 거라 생각합니다."

사다트 "계속하게."

마르완 "이스라엘의 눈앞에서 공격을 준비해야 합니다. 그리고 아무것도 안 하는 겁니다. 한 달 후 군사훈련을 또 하면 곧 이스라엘은 지쳐 경계를 늦추겠죠. 그렇게 승기를 잡는 겁니다. 이스라엘은 전쟁에서 이길 거라고 자신하고 있습니다. 미끼를 던져 대통령님의 계획을 간파했다고 착각하게 하세요. 속이고 또 속이세요. 대통령님이 허풍쟁이라고 그들이 착각한 순간, 대통령님에게 더는 카드가 없다고 안심할 때 올인하는 겁니다."

사다트 "그날은 언제가 좋겠나?"

이상의 대화를 보면, 그는 이집트를 위한 고도의 전략가 역할을 했다. 하지만 1973년 10월 5일 런던에서 이스라엘 모사드의 즈비 자미르 국장을 만난 마르완은 "이번에는 진짜로 침공한다"고 경고했다. 자미르 국장은 깊이 고심하다가 그 날 저녁 예루살렘에 긴급 전보를 보냈다. 전보는 암호화된 문장으로 이루어졌다. "오늘 10월 6일 18시에 계약이 이뤄질 것이다. 엔젤과 만난 후 이 전보를 보내기로 결심했다. 엔젤이 진실을 말한다고 굳게 믿는다. 상황에 맞게 대처하라."

당시 즈비 자미르 국장이 직접 런던까지 날아간 것은 이유가 있다. 이스라엘에서는 모사드 이외에 군 정보국인 아만(Aman) 등에서 계속 이집트군과 시리아군의 동태가 심상치 않다는 보고가 올라왔다. 하지만 다비드 엘라자르 참모총장과 엘리 제이라 아만 국장 등은 "대수롭지 않은 일이며, 아랍이 이스라엘을 침공할 능력은 없다"면서 '전쟁 발발 가능성 낮음'이라는 견해를 피력했다.

골다 메이어 이스라엘 총리에게 즈비 자미르 국장의 보고가 올라간 시점은 전쟁 발발 몇 시간 전이었다. 골다 메이어는 이를 심각한 징조로 받아들여 군 수뇌부를 소집하고 대책을 논의했지만, 예비군 동원에만 최소 24시간이 걸리는 상황에서 너무 늦었다. 당시 이스라엘 수뇌부의 대응을 놓고, 지금의 이스라엘 언론은 '최악보다 더 나쁜(Worse than the worst)' 순간이었다고 지적한다.

전쟁이 발발하고 최악으로 치닫자, "총동원령을 선포할 필요가 없고 부분동원령만 내리자"고 주장했던 '6일 전쟁'의 영웅 모세 다얀 국방장관도 사태의 심각성을 깨달았다. 이스라엘군 사상자는 늘어났고, 여단장·대대장·중대장이 전사하지 않은 부대가 없을 정도였다. 당황하면서 핵

무기까지 만지작거렸다. 모셰 다얀은 시나이반도에서 엄청난 패배를 당하자 "만약 후퇴해서 합류할 수 없는 장병들은 이집트군에 항복하라"고 지시했으며, 골다 메이어에게는 조건부 항복도 고려해야 한다고 보고했다. 그 순간 골다 메이어의 얼굴은 초록색으로 변했다고 한다. 지금까지도 뼈아픈 순간으로 이스라엘 역사에 남아 있다.

욤키푸르 전쟁은 이스라엘과 아랍 관계에서 중요한 변곡점이 되었다. 이집트는 이스라엘의 실체를 인정할 수밖에 없었고, 이스라엘은 이집트를 무시할 수가 없었다. 드디어 1978년 미국·이스라엘·이집트 간에 캠프데이비드 협정이 맺어졌다. 이집트는 시나이반도를 이스라엘로부터 점진적으로 반환받는 데 성공했고, 양국은 적대 관계에서 벗어났다. 하지만 사다트 이집트 대통령은 1981년 그의 대(對)이스라엘 정책에 불만을 가진 과격분자에 의해 군사 퍼레이드 도중 암살당했다.

욤키푸르 전쟁은 우리나라에도 시사하는 바가 크다. 시도 때도 없이 북한이 남침한다고 떠드는 것도 문제이지만, 북한이 버젓이 미사일을 쏘아 대고 핵무기 사용을 공언하는데도 불구하고 마치 전쟁은 없으며 오직 평화 프로세스만 있다고 강조하는 사람들은 더욱 나쁘다. "북한이 미사일을 쏘아대는 것은 쇼에 불과하고, 핵무기가 있다지만 사용하긴 어려울 것이며, 모든 걸 감안해도 남한을 침공하기는 어렵다"는 말을 우리는 너무도 쉽게 내뱉는다.

모사드가 세계 최고
정보기관으로 불리는 비결

　2023년 1월 28일 밤 이란 수도 테헤란에서 남쪽으로 350km 떨어진 이스파한의 군사시설 4곳이 드론 공격으로 크게 파괴되었다. 이스파한은 우리나라 경주처럼 문화유산이 많은 곳인데, 한편으로 이란 미사일 산업의 허브이기도 하다. 드론의 공격 타깃은 이란의 첨단무기 생산공장이었다. 이스라엘을 타격할 사거리를 지닌 샤하브 중거리 미사일도 그곳에서 조립됐다. 당연히 배후로 이스라엘 정보기관 모사드(Mossad)가 지목됐다. 이란 정부 관계자는 "쿼드콥터(회전날개 4개인 드론)가 사용됐으며 경미한 피해를 입었다"고 주장했지만, 이스라엘과 서방 언론은 "모사드가 첨단무기 생산시설을 정밀 타격했고, 상당한 피해를 입혔다"고 보도했다.

　이스라엘과 이란은 1979년 이란의 이슬람 혁명 이후에는 '그림자 전쟁(Shadow war)'을 지속하고 있다. 비록 2024년에 직접 미사일을 두 번씩이나 날려 보내는 충돌을 빚긴 했지만, 대체로 정규전 대신 은밀하게 상대방을 공격하는 데 주력해왔다. 주요 시설에 대한 드론 공격을 비롯해 요인 암살, 사이버 테러 등이 그렇다. 양국의 긴장이 극도로 높아지는 가운데 베냐민 네타냐후 이스라엘 총리는 역대 지도자 중 이란에 가장 강경하다. 그리고 모사드에 대한 네타냐후의 기대는 절대적이다. 네타냐후는 자신이 두 번째 총리가 되었던 2009~2021년에도 이란에 대한 모사드의 군사작전을 자주 승인했다. 블룸버그통신은 "지난 10년간 5명의 이란 핵 과학자들이 암살됐고, 이란 내부의 핵시설에 대해 여러 차례 공격이 있었다"고 전했다. 모사드는 2021년 테헤란에서 남쪽으로 322km 떨어진 나탄즈의 지하 우라늄 농축시설에 대한 사보타주(파괴 공작)도 단행했다.

예고 살인도 있었다. 네타냐후 총리는 2018년 4월 모사드가 이란 테헤란에서 입수해온 핵 관련 문서 5만5천여 장, CD 183장을 소개하면서 "이란이 '아마드 프로젝트'라는 핵무기 개발을 지속하고 있다"고 공개했다. 네타냐후는 이란 핵 개발의 아버지라는 모센 파흐리자데가 책임자임을 밝히고 "모두 저 이름을 기억하라(Remember that name)"고 강조했다. 곧 닥칠 파흐리자데의 운명을 암시하는 듯했다. 드디어 2020년 11월 27일 파흐리자데는 테헤란에서 80km 떨어진 압사르드에서 무장 경호원이 탄 차량 3대가 호위하는 상황에서도 암살당했다. 당시 그의 차량이 교차로에 진입해 속도를 늦추자 인근 트럭에 설치된 원격조종 기관총이 불을 뿜었다. 그는 4~5발의 총알을 맞고 숨졌다. 트럭은 증거 인멸을 위해 자폭 장치로 폭파됐다. 당시 알리 파다비 이란혁명수비대 부사령관은 "파흐리자데가 경호원 11명과 함께 차로 이동하던 중 기관총이 그의 안면을 확대 조준했고 13발이 발사됐다. 이 기관총은 위성으로 제어할 수 있고 AI(인공지능) 기술도 적용돼 파흐리자데 얼굴에만 초점을 맞추었다. 25cm 옆에 떨어져 있던 그의 아내는 총에 맞지 않았다"고 설명했다. 007 영화 같은 암살 방식을 볼 때 역시 모사드의 작품이란 것이 중론이다.

이스라엘 대사를 지낸 서동구 전(前) 국가정보원 1차장은 "모사드는 세계 정보기관 중에서 가장 독특하고 뛰어나다. 이스라엘은 항상 자살 폭탄테러의 위협이 일상화된 저강도 전쟁 상황이라 모사드는 이스라엘의 안위를 지켜 내는 1차적 책임을 지고 있다. 따라서 적보다 한발 앞서 빠르게 움직이지 않으면 안 된다. 모사드가 다른 정보기관과 달리 공세적인 전사(戰士) 조직의 면모를 지닌 것도 이 때문"이라고 설명했다.

이스라엘은 이란을 견제하기 위해 주변 아랍국가와 협력도 강화하고 있다. 2020년 9월 이스라엘, 바레인, UAE(아랍에미리트)가 체결한 평화 외교 협약인 '아브라함 협정'이 큰 역할을 했다. 같은 해 12월엔 모로코 도 합류했다. 모사드는 최근 바레인과 정보 협력을 합의했다. 그간 적대적이던 아프리카 차드가 이스라엘에 대사관을 개설했고, 차드 대통령이 텔아비브에 있는 모사드 본부도 방문했다. 모두 이란을 견제하려는 의도다.

필자는 이스라엘을 방문하여 현지인을 만날 때마다 호기심으로 모사드에 대해 넌지시 물어보았다. 당연히 모두 대답을 꺼려했지만, 페타티크바에 있는 한 벤처기업인은 이런 말을 해주었다. "모사드에 관해서는 누구 말도 믿지 마라. 모사드 출신이나 세계적인 정치학자라고 해서 예외가 아니다. 만일 누가 모사드에 대해 너무 정확하게 언급하면 금방 내용을 바꾸어 버리니까 말이다."

신출귀몰 정보수집과 전광석화 공작활동으로 유명한 모사드는 미국 CIA, 옛 소련 KGB, 영국 MI6와 맞먹는 세계 최고 정보기관으로 불린다.

모사드 로고

모사드의 정식 명칭은 '정보 및 특수작전 기관(The Institute for Intelligence and Special Operations)'이다. '모사드'란 단어는 히브리어로 기관(Institute) 이란 뜻이다. 그런데 조직의 모토가 인상적이다. 모사드는 솔로몬 왕이 저술한 구약성경 잠언 11장 14절(지략이 없으면 백성이 망하여도 지략이 많으면 평안을 누리느니라)을 조직의 모토로 삼고 있다. 모사드 측은 홈페이지에서 영어(Where no wise direction is, the people fall, but in the multitude of counselors there is safety)로도 소개한다. 국가가 평화를 누리려면 지략(智略), 즉 슬기로운 계략이 있어야 한다는 의미다. 그러면서 모사드 측은 바로 앞의 11장 13절(두루 다니며 한담하는 자는 남의 비밀을 누설하나 마음이 신실한 자는 그런 것을 숨기느니라)도 함께 강조한다. 정보요원이 지녀야 할 첫째 미덕이기 때문이다.

모사드의 원형은 20세기 초반 유대인 민병대인 하가나(Haganah) 산하 첩보조직에서 찾을 수 있다. 이들은 제2차 세계대전 이후 유대인을 팔레스타인에 이주시키는 역할도 했다. 이스라엘 건국 이듬해인 1949년 12월 13일 다비드 벤구리온 이스라엘 총리는 측근인 르우벤 실로아의 건의에 따라 국내정보기관과 군사보안기관을 연결하고 조정할 중앙기관의 설립을 인가했다. 정식으로 모사드가 출범한 날이고, 초대 국장에는 르우벤 실로아가 임명되었다. 모사드는 처음 외무부 산하였으나, 1951년부터 총리 직속기관이 되었다.

모사드는 2025년 현재까지 모두 13명의 국장(Director)을 배출했다. 다비드 바르니아 현(現) 국장은 2021년 6월부터 모사드를 맡고 있다. 그는 1996년 모사드에 들어와 인적 정보수집을 뜻하는 휴민트(HUMINT) 분야에서 주로 근무했다. 네타냐후 총리는 "신임 국장의 최고 임무는 이란의 핵무기 획득 저지"라고 강조했다.

그런 모사드는 지금까지 드라마와도 같은 스토리를 숱하게 만들었다. 가령 1960년 3월 나치 전범 아돌프 아이히만이 리카르도 클레멘토라는 가명으로 아르헨티나 부에노스아이레스의 벤츠 공장 직원으로 숨어 지내는 걸 파악하고 그를 납치해 이스라엘 법정에 세웠다. 당시 모사드는 아르헨티나 공항수비대의 감시를 피하려고 아이히만을 술에 잔뜩 취한 승무원으로 위장시켜 태우기도 했다. 2018년 공개된 영화 〈오퍼레이션 피날레〉가 이를 실감나게 다루었다.

이스라엘이 1967년 6월에 벌어진 6일 전쟁(제3차 중동전쟁)에서 압승을 거둔 비결은 바로 모사드 최고의 스파이라는 엘리 코헨 덕분이었다. 1924년 이집트에서 태어난 유대인인 엘리 코헨은 중남미 무역상으로 위장해 시리아의 군부와 정계로 인맥을 넓혀 국방차관에까지 내정되었다. 그는 베일에 싸여 있던 골란고원의 시리아군 요새와 진지에 대한 정보를 이스라엘로 송신했고, 군사시설 엄폐를 위한다는 명목으로 유칼립투스 나무를 심도록 했다. 이를 통해 이스라엘은 시리아 군대의 주요 벙커를 쉽게 파악할 수 있었다. 하지만 너무 꼬리가 길었는지 결국 발각되었다. 큰 충격을 받은 시리아 당국은 1965년 5월 18일 그를 다마스쿠스 마르제 광장에서 교수형에 처한 뒤 며칠간 시신을 그냥 걸어두었다. 2019년 공개된 6부작 넷플릭스 드라마 〈더 스파이〉는 엘리 코헨의 스토리인데 드라마의 리얼리티가 빼어나다. 주연 배우 사샤 바론 코헨이 실제 엘리 코헨과 외모까지 닮아 더욱 현실감을 주었다. 2022년 12월 22일 이스라엘 텔아비브 인근 헤르첼리아에서는 엘리 코헨 박물관 개소식이 열렸는데, 그의 미망인도 참석했다. 바르니아 모사드 국장은 그동안 모사드가 간직하고 있던 엘리 코헨의 마지막 전송 정보를 공개하기도 했다.

그런가 하면 모사드는 6일 전쟁 이후 이스라엘의 아랍국가 점령지 반환 거부에 화가 난 프랑스의 드골 대통령 명령으로 수출이 금지된 5척의 미사일 군함을 1969년 프랑스 쉘부르 항구에서 이스라엘 하이파 항구로 끌고 오는 데 성공했다. 당시 모사드는 노르웨이에 스타보트라는 유령 회사를 세워 석유시추선으로 사용한다고 위장한 뒤 배들을 모두 이스라엘로 이동시켰다. 모사드는 또 1972년 뮌헨 올림픽 테러범인 팔레스타인의 '검은 9월단'에 대한 보복 작전을 벌여 멤버 13명을 9년 동안 추적한 뒤 암살했다. 영화 〈뮌헨〉에는 자세한 스토리가 나온다. 1981년 6월에는 이스라엘 F15와 F16 전투기 편대가 이라크 오시라크 핵 발전소의 지하 원자로를 한 치도 오차없이 정확하게 파괴했는데, 역시 모사드의 사전 정보가 있었기에 가능했다.

하지만 모사드에 늘 성공만 있는 것은 아니었다. 1990년대 전후는 여러 작전이 실패해 언론에 보도되면서 주요 간부가 자주 교체되기도 했다. 그러다가 2002년 메이어 다간이 제10대 국장으로 취임했는데, 그는 "적의 뇌를 삼켜라"라는 강렬한 취임사로 모사드를 다잡았다. 2022년 7월 조선일보 주최로 열린 아시안리더십콘퍼런스(ALC)에서 타미르 파르도 제11대 모사드 국장은 화상 인터뷰를 통해 "한 번도 모사드가 잘한다고 생각한 적이 없으며 실패를 많이 했다"며 "조금씩 나아지려고 지난 수십 년간 노력했을 뿐이다"라고 말했다. 2023년 10월 7일 하마스의 테러 공격을 놓친 것도 모사드로서는 수치였다.

국가정보원 1차장을 지낸 남주홍 경기대학교 석좌교수는 "모사드는 국가안보를 위해 공세적인 대외공작을 예방전쟁 차원에서 과감히 수행해 왔다"면서 "때로 오류와 실패가 있더라도 이스라엘 국민은 모사드를 신뢰하는데, 이는 정보가 곧 안보의 창이고 방패라고 굳게 믿기 때문"이라고 밝혔다.

모사드의 실체는 아무도 모른다. 다만 미국 CIA가 1977년에 작성한 모사드 보고서가 1979년 이란 이슬람 혁명으로 테헤란 주재 미국대사관이 점거되면서 외부에 유출되었다. 그 자료에 따르면 모사드는 8개 부서로 구성되어 있다. 하지만 너무 오래전 자료이고, 지금도 그렇다는 보장은 전혀 없다. 요원 숫자도 1,200명에서 3만5천 명까지 다양하게 언급되고, 예산도 3조원이니 어쩌니 하는 보도가 많다. 그냥 그러려니 하면 된다.

모사드의 암살·납치팀은 '키돈', 통신감청 전문기술팀은 '야호로민', 해당 공작 지역에서 현지 고용한 정보원은 '캇차'로 불린다고 한다. 키돈의 훈련과정은 보통 2년인데 각종 무기·폭발물 다루는 법, 미행 기법, 호텔

객실 침입 방법, 속옷 안에 권총을 은폐하는 방법, 미인계 등 다양한 교육을 받는다고 한다.

모사드는 전 세계에 자발적인 유대인 협조자들이 많은데 이들을 '사야님'이라고 부른다. 개별 '사얀'들은 자기 직업을 통해서도 모사드를 돕는다고 한다. 가령 렌터카 사업을 운영하면 서류 없이도 차를 임대해주고, 은행원은 필요한 자금을 융통해주는 식이다. 1998년 당시 추정으로 영국에만 4천 명 넘는 사얀이 존재했고, 미국은 그보다 4배 이상 많을 것으로 추정됐다.

이스라엘은 다른 선진국처럼 국내 방첩기관(신베트), 군 정보기관(아만), 해외 정보기관(모사드)의 분리가 확실하다. 이들 사이에 전혀 갈등이 없을 수 없지만, 그보다는 협력이 더 많다. 무엇보다 국제적 비난을 받는 암살 행위를 국가 차원에서 어느 정도 묵인해주고 있다. 현장 요원들은 외교적 문제를 신경 쓰지 않고 국가 이익에 부합되는 형태로만 행동한다. 국장의 임기가 5년 가량으로 긴 것도 강점으로, 특정 총리나 정당을 위해서가 아니라 국익 차원에서 소신껏 일할 여유가 있다.

한국이 모사드에 관심을 갖는 것은, 바로 북한과 이란의 거래를 모사드가 눈에 불을 켜고 주시하기 때문이다. 이미 이스라엘은 북한과 이란·시리아 커넥션을 간파해 모사드를 통해 강력하게 경고해주었다. 북한 기술과 이란 돈으로 시리아에 북한 영변과 비슷한 핵시설이 비밀리에 만들어지자, 모사드는 이를 직접 확인했고 2007년 이스라엘 전투기 8대가 100m의 저공비행으로 접근한 뒤 폭탄을 퍼부어 파괴했다. 모사드가 북한 무기를 싣고 중동으로 향하는 배들을 나포한 적도 여러 번이다.

이종찬 전(前) 국가정보원장은 언론 기고에서 "북한이 왜 핵·미사일 기술을 중동 국가들에 이전하지 못할까. 이스라엘이 '눈에는 눈' 식으로 철저한 보복 능력을 갖추고 있음을 알기에 자제하는 것"이라며 "모사드는 북한의 무기 수출을 물샐 틈 없이 감시하고 있다. 북한이 여차하면 무서운 보복을 당할 것이라는 경고를 받았을 것"이라고 밝혔다. 북한이 이스라엘을 위협하는 이란 등에 대한 교류나 지원을 늘릴수록 모사드가 더욱 민감하게 대응할 것임은 당연하다.

이스라엘의 군사력은
과연 세계 최강인가?

왜 이스라엘 군대는 대부분 전투에서 승리하는 것일까. 세계에서 가장 탄탄하다는 이스라엘의 군사력은 흔히 만능선수를 뜻하는 '올라운드 플레이어'나 '올코트 플레이어'라고 한다. 우리나라 경상북도만한 좁은 국토에 동서남북으로 적과 대치하고 있기에 늘 동시다발 공격을 대비해야 한다. 정규전이나 게릴라전 모두 익숙해야 한다. 나라를 지키는 임무에 남녀노소나 국내외 구분이 없다. 민간과 군대는 첨단기술과 정보를 주고받으며 서로 협력한다. 이스라엘이 아랍권의 위협 속에서도 77년 넘게 생존하는 비결이다.

2023년 10월 7일 하마스의 기습 테러 공격으로 시작된 전쟁은 이스라엘의 군사력을 다시 돌아보는 계기가 되었다. 가자지구에 대한 이스라엘의 보복 공격이 계속되면서, 이란과 그의 대리자이자 행동대원인 하마스·헤즈볼라·후티반군 등의 대응이 심상치 않았다. 물론 그날 이스라엘은 심하게 스타일을 구겼다. 신출귀몰한 정보력을 지녔다면서도 하마스의 공격을 예측하지 못했고, 90%의 요격률을 자랑한다는 방공망인 아이언돔(Iron Dome)은 하마스가 20여 분간 로켓포 5천 발을 쏘아 대자 그냥 뚫려 버렸다. 2023년 5월만 해도 하마스가 쏜 로켓 270발 중에 단 3발만 놓치고 나머지는 모두 요격했던 아이언돔이 아닌가. 하지만 벌떼 같은 물량 작전에는 약점을 보였다.

다급해진 이스라엘은 2014년부터 실험 중인 아이언빔(Iron Beam)을 조기에 투입했다. 아이언빔은 고에너지의 레이저를 적의 발사체에 몇 초간 쏘여 폭파시키는 방법이다. 이스라엘 방산업체 라파엘이 개발하다가 미국 록히드마틴이 뒤늦게 합류했다. 최대 7km 거리의 미사일부터 로켓이나 드론까지 단돈 4,700원에 요격할 수 있도록 설계됐다. 다만 날씨가 흐리면 효과가 사라지는 등 문제가 많아 일단 아이언돔의 보조 무기로 아이언빔을 투입했다.

이스라엘군은 또 5년간 개발한 '5세대 메르카바 전차'인 바락을 2023년 9월에 공개했다가 10월에 전쟁이 터지자 곧장 실전에 배치했다. 메르카바는 1980년대부터 활약한 이스라엘 탱크의 대명사다. 바락의 직전 모델인 메르카바 MK4도 두려운 존재였는데, 바락은 훨씬 뛰어나다. 바락은 이스라엘의 3대 방산업체인 라파엘, IAI(이스라엘항공우주산업), 엘빗 시스템이 힘을 모은 작품이다. AI(인공지능) 기술을 활용해 첨단 센서가 360도 스캐닝하면서 재빨리 목표물을 찾고, 지휘관은 온갖 데이터가 고글에 표시되는 전투 헬멧을 착용하여 완벽한 작전을 수행한다. 미사일 공격을 방어하는 시스템인 윈드브레이커도 장착했다. 바락은 401여단 52기갑대대를 시작으로 속속 실전에 배치되었다.

과연 이스라엘의 군사력은 어느 정도일까. 하마스의 기습 테러 때문에 호되게 망신살을 당하긴 했지만, 이스라엘은 여전히 세계 최고 수준의 무기와 운용 시스템을 보유하고 있다. 이스라엘 군사력의 핵심은 바

이스라엘-하마스 군사력

이스라엘 ✡		🦅 하마스
최대 약 64만명 (현역 17만3000명, 예비역 46만5000명)	병력	최대 3만명 (상황 발생 시 최대 5만명까지 전망)
메르카바(무장:120㎜ 주포·보조무기) 등 전차 2200대, F-35 라이트닝 II 포함 전투기 241대 등 군용기 601대	주요 무기	이란제 다연장 로켓 파르즈-3 파테-110 지대지 탄도미사일, 휴대용 대전차 미사일 등 총 8000~1만기
첨단기술·핵무기 보유(비공식), 2022년 방위비 지출 234억 달러로 세계 15위	기타	다목적 차량 뒷부분에 중기관총 장착해 게릴라 전투에 특화

자료: 글로벌파이어파워(GFP), 스톡홀름국제평화연구소(SIPRI)

로 '이스라엘 방위군'이라는 IDF(Israel Defense Forces)다. 이스라엘을 방문하면 평상시에도 소총을 둘러메고 버스나 트램을 타는 군인을 쉽게 볼수 있다. 특이한 모습이다.

영국의 국제전략문제연구소(IISS)가 펴낸 '밀리터리 밸런스 2023'에 소개된 이스라엘의 군사력은 이렇다. 우선 핵무기를 보유한 것으로 알려졌다. IDF의 현역 군인은 16만9,500명이고, 예비군은 46만5,000명이다. 육군의 경우 2,200대가 넘는 탱크에다 530문의 야포를 보유하고 있다. 공군은 F-16 196대, F-15 83대, F-35 30대 등 모두 339대의 전투기를 보유하고 있다. 또 43대의 아파치 헬기를 비롯하여 142대의 헬리콥터를 갖고 있다. 해군은 5척의 잠수함에다 49척의 연안전투함을 보유하고 있다. 아이언돔 관련 레이더, 컨트롤센터, 발사대를 보유하고 있다. 이러한 IISS의 분석은 물론 추정치다. 이스라엘은 미국의 군사지원으로 최신예 스텔스 전투기 F-35를 지금까지 총 75대 주문했다는 보도도 나왔다. 유명한 자폭(自爆) 드론 하피도 이스라엘의 특산품이다. 여기에 2025년 2월에는 도널드 트럼프 미국 대통령이 보낸 2000파운드급 MK-84 폭탄

1,800기가 이스라엘에 도착했다.

스톡홀름국제평화문제연구소(SIPRI)에 따르면 2022년 이스라엘의 국방비 지출은 총 234억 달러로 국내총생산(GDP)의 4.5%를 차지했다. 퍼센트 비중으로만 보면 세계 10위다. 하지만 2018~2022년 국민 1인당 국방비 지출을 따지면 이스라엘은 2,535달러로 카타르(3,379달러)에 이어 세계 2위를 기록했다. 그럼 이스라엘의 군사력은 어떤 특징을 지니고 있을까.

첫째, 조국을 지키는 데 성별·연령·여야(與野)·국내외 구분이 없다.

2024년 5월 이스라엘 중앙통계청 발표를 보면 총인구는 999만 명이었다. 조만간 1천만 명을 넘어설 전망이다. 이 중 유대인은 725만 명(73%), 아랍인은 209만 명(21%), 기타 56만 명(6%)이다. 병역 의무는 유대인에게 있고, 아랍인은 자원자만 입대 가능하다. 무엇보다 사회지도층이 되려면 군 간부 경력이 필수로 여겨지는 분위기다. 이스라엘에서는 어느 학교를 나왔냐보다는 어느 부대에서 근무했느냐를 더 따진다.

지금 60대 이상인 사람은 이런 스토리를 들어보았을 것이다. 미국에 있는 이스라엘과 아랍 유학생이 중동전쟁 발발 소식을 듣자 모두 짐을 꾸렸는데, 이스라엘 유학생은 전쟁에 참가하기 위해 고국으로 돌아간 반면 아랍 유학생은 나라에서 징집할까 봐 다른 곳으로 도망쳤다는 얘기다. 1967년 제3차 중동전쟁(6일 전쟁)과 1973년 제4차 중동전쟁(욤키푸르 전쟁) 당시 회자되었던 스토리다. 과연 그럴까. 사실 이스라엘 국민 중에는 잦은 군사적 충돌로 인한 스트레스 때문에 조국을 떠나는 역(逆) 알리야도 적지 않았다. 하지만 이번 하마스 전쟁을 통해 예전의 소문이 그냥 소문이 아님을 확인했다.

전쟁이 발발하자 전 세계에서 사업이나 공부를 하던 예비군들이 자발적으로 귀국했다. 뉴욕에서 음식배달 스타트업을 운영하는 오렌 사르는 "조국이 위기인데 9천 마일 떨어진 뉴욕에서 뉴스만 지켜볼 수 없다"며 귀국했다. 리투아니아에서 의학을 공부하던 님로드 네단은 "하마스의 공격으로 친구 두 명이 실종됐고, 내가 근무했던 부대나 친척 중에도 사망자가 나오는데 리투아니아에 앉아서 공부만 할 수 없다"면서 역시 이스라엘로 돌아갔다. 런던이나 파리 공항은 고국으로 돌아가려는 이스라엘 예비군들로 줄을 이었다. 그동안 격렬하게 사법개혁안 반대 시위를 계속하던 인사들도 전쟁이 발발하자 속속 예비군에 합류했다. 여당과 야당도, 친정부와 반정부도 전쟁 앞에서는 구분이 없었다. 무릇 한 나라의 군사력을 사람·무기·시스템 등 3가지 요소로 평가하는데, 국민들의 놀라운 애국심은 이스라엘군을 늘 세계 최강으로 꼽게 하고 있다.

현재 이스라엘은 17만3천여 명의 현역 군인을 두고 있지만, 더 중요한 것은 46만5천여 명의 예비군이다. 현역의 경우 18세에 입대하는데 남자는 2년 8개월, 여자는 2년을 복무한다. 특이한 것은 이들이 제대하면 해당 부대를 통째로 예비군 부대로 전환시킨다는 점이다. 남자는 40~45세까지, 여자는 34세까지 예비군이다. 현역 당시의 부대원들과 함께 매년 55일씩 예비군 소집 훈련을 20여 년 정도 받는다. 평생 전우가 되고, 이러한 전우애가 막강 군사력의 기반이 된다. 예전의 오합지졸 비슷한 우리나라 예비군 훈련장을 생각하면 안 된다.

예비군은 현역 시절의 경험을 고스란히 살린다. 전투기 조종 같은 고난도 업무 역시 예비군이 거뜬하게 해낸다. 이스라엘은 1973년 욤키푸르 전쟁 당시, 초반에는 이집트와 시리아에 밀렸으나 40만여 명의 예비군을 긴급 소집해 승기를 잡았다. 당시 외신들은 "이스라엘처럼 빠르게 예비군을 소집하는 것은 다른 나라에서 불가능하다"며 감탄했다. 2014년 하마스와 50일 전쟁을 벌일 때도 4만 명의 예비군이 하마스의 땅굴인 '가자 메트로'와 무기고 등을 찾아 부수는 데 기여했다.

박수철 전(前) 이스라엘대사관 국방무관은 "유대인 청소년들은 고3이 되면 공군 조종사, 탈피오트(과학기술 특별사관), 사이버부대, 특수부대, 정보국 입대를 위한 시험에 응시하고, 불합격자는 다시 전투병으로 지원하거나 참모병으로 입대하게 된다"면서 "어느 부대로 입대하느냐에 따라 인생의 진로가 달라지는데 사회지도층에 특수부대·정보국·전투부대 출신이 많은 편"이라고 설명했다. 정식 사관학교는 없지만 병사들 가운데 우수인력을 뽑아 장교훈련학교에서 장교로 키운다. 공군 조종사의 경우 2005년부터 3년제 아카데미를 신설했는데 형식상 공군사관학교로 부르기도 한다. 이스라엘 청년들은 대부분 대학 진학보다 군대를 먼저 가서 자신이 무엇을 진심으로 좋아하는지 알고 난 뒤 대학을 입학한다.

이스라엘 군사력의 또 다른 축은 여군이다. 유대인 여성들은 1948년 건국 이전부터 독립투쟁을 벌이던 민병대 하가나의 멤버로 활약했다. 자연스레 건국 이후 여성 의무복무제가 시행됐다. 현역 군인 중에 35% 정도는 여군이다. 영화 〈원더우먼〉의 주인공 갤 가돗은 2004년 미스 이스라엘 출신으로 고교 졸업 후 2년간 군복무를 하며 전투교관 보직 등을 맡았다. 그녀는 지금도 고국이 위기에 처할 때마다 응원 메시지를 보낸다.

여군 중에 5% 정도는 보병·포병·기갑 등 전투병과에 배치되어 있다. 특히 2004년 창설된 남녀 혼성 전투부대인 카라칼(아프리카 살쾡이) 대대는 2012년 테러리스트 3명을 사살해 주목을 받았다. 이들은 남성과 똑같이 2년 8개월 복무한다. 10kg이 넘는 군장을 메고 사막에서 매일 4km를 뛰는 등 강도 높은 훈련을 받는다. 지금 카라칼 대대는 여성이 절반을 넘어섰다. 이들은 이스라엘 방산업체 IWI가 만든 타보르 소총을 들고 이집트 국경지대를 방어하고 있다. IWI가 만든 제품에는 타보르 소총, 네게브 경기관총, 우지 기관단총 등이 유명하며, 최근에는 아라드 소총도 주목받고 있다. 현재 이스라엘군에는 4개의 혼성 전투부대가 있다. 2015년에 창설된 바르델라스(치타) 남녀 혼성부대도 이집트 국경지대를 지키고 있다. 이렇게 부대 명칭에는 동물 이름이 붙어 있다.

히브리대에서 정치학 박사를 받은 이강근 목사는 이스라엘 영주권을 가지고 있는데, 그의 아들과 딸은 최근 이스라엘군 복무를 마쳤다. 아들은 공군에서 전투기 정비 책임자로 하사까지 진급하며 4년을 복무했다. 그는 학업을 마치면 한국군에 재입대한다. 딸은 육군 최전방에서 근무했는데, 2022년 최우수군인 120명에게 주어지는 이스라엘 대통령상도 받았다.

이스라엘 젊은이들의 애국심에는 건국 이후부터 진행되는 국가정체성 교육 프로그램 '셸라흐'가 큰 영향을 미쳤다. 2023년 2월 당시 박민식 국가보훈처장도 예루살렘에서 셸라흐를 참관했다. 중·고교 시절에 의무적으로 주 1시간씩 강의를 듣고 2박 3일 현장 체험도 하는데, 2000년 전로마군에 맞서 항거하다가 전원 자결했던 마사다 요새를 꼭 방문한다. 대학에 진학할 때 셸라흐는 필수과목으로 입시에 반영된다.

이스라엘 군대도 사람이 모인 집단이다 보니 많은 문제가 벌어진다. 팔레스타인에 대한 강경 대응 방침을 놓고 일부에서 반발하는가 하면,

가끔 성범죄가 벌어지기도 한다. 하지만 대체로 애국심으로 잘 처리한다는 평가를 받고 있다.

둘째, 항상 동시다발에 대응하는 국방 전략을 세우고 있다.

이스라엘은 사방이 적에게 둘러싸여 있다. 남쪽 이집트, 동쪽 요르단, 북쪽 레바논, 북동쪽의 시리아·이라크·이란 등 어디 하나 만만한 곳이 없다. 이제는 저 멀리 예멘의 후티반군까지 추가되었다. 요르단강 서안 지구와 가자지구는 가장 큰 골칫거리다. 그래서 이스라엘 군인들은 여러 전선에서 동시에 싸우는 걸 운명으로 받아들이고 있다. 제1~4차 중동전쟁이 모두 동시다발 전투였고, 하마스 전쟁도 마찬가지였다. 만일 우리나라가 서쪽 중국, 북쪽 북한, 동쪽 일본, 남쪽 대만과 동시에 전투를 치른다고 상상해보라.

그런 이스라엘의 전쟁전략은 크게 △선제기습 △속전속결(항상 총기와 실탄을 휴대) △적의 영토에서 전쟁을 수행한다 등 3가지로 요약할 수 있다. 영토가 협소하기에 방어보다는 우세한 공군력을 활용한 선제공격을 선호한다. 또 초기부터 전투가 벌어지는 장소를 적국 영토 내로 전환해 이스라엘 땅에 미치는 피해를 최소화한다는 전략이다.

최근 이스라엘군은 적대세력의 위협이 지상·지하·해상·공중·사이버 등으로 확장되자 대응 시간을 줄이기 위해 고심했다. 가령 이란은 ICBM을 이용한 핵·미사일뿐만 아니라 사이버 공격으로도 위협하고 있다. 레바논의 헤즈볼라와 과거 시리아 군대는 국경 일대와 연안에서 이스라엘군과 국지적인 충돌이 잦았다. 하마스의 경우 2023년 10월 7일 침공 이전에도 도시 공간과 지하터널을 활용하여 테러와 로켓 발사를 계속해 왔다. 그래서 이스라엘은 2020년 1월 야론 핀켈만 준장이 지휘하는 98공수사단 예하에 '다영역 작전부대(Multi-Dimensional Unit)'를 설립해 실전에 투입하고 있다. 별명이 '98유령부대'인데 실체는 베일에 싸여 있다. 중령이 지휘하는 대대급 규모이고, 최정예 요원으로 구성됐다는 정도만 알려져 있다. 이스라엘군은 여러 번의 실전을 통해 98유령부대가 대대급이면서도 사단급 이상의 전투력을 발휘했다고 평가했다.

최고 엘리트 부대인 탈피오트(Talpiot·히브리어로 난공불락의 최고라는 의미)는 이스라엘 군사력에 결정적 기여를 하고 있다. 탈피오트는 창의성이 뛰어난 엘리트를 뽑아 연구개발에 활용하자는 취지로 1979년부터 시작됐다. 매년 1만 명 이상의 후보자가 지원하는데 3차까지 가는 전형을 통해 50명을 뽑는다. 최종 선발이 되면 히브리대학교에서 3년간의 위탁교육(학사과정)을 받는데 수학·물리학·컴퓨터공학 등을 전공하며 일반 학사과정보다 40% 많은 과목을 이수한다. 그렇다고 공부만 하는 건 아니다. 여름 12주간 기본군사훈련을 받고, 정보국·해군·공군의 특수훈련과정도 이수한다. 3년 뒤 수료할 때는 학사학위 취득과 동시에 중위로 임관된다. 보통 70~80%가 수료에 성공한다. 이들은 국가 주요기관에 배속되어 6년간 의무 복무하는데, 주로 첨단무기 연구개발에 참여한다. 세계적으로 실력을 인정받고 있는 이스라엘 IT업계의 천재들 중에는 탈피오트 출신이 많다.

셋째, 군사와 경제를 묶어 늘 방위산업과 연계된 첨단기술 개발을 한다. 이스라엘 방위산업은 '선택과 집중' 전략으로 완제품보다는 첨단 레이더와 전자기술 기반 핵심체계와 부품에 강점이 있다.

이스라엘의 방위산업은 나라를 세우기도 전인 1920년대 유대인 집단촌에 대한 아랍인들의 공격에 맞서 무기와 탄약을 생산하면서 시작됐다. 1933년에는 최초의 방산기업 TAAS가 설립되었다. 이스라엘은 건국 초기에는 프랑스산 수입 무기에 의존했으나, 1967년 6일 전쟁 결과에 화가 난 프랑스의 무기 금수조치 이후 독자적인 무기체계를 개발해왔다.

이스라엘은 군사와 경제를 동시에 고려하면서 무기개발과 첨단기술을 연결시켰다. 무기 시스템에서 응용한 기술로 창업해 세계적인 스타트업이 되기도 하고, IT·바이오 벤처에서 만든 기술이 신무기에 적용되기도 한다. 실제로 이스라엘은 국가 규모(인구와 GDP 등) 대비 연구개발(R&D) 인력 비율이 세계 1위다. 근로자 1만 명당 과학기술자가 140명(미국 85명, 일본 83명)이다. 테크니온, 와이즈만연구소, 히브리대학교 등 세계적 연구기관들이 첨단무기와 실용분야를 오가는 하이테크를 개발하고 있다. IDF와 방산업체 사이에도 긴밀한 협력이 이루어진다. 가령 군 담당자가 방산업체에 상주하면서 개발 일정을 확인 조정하고, 요구 수준의 70% 정도에 도달하면 일단 제품을 사용하면서 문제점을 보완하고 발전시킨다.

2023년 6월 이스라엘 국방부에 따르면, 2022년 방위산업의 수출 규모는 약 125억 달러(약 17조원)로 2년 연속 최고치를 경신했고, 그중 정부간(GTG) 수출계약은 5년 만에 10배 가까이 급증했다. 2020년 UAE·모로코·바레인 등과의 아브라함 협정 체결, 그리고 러시아·우크라이나 전쟁의 영향이 컸다. 국가별로는 인도가 최대 고객이다. 이스라엘이 주로 수출한 무기를 보면 무인기(UAV)·드론(25%), 미사일·로켓·방공 시스템(19%), 레이더·전자전(EW)(13%), 관측·광학(10%) 순이었다.

이스라엘은 첨단무기를 만들어 자국 방어는 물론, 세계시장에서도 손님을 끌고 있다. 최근 라파엘이 개발 중이라고 밝힌 극초음속 미사일 방어 체계 '스카이소닉(Sky Sonic)', 그리고 IAI가 2015년부터 개발하여 곧 실전 배치하는 다목적 공중 정찰 감시 체계 'MARS2'가 대표적이다. 이스라엘은 이런 무기를 통해 이란을 압박하는 수단으로 삼고, 우방국가에 수출하면서 짭짤한 수익도 거둔다.

넷째, 하마스 전쟁으로 모양새를 구기긴 했지만, 이스라엘은 전쟁 시작 전에 이미 '절반을 이기기' 위해 정보력을 가장 중시한다.

KOTRA 텔아비브무역관은 "1973년 10월 6일 이집트와 시리아의 동향을 파악하지 못한 채 무방비로 당했던 욤키푸르 전쟁을 겪은 뒤 이스라엘은 적의 공격을 사전에 파악하는 항공정찰·레이더·미사일·정보통신 분야에 엄청난 투자를 했다"고 밝혔다.

무엇보다 이스라엘은 해외정보 기관인 모사드(Mossad), 국내정보 기관인 신베트(Shin Bet), 군사정보 기관인 아만(Aman)이 세계 최고 수준의 방첩 활동을 편다. 보통 시긴트(SIGINT·신호정보)와 휴민트(HUMINT·인적정보)를 중심으로 이민트(IMINT·영상정보)와 오신트(OSINT·공개정보)까지 활용하여 정보를 수집하고 분석한다. 특히 첨단 IT 기술을 필요로 하는 시긴트 능력이 가장 탁월하다. 다만 수년간 가자지구를 봉쇄하면서 현지의 휴민트를 상당히 잃어버렸고, 하마스는 이스라엘의 첨단기술을 피해 아날로그와 석기시대 방식의 커뮤니케이션을 통해 기습 공격을 숨겼다. 게다가 하마스는 거짓정보와 기만전술에도 능하다. 때로 팔레스타인 병원이나 학교를 자신들이 폭파시켜 놓고 "이스라엘의 악마 시온주의자들이 저질렀다"고 선동한다. 이스라엘은 군사력과 첨단기술에 비해, 심리전이나 선전선동 능력은 하마스나 헤즈볼라에 뒤져 보인다.

이스라엘 8200부대는 암호 해독, 첩보신호 수집 등 이른바 시긴트 분야의 최고 전문가 집단이다. 미국의 국가안보국(NSA)이나 영국의 정보통신본부(GCHQ)와 맞먹는 수준으로 알려져 있다. 8200부대는 그곳 출신들이 체크포인트 등 세계적인 벤처기업 스타들로 변신했는데, 탈피오트와 함께 '스타트업 사관학교'로 불리고 있다. 2010년 스턱스넷이란 컴퓨터 바이러스를 심어 이란 핵시설의 가동을 멈추게 한 것으로도 알려져 있다. 또 수년 전 아랍 테러리스트가 시드니에서 아부다비로 가는 에티하드항공 A380 여객기에 폭탄을 설치하려던 사실을 알아냈다. 이슬람 테러조직인 ISIS의 사이버 활동을 지켜보다가 그들이 납치 목표물로 삼았던 여객기 정보를 입수해 호주 경찰에 알려주면서 조종사·승무원·승객을 안전하게 구출했다.

끝으로, 이스라엘은 평소 군사력에서 자주국방을 외치지만 안보 위기를 당하면 미국과 손잡는 것을 잊지 않는다.

미국은 대(對)이스라엘 군사원조 프로그램(FMC·Foreign Military Financing)을 통해 연간 38억 달러 규모를 지원하는데, 이 금액의 상당 부분은 미국 무기를 구매하는 데 사용된다. 이번 하마스 전쟁에도 당시 바이든 미국 대통령은 전면적인 지원을 선언했다. 하물며 바이든의 뒤를 이은 트럼프는 거의 무조건적인 이스라엘 지원을 하고 있어, 트럼프 재임기간에 이스라엘의 군사력은 더욱 탄탄해질 전망이다.

이스라엘과 그 적들

지은이 | 최홍섭
펴낸이 | 박영발
펴낸곳 | W미디어
등록 | 제2005-000030호
1쇄 발행 | 2025년 5월 30일
주소 | 서울 양천구 목동서로 77 현대월드타워 1905호
전화 | 02-6678-0708
E-mail | wmedia@naver.com

ISBN 979-11-89172-56-5 (03340)

값 19,000원